编委会

普通高等学校"十四五"规划旅游管理类精品教材
教育部旅游管理专业本科综合改革试点项目配套规划教材

总主编

马 勇　教育部高等学校旅游管理类专业教学指导委员会副主任
　　　中国旅游协会教育分会副会长
　　　中组部国家"万人计划"教学名师
　　　湖北大学旅游发展研究院院长，教授、博士生导师

编 委（排名不分先后）

田　里　教育部高等学校旅游管理类专业教学指导委员会主任
　　　云南大学工商管理与旅游管理学院原院长，教授、博士生导师
高　峻　教育部高等学校旅游管理类专业教学指导委员会副主任
　　　上海师范大学环境与地理学院院长，教授、博士生导师
韩玉灵　北京第二外国语学院旅游管理学院教授
罗兹柏　中国旅游未来研究会副会长，重庆旅游发展研究中心主任，教授
郑耀星　中国旅游协会理事，福建师范大学旅游学院教授、博士生导师
董观志　暨南大学旅游规划设计研究院副院长，教授、博士生导师
薛兵旺　武汉商学院旅游与酒店管理学院院长，教授
姜　红　上海商学院酒店管理学院院长，教授
舒伯阳　中南财经政法大学工商管理学院教授、博士生导师
朱运海　湖北文理学院资源环境与旅游学院副院长
罗伊玲　昆明学院旅游学院教授
杨振之　四川大学中国休闲与旅游研究中心主任，四川大学旅游学院教授、博士生导师
黄安民　华侨大学城市建设与经济发展研究院常务副院长，教授
张胜男　首都师范大学资源环境与旅游学院教授
魏　卫　华南理工大学旅游管理系教授、博士生导师
毕斗斗　华南理工大学旅游管理系副教授
蒋　昕　湖北经济学院旅游与酒店管理学院副院长，副教授
窦志萍　昆明学院旅游学院教授，《旅游研究》杂志主编
李　玺　澳门城市大学国际旅游与管理学院执行副院长，教授、博士生导师
王春雷　上海对外经贸大学会展与传播学院院长，教授
朱　伟　天津农学院人文学院副院长，副教授
邓爱民　中南财经政法大学旅游发展研究院院长，教授、博士生导师
程丛喜　武汉轻工大学旅游管理系主任，教授
周　霄　武汉轻工大学旅游研究中心主任，副教授
黄其新　江汉大学商学院副院长，副教授
何　彪　海南大学旅游学院副院长，教授

普通高等学校"十四五"规划旅游管理类精品教材
教育部旅游管理专业本科综合改革试点项目配套规划教材
湖南师范大学校级规划教材建设项目

总主编 ◎ 马 勇

现代旅游景区管理
Modern Tourism Attractions Management

罗文斌 ◎ 主编

华中科技大学出版社
http://press.hust.edu.cn
中国·武汉

内 容 简 介

本教材强调经济、文化、政治、生态、科技等新时代背景下旅游景区管理的创新和发展,对影响景区可持续发展的重点主题进行探讨,旨在引导学生对旅游景区管理的价值性、创新性、探究性、实践性进行认知思考,培养学生的科学管理价值观、社会责任意识、创新思维及综合研究能力。本教材的内容分为基础模块、管理模块、专题模块三大模块,涵盖景区管理概述、景区产品管理、景区项目管理、景区服务管理、景区容量管理、景区营销管理、景区标准化管理、景区安全管理、景区体验管理、景区游客管理、景区智慧管理、乡村景区管理、红色景区管理等十余个景区管理的常见课题,既阐述了景区管理中传统的重点问题及管理方法,也反映了新时代背景下新的景区业态与发展趋势。本教材既可作为高校旅游管理类师生教学用书,也可作为景区从业者培训的参考用书。

图书在版编目(CIP)数据

现代旅游景区管理 / 罗文斌主编. -- 武汉 : 华中科技大学出版社, 2024.10. -- (普通高等学校"十四五"规划旅游管理类精品教材). -- ISBN 978-7-5772-1245-6

Ⅰ.F590.6

中国国家版本馆CIP数据核字第2024HY3100号

现代旅游景区管理
Xiandai Lüyou Jingqu Guanli

罗文斌　主编

总 策 划：李　欢
策划编辑：胡弘扬
责任编辑：鲁梦璇
封面设计：原色设计
责任校对：刘　竣
责任监印：周治超
出版发行：华中科技大学出版社(中国·武汉)　　电话：(027)81321913
　　　　　武汉市东湖新技术开发区华工科技园　　邮编：430223
录　　排：孙雅丽
印　　刷：武汉市籍缘印刷厂
开　　本：787mm×1092mm　1/16
印　　张：16.25
字　　数：373千字
版　　次：2024年10月第1版第1次印刷
定　　价：49.80元

本书若有印装质量问题,请向出版社营销中心调换
全国免费服务热线：400-6679-118　　竭诚为您服务
版权所有　侵权必究

总 序
Introduction

党的二十大报告指出,要实施科教兴国战略,强化现代化建设人才支撑。要坚持教育优先发展、科技自立自强、人才引领驱动,开辟发展新领域新赛道,不断塑造发展新动能新优势。这为高等教育在我国现代化进程中实现新的跨越指明了时代坐标和历史航向。

同时,我国的旅游业在疫情后全面复苏并再次迎来蓬勃发展高潮,客观上对现代化高质量旅游人才提出了更大的需求。因此,出版一套融入党的二十大精神、把握数字化时代新趋势的高水准教材成为我国旅游高等教育和人才培养的迫切需要。

基于此,在教育部高等学校旅游管理类专业教学指导委员会的大力支持和指导下,教育部直属的全国重点大学出版社——华中科技大学出版社,在党的二十大精神的指引下,主动创新出版理念和方式方法,汇聚一大批国内高水平旅游院校的国家教学名师、资深教授及中青年旅游学科带头人,在已成功组编出版的"普通高等院校旅游管理专业类'十三五'规划教材"基础之上,进行升级,编撰出版"普通高等学校'十四五'规划旅游管理类精品教材"。本套教材具有以下特点。

一、深刻融入党的二十大报告精神,落实立德树人根本任务

党的二十大报告中强调:"坚持和加强党的全面领导。"党的领导是我国高等教育最鲜明的特征,是新时代中国特色社会主义教育事业高质量发展的根本保证。因此,本套教材在编写过程中注重提高政治站位,全面贯彻党的教育方针,融入课程思政,融入中华优秀传统文化和现代化发展新成就,将正确政治方向和价值导向作为本套教材的顶层设计并贯彻到具体章节和教学资源中,不仅仅培养学生的专业素养,更注重引导学生坚定理想信念、厚植爱国情怀、加强品德修养,以期落实"立德树人"这一教育的根本任务。

二、基于新国标下精品教材沉淀改版,权威性与时新性兼具

在教育部2018年发布《普通高等学校本科专业类教学质量国家标准》后,华中科技大学出版社特邀教育部高等学校旅游管理类专业教学指导委员会副主任、国家"万人计划"教学名师马勇教授担任总主编,同时邀请了全国近百所高校的知名教授、博导、学科带头人和一线骨干教师,以及旅游行业专家、海外专业师资联合编撰了"普通高等院校旅游管理专业类'十三五'规划教材"。该套教材紧扣新国标要点,融合数字科技新技术,配套立体化教学资

源，于新国标颁布后在全国率先出版，被全国数百所高等学校选用后获得良好反响。其中《旅游规划与开发》《酒店管理概论》《酒店督导管理》等教材已成为教育部授予的首批国家级一流本科课程的配套教材，《节事活动策划与管理》等教材获得省级教学类奖项。

此外，编委会积极研判"双万计划"对旅游管理类专业课程的建设要求，对标国家级一流本科课程，积极收集各院校的一线教学反馈，在此基础上对"十三五"规划系列教材进行更新升级，最终形成"普通高等学校'十四五'规划旅游管理类精品教材"。

三、全面配套教学资源，打造立体化互动教材

华中科技大学出版社为本套教材建设了内容全面的线上教材课程资源服务平台：在横向资源配套上，提供全系列教学计划书、教学课件、习题库、案例库、参考答案、教学视频等配套教学资源；在纵向资源开发上，构建了覆盖课程开发、习题管理、学生评论、班级管理等集开发、使用、管理、评价于一体的教学生态链，打造了线上线下、课内课外的新形态立体化互动教材。

在旅游教育发展的新时代，主编出版一套高质量规划教材是一项重要的教学出版工程，更是一份重要的责任。本套教材在组织策划及编写出版过程中，得到了全国广大院校旅游管理类专家教授、企业精英，以及华中科技大学出版社的大力支持，在此一并致谢！衷心希望本套教材能够为全国高等院校的旅游学界、业界和对旅游知识充满渴望的社会大众带来真正的精神和知识营养，为我国旅游教育教材建设贡献力量。也希望并诚挚邀请更多高等院校旅游管理专业的学者加入我们的编者和读者队伍，为我们共同的事业——我国高等旅游教育高质量发展——而奋斗！

总主编

2023年7月

Preface 前 言

党的十九大报告指出,我国经济已经由高速增长阶段转向高质量发展阶段,正处在转变发展方式、优化经济结构、转换增长动力的攻关期。党的二十大报告指出,高质量发展是全面建设社会主义现代化国家的首要任务,这为我国新时代新阶段旅游业高质量发展指明了方向。旅游景区一直是旅游活动的典型空间,是旅游业最重要的组成要素之一,是我国旅游业转型升级和高质量发展的重要突破口。《中华人民共和国文化和旅游部2022年文化和旅游发展统计公报》显示,2022年末,全国共有A级景区14917个,直接从业人员147万人,全年接待总人数26.3亿人次,实现旅游收入1818.5亿元。截至2023年4月,我国国家5A级旅游景区共有340家,包括故宫博物院、莫高窟、黄山、西湖、长隆等自然、文化和人造景区,旅游景区仍是我国旅游经济发展的重要力量。

面临新一轮的技术革命、产业革命和消费升级,景区形态正在悄然重塑。观光、休闲、度假正在串联起景区、度假区未来的发展路径,个性化和多样化的需求正在推动并引领着旅游景区体系的分解和重构。景区、度假区消费的新场景,艺术、文化与科技的融合,极大地促进了景区内容的丰富与场景的创新,进而创造出一系列具有广泛借鉴意义和推广价值的文旅融合新场景,这些也成为旅游业高质量发展的核心内容。游客对高品质景区产品和沉浸式场景体验的需求日益提升,旅游产业对景区管理的要求越来越高,旅游市场对高素质、能研究的景区管理人才培养的需求也愈发迫切。

课程是人才培养的核心阵地,教材是课程建设的关键所在。然而,纵观我国已有的以"旅游景区管理"为书名的本科教材,虽然出版时间较早、版本较多,但内容陈旧、创新有限,难以体现现代景区管理发展的动态性以及景区管理教学的实践性、研究性和思政性,亟待补充完善。近5年来,"旅游景区管理"这一方向仅有几部代表性教材出版,如邹统钎的《旅游景区开发与管理(第五版)》(清华大学出版社,2021年)、郭亚军的《旅游景区管理(第三版)》(高等教育出版社,2021年)、张凌云的《旅游景区管理(第六版)》(旅游教育出版社,2019年)等,这些教材的修订再版无疑为我国现代景区管理的课程教学、人才培养和专业建设提供了重要支撑,同时也为本教材的编著提供了重要参考。

本教材的编写,一方面是源于对我国旅游景区管理教材建设现状的考虑,另一方面也是

编者近些年负责的"旅游景区管理"湖南省一流本科课程建设的实践探索。

本教材坚持"立德树人"为导向,以"两性一度"的金课标准为指引,融合景区思政育人、教学技术革新和研究学习实践,力求突出案例的思政性、内容的实践性、学习的探究性、教学的创新性以及视野的国际性特色,构建"思政性"(Politics)—"实践性"(Practical)、"创新性"(Creative)—"探究性"(Exploratory)—"国际性"(International)的教学改革框架,体现思政要素挖掘、教学目标重塑、教学内容重组、教学考核改革以及教学方法融合等现实要求。其中,思政性方面主要体现在:一是每章的课程导入部分精选了涉及景区管理的历史背景、行业发展、感动人物和知名景区案例;二是在教材内容构建上,增添了乡村景区管理和红色景区管理两大专题。探究性方面主要体现在每章末尾都安排了"拓展学习"和"PBL 讨论",从学术论文阅读和案例跟踪两方面引导学生进行探究性和创新性学习。编者旨在编写一本能够适应现代学习特征和现代景区管理人才培养需要的旅游管理专业本科教材,同时也为景区与旅游行业的从业人员提供了促进职业成长与专业深化的学习教材。

由于旅游景区管理具有动态性和综合性,涉及内容较多,本教材也只能挂一漏万,部分章节内容尚处于探索阶段,资料甚少,因此还有诸多不足之处,欢迎学界和行业同仁批评指正。

本教材的编写得到了湖南师范大学教材建设经费的资助,以及湖南师范大学"旅游景区与目的地管理"教研团队老师们的支持。2022级硕士研究生刘阳杰、康志文、刘昕,以及2023级硕士研究生李佳、何婧梅、周银杰、谭雨明、朱铃、唐彩云等在资料查找和文字整理方面做了大量工作,华中科技大学出版社胡弘扬编辑、鲁梦璇编辑均为本书的出版付出了辛勤劳动,在此表示衷心的感谢!

罗文斌
2024年8月

Contents

第一篇 基础模块

第一章 旅游景区概述 …… 3
- 第一节 景区发展的时代背景 …… 4
- 第二节 景区概念界定 …… 5
- 第三节 景区构成要素与主要特征 …… 10
- 第四节 旅游景区分类 …… 14
- 第五节 景区重要性分析 …… 18

第二章 景区管理概述 …… 20
- 第一节 景区管理的概念与构成 …… 21
- 第二节 景区管理的目标与特征 …… 25
- 第三节 景区发展历程与管理趋势 …… 27

第二篇 管理模块

第三章 景区产品管理 …… 33
- 第一节 景区产品概念与特征 …… 34
- 第二节 景区产品的生命周期和开发原则 …… 39
- 第三节 景区产品创新开发 …… 41

第四章 景区项目管理 …… 50
- 第一节 景区项目定义与分类 …… 51
- 第二节 景区项目管理的目的和内容 …… 54
- 第三节 景区项目设计目的、内容和原则 …… 56
- 第四节 景区项目设计的程序 …… 59

第五章　景区服务管理

第一节　景区服务管理概述　65
第二节　景区接待服务管理　69
第三节　景区解说服务管理　75
第四节　景区服务质量评价与改善对策　86

第六章　景区容量管理

第一节　景区容量概述　92
第二节　景区容量核定与控制　96
第三节　景区饱和与超载管理　103
第四节　景区容量管理经验与对策　105

第七章　景区营销管理

第一节　景区营销管理概述　110
第二节　景区新媒体营销的概念体系　114
第三节　景区新媒体营销管理　116

第八章　景区标准化管理

第一节　景区标准化管理的理论及必要性　123
第二节　景区标准化对景区的意义　125
第三节　景区标准化的应用现状　126
第四节　国内外景区标准化管理体系　130
第五节　景区标准化管理的主要问题与对策　132

第九章　景区安全管理

第一节　景区安全管理概述　138
第二节　景区安全管理系统的构建　141
第三节　景区常见安全事故预防与处理　143

第十章　景区体验管理

第一节　景区体验管理背景　149
第二节　景区体验管理　151
第三节　景区体验项目设计与文化空间设计　158
第四节　景区旅游者体验塑造　165

第十一章　景区游客管理

第一节　游客个性特征与旅游行为　174
第二节　正确引导游客的行为　178

第三节　游客环境保护行为管理　　181

第十二章　景区智慧管理　　185
　　第一节　智慧景区概述　　186
　　第二节　智慧景区系统构成　　191
　　第三节　智慧景区管理　　195

第三篇　专题模块

第十三章　乡村景区管理　　205
　　第一节　乡村景区的概念界定　　206
　　第二节　乡村景区的类型与特征　　207
　　第三节　乡村景区产品概念与类型　　209
　　第四节　乡村景区化的概述、问题与对策　　215
　　第五节　乡村景区发展的创新路径　　218

第十四章　红色景区管理　　232
　　第一节　红色景区发展的背景和意义　　233
　　第二节　红色景区的概念和特征　　236
　　第三节　红色景区的建设与管理　　237

参考文献　　241

第一篇 基础模块

第一章

旅游景区概述

引言

旅游景区是旅游产业的重要组成部分,也是我国自然生态风光和历史文化风情的重要载体和窗口。正确认识和理解旅游景区的时代背景、概念内涵、类型特征以及地位作用,对推动新时代我国景区管理升级、高质量发展具有重要意义。

重点和难点

重点:景区发展的时代背景;景区概念界定;景区分类。

难点:景区与相关概念辨识;景区构成要素;景区的重要性。

知识导图

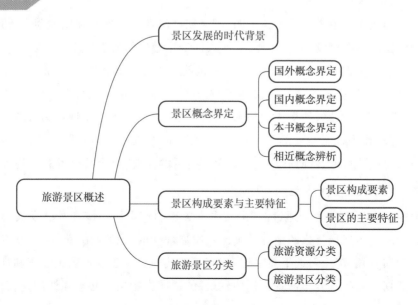

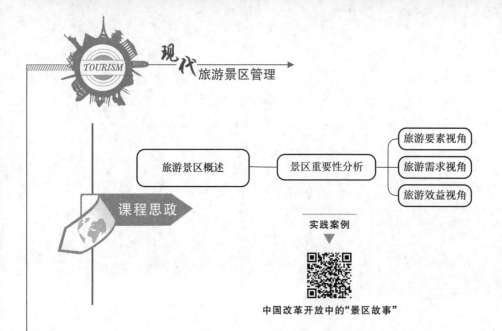

中国改革开放中的"景区故事"

第一节　景区发展的时代背景

中国特色社会主义进入了新时代,景区经营管理也应随着我国经济社会发展不断变化,要深刻认识我国所处的社会经济环境变化对现代景区管理的影响,积极转变景区管理观念、创新景区管理思维、适应社会发展新需求,推进我国景区的高质量发展。

1. 社会主要矛盾转换

党的十九大报告指出,我国社会主要矛盾已经转化为人民日益增长的美好生活需要和不平衡不充分的发展之间的矛盾。丰富的旅游景区体验是我国现阶段人民日益增长的美好生活需要之一,但长期以来,我国景区的产品和服务还满足不了旅游市场发展的需要,存在发展不平衡不充分的问题,这为现代景区发展指明了方向,提出了更高要求。

2. 高质量发展成为趋势

党的十九届五中全会提出,"十四五"时期经济社会发展必须以推动高质量发展为主题,这是根据我国发展阶段、发展环境、发展条件变化做出的科学判断。

习近平总书记指出:"高质量发展,就是能够很好满足人民日益增长的美好生活需要的发展,是体现新发展理念的发展,是创新成为第一动力、协调成为内生特点、绿色成为普遍形态、开放成为必由之路、共享成为根本目的的发展。"旅游景区发展作为旅游产业和经济发展的组成部分,作为社会需要的重要内容,其发展也应该服从新时期经济社会发展新要求,追求高质量发展的目标,从而满足人民对美好生活的需要,符合社会发展新趋势。

3. 新发展理念立意长远

党的十九届五中全会通过的《中共中央关于制定国民经济和社会发展第十四个五年规划和二〇三五年远景目标的建议》,突出新发展理念的引领作用,强调"把新发展理念贯穿发展全过程和各领域"。习近平总书记在关于《中共中央关于制定国民经济和社会发展第十四个五年规划和二〇三五年远景目标的建议》的说明中指出:"必须强调的是,新时代新阶段的发展必须贯彻新发展理念,必须是高质量发展。"这也启示我们,新时代景区管理要深入贯彻新发展理念,要将创新、协调、绿色、开放、共享的发展理念落实到景区管理的各个领域和景区发展的全过程,不断提升我国景区管理的质量和水平。

4. 文化和旅游深度融合发展

推进文化和旅游深度融合发展是新时代我国的重大战略任务。文化是旅游的灵魂,旅游是文化的载体,推动文化与旅游的深度融合发展,对旅游转型升级和实现文化传承具有非常重要的意义。这是传承中华优秀文化、增强我国文化自信的必然要求,也能满足不断转型升级的旅游消费需求,为新时代我国旅游发展指明了方向。新时代景区管理一定要把握文化产品和服务的开发,在强调文化体验的同时,共同推进文旅深度融合。

5. 生态文明理念深入人心

从将生态文明建设纳入"五位一体"总体布局,到将"树立尊重自然、顺应自然、保护自然的生态文明理念,增强绿水青山就是金山银山的意识"写入党章,再到将生态文明写入宪法,我国把生态文明建设放在突出地位,融入经济社会发展各方面和全过程,努力建设人与自然和谐共生的现代化。

"十三五"时期,我国生态文明建设取得显著成效,生态环境质量明显提高,美丽中国建设迈出坚实步伐。"十四五"时期,"生态文明建设实现新进步"是经济社会发展主要目标之一,为当前和今后一个时期推动绿色发展,促进人与自然和谐共生指明了方向。这要求,在我国旅游景区管理中要加大对生态环境的保护和创新,走生态旅游之路,实现绿色发展。

6. 高新科技快速融入生活

进入新时代,全球科技发展日新月异,人工智能、5G、云技术、大数据等新技术产品和应用不断出现在我们的日常生活中,极大提高了工作、生活和消费的智能性和便利性,数字化景区、智慧景区逐渐成为我国景区发展的新模式。高新科技对景区管理产生的深刻影响,不仅在于满足景区消费需求方面,而且也在于景区管理效率和质量水平提升方面,甚至带来景区管理理念方面的变革。

第二节 景区概念界定

纵观国内外教材和研究成果,"旅游景区"的概念并没有统一的权威表述,但主要有两种视角:学者视角和组织或机构视角。国内外学者们出于研究需要,从不同角度对景区的概念进行了界定;相关组织或机构出于管理需要,也进一步明确"旅游景区"的概念内涵,这两种视角为景区的概念界定提供了理论基础和实践支撑。

一、国外概念界定

在英语中,旅游景区通常使用 visitor attractions、tourist attractions 或 attractions 等词表述,另外,非正式的用法也有 places of interest、site 等。下面列举的定义大部分是摘自目前英美大学旅游专业中使用较多的关于"旅游概论和景区管理"的教科书和论著。

1. 代表性学者对旅游景区的定义

(1) 以研究旅游规划著称的美国学者冈恩(C.A.Gunn)认为:"旅游景区可以是地球上任何一个独具特色的地方,这些地方的形成既可能是自然力量使然,也可能是人类活动的结果。"这是学术界关于景区的最具代表性的宽泛定义。该定义的关键点在于指出了旅游景区是"独具特色"的。

(2) 英国学者约翰·斯沃布鲁克(John Swarbrooke)在1995年提出:"旅游景点应该是一个独立的单位、一个专门的场所,或者是一个有明确界限的、范围不可太大的区域,交通便利,可以吸引大批的游人闲暇时来到这里做短时访问。景点应该是能够界定、能够经营的实体。"

这个定义的关键点是提出旅游景区应该是"能够界定、能够经营的实体",它强调景区的区域特定性和可进入性。

(3) 英国学者克里斯·库伯(Chris Cooper)等提出:"旅游景区可以由自然馈赠和人工建造两部分组成。前者包括景观、气候、植被、森林和野生动物,后者包括历史和文化,但还包括诸如主题公园之类的人造游乐设施。"

可以看到这个定义强调的是景区的吸引内容,另外将景区气候也算作景区的一部分,这与约翰·斯沃布鲁克的定义有所不同。

(4) 英国著名的旅游市场学家密德尔敦教授(Middleton)于1998年在其专著中提出:"有管理的景区"是"一个为游客提供游览、消遣、娱乐和受教育的,专门指定和专人经营管理的、长久性的地点"。

该定义的特点是总结了景区的功能,并将经营管理性也兼顾在内。

(5) 美国著名学者朱卓仁(Chuck Y.Gee)等提出:"景区是因天气、风景、文化或活动而满足一个特定顾客群和市场的欲望和喜爱的一个区域。"

该定义不仅概括了景区涵盖的吸引内容,同时也强调了市场导向性,反映了旅游景观业的发展理念。

(6) 利玻在1990年提出:"旅游景区是一个具备三种要素的系统,这三种要素分别是游客(人的要素)、核心吸引物和景区整合者,只有三个要素有机结合才形成旅游景区。"该定义从系统论视角对旅游景区进行定义,将旅游景区视为一个系统加以理解。

2. 代表性组织或机构的定义

苏格兰旅游委员会在1991年对旅游景区下的定义是:"一个长久性的游览目的地,其主要目的是让公众得到消遣的机会,做感兴趣的事情或受到教育,而不应该仅是一个零售店、一个体育竞赛场地、一场演出或一场电影。游览地点在其开放期间,应不需要预定,公众可随时进入。游览地点不仅应该能够吸引游客、一日游者,而且要对当地居民具有吸引力。"

该定义侧重对旅游景区的功能描述,而不能将其称之为严格意义上体现事物基本属性与内容的科学定义。

二、国内概念界定

由于我国管理体制、旅游发展阶段和研究现状不同,我国旅游行业中出现了不同称谓的"旅游景区",如旅游景点、旅游区(点)、旅游吸引物、旅游目的地、风景名胜区、旅游地等,尽管不同场景下的表述不一,但总体上逐渐进入到规范化表述阶段,"旅游景区"的表述成为行业、学界和政界的共识。

1. 代表性学者的定义

杨正泰(1999)认为,旅游景点(景区)是游客到达旅游目的地之后的重要活动场所,泛指具有一定自然或人文景观,可供游人游览并满足某种旅游经历的空间环境。该定义比较注重游客需求视角。

王德刚(2000)将旅游景区定义为以旅游资源或一定的景观、娱乐设施为主体,开展参观游览、娱乐休闲、康体健身、科学考察、文化教育等活动和服务的一切场所和设施。

张凌云(2004)指出,旅游景区是以吸引游客为目的,根据游客接待情况进行管理,为游客提供一种快乐、愉悦和审美的体验并开发潜在市场需求,提供相应设施和服务,有较明确范围边界和一定空间尺度的场所、设施或活动项目。

邹统钎(2021)认为,旅游景区是依托旅游吸引物从事旅游休闲经营管理活动的、有明确的地域范围的区域。该定义清晰明了地指出了旅游景区的几个关键点:有明确的地域范围;以旅游吸引物为依托;从事旅游休闲活动;有统一的管理机构。

郭亚军(2022)在综合国内外学者和机构定义的基础上指出,旅游景区是指能够吸引游客前往游览并能够满足游客游览观光、消遣娱乐、康体健身、求知等需求,有统一的管理机构,有明确的区域场所能够提供需要的服务设施的地域空间。该定义比较全面和系统地阐述了旅游景区的核心要素和功能。

2. 机构(或组织)的定义

中华人民共和国国家质量监督检验检疫总局发布的《旅游景区质量等级的划分与评定》(GB/T 17775—2003)中对"旅游景区"的定义如下:

> 旅游景区(tourist attraction)是以旅游及其相关活动为主要功能或主要功能之一的空间或地域,是具有参观游览、休闲度假、康乐健身等功能,具备相应旅游服务设施并提供相应旅游服务的独立管理区。该管理区应有统一的经营管理机构

和明确的地域范围。包括风景区、文博院馆、寺庙观堂、旅游度假区、自然保护区、主题公园、森林公园、地质公园、游乐园、动物园、植物园及工业、农业、经贸、科教、军事、体育、文化艺术等各类旅游景区。

2023年3月，国家文化和旅游部资源开发司会同全国旅游标准化技术委员会就国家标准《旅游景区质量等级的划分与评定》(修订稿)公开征求意见，以更好地发挥标准对行业的规范、引领和促进作用。标准修订稿深入贯彻落实党中央对旅游景区的新要求，着眼当前旅游景区发展出现的普遍性问题，明确景区发展新定位，引领旅游景区提质升级。

征求意见稿将"旅游景区"术语和定义表述修改为"以旅游资源为依托,具有明确的空间边界、必要的旅游服务设施和统一的经营管理机构,以提供游览服务为主要功能的场所或区域"。

尽管该征求意见稿尚未最终颁布，但将其确定的"旅游景区"定义作为当前我国景区管理实践的权威定义被广泛认可。

三、本书概念界定

综合国内外学者和机构概念界定，本书对旅游景区的定义如下：旅游景区是以旅游吸引物为依托，以正式的管理机构管理为保障，以旅游基础设施和服务设施为手段，为游客提供旅游休闲活动体验的特定地域空间。对现代旅游景区的理解，至少要有三种思维：一是核心要素思维，二是供需两端思维，三是现代管理思维。

旅游景区核心要素包括：景、区和人。其具体内涵如下。

(1) 景，即旅游资源或旅游功能。旅游景区具有独特旅游资源、必要的旅游服务和设施，能够满足游客的需求。这既是景区发展的基础、前提，也是景区的行业特色。

(2) 区，即空间范围或物理实体。景区空间地域范围明确且固定，既是对游客旅游活动和体验的空间物质保障，也是对景区管理活动和对象的清晰指向。

(3) 人，即经营管理者或机构。现代管理意义上的旅游景区，其最核心的要素是有统一的经营管理机构，这是旅游需求得以满足的必要保障。人，既指景区管理者个体，也指由各级管理者和员工组成的管理组织机构，还指员工、游客等主体。在强调"以人为本"的现代管理语境下，员工主体、游客主体是现代景区经营管理的又一核心要素。

四、相近概念辨析

由于研究视角的不同、管理部门的差异，我国旅游景区管理实践中常常出现一些与旅游景区相似或相近的概念名词，混淆了学习者的视野，需要我们进一步明辨。实际上这些概念之间有着或多或少的区别和联系，这里将混淆率较高的几对概念列出，以供学习思考。

1. 旅游景区与旅游目的地的辨析

旅游目的地(tourist destination)是一个国家或地区旅游经营者向游客提供的、能够满足其旅游需要的全部物质产品和服务产品的总和。旅游目的地从范围上包括大量的旅游景区,一般也包含一个或多个旅游中心城市(镇),比如旅游城市长沙就是一个热门旅游目的地。

旅游目的地在内容和范围上一般比旅游景区大得多,在组合性质和构成特征上也与旅游景区有根本性区别。从小空间的尺度来看,旅游目的地与旅游景区的含义基本相同,可以说,旅游景区是一种小型旅游目的地,主要突出的是其旅游吸引力。

2. 旅游景区与旅游景点的辨析

旅游景点常常是指一个旅游产品的单点,如一处瀑布、一座古建筑。而在日常中,人们往往会产生错觉,认为旅游景点就是旅游景区,比如在旅行社提供的行程单上,旅游景点常常就是旅游景区。两者主要是从尺度上来区别的。从学术研究的角度来看,景点的空间尺度小于景区,旅游景区可以由多个景点组成。

3. 旅游景区与风景名胜区的辨析

风景名胜区是指具有欣赏、文化或科学价值,自然景物、人文景观比较集中,环境优美,具有一定规模和范围,可供人们游览、休憩或进行科学、文化活动的地域(国务院《风景名胜区管理暂行条例》,1985),两者之间的区别主要在于管理部门不同。从功能或目的、区域及管理来看,风景名胜区就是旅游景区,两个称谓说的是一回事。但旅游景区不一定是风景名胜区,因为风景名胜区需要住建部门的审批。

4. 旅游景区与旅游度假区的辨析

联合国旅游组织(UN Tourism)的旅游规划专家爱德华·因斯克普(Edward Inskeep)认为:"旅游度假区是一个相对自给自足的目的地,是为满足游客娱乐、放松需求而提供的可以广泛选择的旅游设施与服务。"同样,比照旅游景区的概念可知,旅游度假区是旅游景区的一个亚类,包含于旅游景区的范畴之内,是以满足游客深层度假需求为主要功能的旅游景区。

5. 旅游景区与风景旅游区的辨析

风景旅游区是指以原生的、自然赋予的或历史遗存的景观为载体,向大众游客提供的旅游观光对象物,它原则上不包括游乐园、室内博物馆、美术馆等旅游区(崔凤军,2001)。风景旅游区是旅游景区的组成部分,被包含于旅游景区的范畴之内,因而也是旅游景区的一个亚类。

旅游景区与相近概念的辨析如表1-1所示。

表1-1　旅游景区与相近概念的辨析

		概念	相近概念
	1	旅游景区	旅游目的地
区域范围		某种程度上,旅游景区就是旅游目的地,但是旅游目的地的概念和空间尺度更大	
		举例:故宫	举例:旅游城市北京
	2	旅游景区	旅游景点
区域范围		景区区域范围比景点更大,旅游景区可以由多个景点组成	
		举例:岳麓山景区	举例:爱晚亭
	3	旅游景区	风景名胜区
		文旅部、住建部等	住建部
管理部门		风景名胜区就是旅游景区,但旅游景区不一定是风景名胜区,需要住建部门的审批	
	4	旅游景区	旅游度假区
功能类型		多种功能综合性	以度假功能为主导的旅游景区
	5	旅游景区	风景旅游区
功能类型		多种功能综合性	以观光功能为主导的旅游景区

第三节　景区构成要素与主要特征

一、景区构成要素

(一)景区功能要素

旅游景区是人们旅游、休闲、娱乐和学习的场所,也是创造经济效应、文化效应和生态效应的区域,具有丰富多样的功能。

1. 休闲游憩与旅游功能

旅游景区是人们休闲娱乐、旅游度假的场所,游客可以在景区进行观光游览、休闲运动等户外活动,如徒步旅行、自行车骑行、攀岩等。这些活动不仅可以锻炼身体、增强体质,还可以放松心情、缓解压力、促进身心健康。此外,景区中的景点和设施也给游客们提供了欣赏风景、放松心灵的机会。

2. 生态环保与科普功能

旅游景区,尤其是自然类景区多位于自然环境优美的地区,如山水风光、森林湿地等。

景区的设立和运营可以促进对自然环境的保护与管理,保护濒危物种和生态系统,并加强对环境污染的监管。同时,景区可以设计、开展相关的科普活动和课程,让游客了解自然生态、动植物等科学知识。景区通过教育的方式,提高公众对环境保护的意识,培养大家对自然环境的尊重和保护意识。

3. 文化传承与保护功能

旅游景区,尤其是文化类景区大多富有历史和文化内涵,如古建筑、文物古迹等。景区的设立和管理可以促进对历史文化的传承和保护,保护历史建筑、文化遗址等重要文化资源,同时将这些文化资源向游客展示,提升公众对历史文化的认知和理解。

4. 发展经济与提供就业功能

旅游景区不仅能够吸引游客前来观光,还可以带动相关产业的发展,如住宿、餐饮、交通等。景区的建设和运营可以为当地带来经济效益,增加当地居民的收入,并创造就业机会。此外,景区的发展还可以带动周边地区的发展,形成良性的经济循环。

5. 塑造地方形象与促进发展功能

旅游景区的建设和运营可以促进当地发展,提高地方的知名度和美誉度。景区的形象和特色也会对地方产生积极的影响,吸引更多的游客和投资。景区的成功运营还可以带动其他相关产业的发展,推动地方经济的繁荣。

(二)景区空间要素

景区空间要素主要是指景区拥有清晰的空间范围,无论旅游景区的规模有多大,都有一个确定的管辖空间范围,常表现为进入的限制性,即原来所指的门票范围。同时,景区的地形地貌、空间布局、道路交通都具有一定的空间性。

景区的旅游空间结构不是一成不变的,它受景区内外两大因素的影响,即旅游市场需求的变化和旅游景区生命周期的发展。为了更好地满足市场的需求,提高景区的盈利率,旅游景区必须对自身的空间结构进行优化。

旅游景区微观层次空间布局重视旅游景区内部点与点、点与整体之间的相关性,通过比较与调整,形成性质分类、功能分区、成组布局等整体最优的多维网络结构。旅游景区微观层次空间布局模式虽多种多样,但其中的基本要素是相同的,典型布局形式主要有圈层模式、点轴模式和轴对称模式。

(三)景区结构要素

景区结构要素主要是指景区的组织结构。组织结构是表明组织各部分排列顺序、空间位置、聚散状态、联系方式及各要素之间相互关系的一种模式,是整个管理系统的"框架"。通常来说,景区组织结构主要包括直线型组织结构、职能型组织结构、直线职能型组织结构、事业部型组织结构以及矩阵型组织结构五种形式。

1. 直线型组织结构

直线型组织结构又称单线型组织结构,在我国较为常见。它以典型的等级原理为基础,是一种集权式组织结构。其基本特点是旅游景区的各种机构和部门按照纵向系统直线排列,形成自上而下的指挥系统,上级直接对下级进行综合管理,下级直接从上级那里接受指令。该组织结构的权限呈直线分布,各级关系明确。直线型结构主要适用于规模不大、人员不多、生产管理比较简单的组织。

2. 职能型组织结构

职能型组织结构又称多线型组织结构。它按职能对组织部门进行分工,即从高层到基层,把承担相同职能的管理业务单元组合在一起,设置相应的管理部门和管理职务。现代组织中,许多业务活动都需要业务人员有专门的知识和能力,通过将专业技能紧密联系的业务活动归类组合到一个部门内部,可以更有效地开发和运用技能,提高工作效率。职能型组织结构的特点是按职能分工,以专业化的管理办法代替直线型的全能管理者,各职能部门在业务范围内直接指挥下属。这种组织结构适用于中小型、产品品种比较单一、外部环境相对稳定、综合平衡能力较强的旅游景区。

3. 直线职能型组织结构

直线职能型组织结构是现代组织中较常见的一种结构形式,特别在大中型组织中尤为普遍。直线职能型组织结构吸收了直线型组织结构和职能型组织结构的优点,设置两套系统,一套是直线指挥系统,另一套是参谋系统。这种组织结构以直线为基础,在各级行政主管之下设置相应的职能部门(如规划、经营、投资、财务等部门)从事专业管理,作为该级行政主管的参谋,实行主管统一指挥与职能部门参谋指导相结合。在直线职能型结构下,下级机构既受上级部门的管理,又受同级职能管理部门的业务指导和监督。各级行政领导逐级负责,高度集权。因而,这是一种按经营管理职能划分部门,并由最高经营者直接指挥各职能部门的体制。

4. 事业部型组织结构

事业部型组织结构也称 M 型结构,或多部门结构,有时也称为产品部式结构或战略经营单位。事业部型组织结构按产品或地区设立事业部(或大的子公司),每个事业部都有自己比较完整的职能机构。一般做法是总公司成为决策中心。在总公司下按产品或地区分为许多个事业部或分公司,它们在最高决策层的授权下享有一定的投资权限,是单独核算、独立经营、自负盈亏的利润中心,其下级单位则是成本中心。公司总部只保留人事决策、预算控制和监督权,并通过利润等指标对事业部进行控制。事业部型组织结构具有集中决策、分散经营的特点。集团最高层(或总部)只掌握重大问题决策权,从日常生产经营活动中解放出来。事业部型组织结构适用于规模庞大、品种繁多、技术复杂的大型企业。近几年我国一些大型旅游企业也引进了这种组织结构形式。

5. 矩阵型组织结构

矩阵型组织结构形式是在直线职能型垂直形态组织系统的基础上,再增加一种横向的领导系统,它由职能部门和为完成某一临时任务而组建的项目小组组成,这种组织结构形式同时实现了事业部型与职能型组织结构特征的组织结构形式。矩阵型组织结构也可以称为非长期固定型组织结构,其特点是具有双道命令系统,两道系统的权力平衡是这一组织结构的关键。但在现实中不存在绝对的平衡,因而在实际工作中就会存在两条相互结合的划分职权的路线——职能与产品;并形成两种深化演化形式——职能式矩阵和项目式矩阵,前者是以职能主管为主要决策人,后者则是以产品项目负责人为主。这种组织结构最为突出的特点就是打破了单一指令系统的概念,而使管理矩阵中的员工同时拥有两个上级。一般中小旅游景区不适合矩阵型管理,大型旅游景区则需要在上下级成员素质较高、能力较强的条件下推行该组织结构形式,才能使其充分发挥效果。

（四）景区管理要素

景区管理要素主要包括三个方面:景区管理主体、景区管理客体以及景区管理环境。具体内容将在本教材第二章及后续章节学习。

二、景区的主要特征

1. 功能综合性

旅游景区以吸引游客前来旅游体验、满足游客的旅游功能需求为目的。旅游景区具有观光游览、休闲度假、知识科普、生态保护、文化传承、发展经济等多种功能,同时景区的设施设备不仅供游客临时使用,也供当地居民和工作人员使用。如城市的公园在一天中只在某一时段游客数量相对较多,而早晚则是老百姓锻炼、下棋、聊天、跳广场舞的地方。除了纯粹为游客服务的景区外,许多景区都是多用途的。

2. 要素多元性

景区产品由多个要素组成,这些要素有机地组合在一起,才形成景区。景区产品至少由下列要素组成。

（1）旅游吸引物。旅游吸引物是指能对游客产生吸引力,满足游客旅游体验需求的各种要素,是吸引游客前来的基础。旅游吸引物可以是物质的,也可以是非物质的。旅游资源包括自然资源和人文资源,需要注意的是旅游吸引物是在旅游资源的基础上经过一定程度的开发建设后,成为景区产品,供游客消费的。

（2）旅游服务设施。旅游服务设施是游客在景区开展旅游活动的媒介,是实现旅游活动的基本条件之一,也是景区存在的基础,通常包括基础设施和服务设施。旅游设施的规模、质量、风格对景区的经营产生深远影响。任何一个景区,只有旅游吸引物而没有良好的旅游设施,是无法开展安全有序的旅游经营活动的。同时,旅游设施和旅游吸引物在实际经营中不能绝对分开,在某些情况下旅游服务设施同时也是旅游吸引物,如景区内的漂流竹筏,它既是旅游吸引物又是旅游服务设施,既具有设施功能,又具有吸引物功能。

（3）管理和服务人员。景区和其他机构组织一样,必须配备一定的管理人员和服务人员,包括中高层管理人员、基层管理人员和一线服务人员。一线服务人员分为三类:①技术人员,如设备维修人员、工程师;②服务人员,如售票员、讲解员;③其他人员,如保安、医务人员。景区管理和服务人员凭借旅游吸引物和旅游服务设施为游客提供体验服务,树立良好的景区形象、服务形象,使景区更具吸引力。

3. 独特地域性

从旅游景区的概念定义来看,景区要将旅游资源作为旅游吸引物。这种旅游资源主要包括自然旅游资源和人文旅游资源,这两种资源往往由特殊的地理空间和地域文化决定。为此,景区通常具有独特地域性,这种地域性既表现为自然地理条件和环境的独特性,也表现为不同地域历史文化、民俗风情的地域独特性。

4. 发展动态性

景区建成后不是一成不变的,而是会根据社会经济发展和游客需求进行动态变化。我国旅游发展初期,景区通常只满足游客的观光需求,基础设施相对简单。随着旅游业的发展,景区将趋向多元化发展。除了传统的自然景观和历史遗迹,越来越多的景区开始注重人文艺术、科技创新等方面的开发,景区的发展已经不再局限于旅游本身,而是将旅游与文化相结合。景区通过举办文化活动、展览等形式,丰富游客的旅游体验,提升景区的吸引力。同时,景区的文化价值也得到了更加全面的展示和传承。随着环保意识的提升,景区的发展也越来越注重生态环境的保护和修复,采取可持续发展的方式,实现旅游业的绿色发展。这不仅可以保护景区的自然资源,也能够提升游客的满意度。随着信息技术的发展,景区可以更好地了解游客的需求,提供个性化的服务,通过大数据分析和智能化系统,根据游客的兴趣和偏好,为其推荐合适的景点和行程,使游客可以获得更好的旅游体验。

第四节 旅游景区分类

一、旅游资源分类

旅游资源在旅游活动中占有十分重要的地位,旅游景区需要凭借丰富而具有特色的旅游资源才能持续不断地吸引游客。为此,对旅游景区进行分类时,应该先熟悉我国旅游资源分类。国家标准《旅游资源分类、调查与评价》(GB/T 18972—2017)将旅游资源分为8个主类,23个亚类和110个基本类型(见表1-2)。

表1-2 旅游资源分类表

主类	亚类	主类	亚类
地文景观	自然景观综合体	建筑与设施	人文景观综合体
	地质与构造形迹		实用建筑与和核心设施

续表

主类	亚类	主类	亚类
地文景观	地表形态	建筑与设施	景观与小品建筑
	自然标记与自然现象		
水域风光	河系	历史遗迹	物质类文化遗存
	湖沼		
	地下水		
	冰雪地		非物质类文化遗存
	海面		
生物景观	植被景观	旅游购品	农业产品
	野生动物栖息地		工业产品
			手工工艺品
天象与气候景观	天象景观	人文活动	人事活动记录
	天气与气候景观		岁时岁令

二、旅游景区分类

实践中的旅游景区的类型多种多样,相关分类方法也很多。比较多见的是依据景区旅游资源属性、景区旅游活动和景区质量等级标准进行分类。

（一）按景区旅游资源属性分类

旅游资源是景区核心吸引力所在,为此掌握以景区资源为依据的分类对于景区管理者来说非常重要,能否明确景区所属旅游资源类型直接决定景区运营管理成功与否。根据主要旅游资源的类型,旅游景区可分为两类,即自然景观类旅游景区和人文景观类旅游景区。

1. 自然景观类旅游景区

旅游资源以自然景观为主的旅游景区称为自然景观类旅游景区。这类旅游景区以名山大川、江河湖海为代表,往往是由多个自然景观类旅游景区组成,并辅以一定人文景观的相对独立的区域。如黄山、九寨沟、张家界和尼亚加拉大瀑布等,它们具有优美的自然景观,是大自然的杰作。自然景观类旅游景区又可以分为山地型自然旅游景区、森林型自然旅游景区、水景型自然旅游景区、洞穴型自然旅游景区及综合型自然旅游景区。稀缺性是自然景观类旅游景区的基本属性,尤其是那些优质的自然景观更是具有不可再生性。

2. 人文景观类旅游景区

人文景观类旅游景区是人类生产、生活活动的艺术成就和文化结晶,是指以社会文化事物为吸引力本源的、主要由建筑物和场所及其中的活动构成的旅游景区。典型的代表如故宫博物院、颐和园、八达岭长城、东方明珠广播电视塔、卢浮宫博物馆等。人文景观类旅游景区又可分为历史文化名城、古代工程建筑、古代宗教、古代园林及综合型人文旅游景区。人文景观类旅游景区的神秘感和稀有性可以激发游客求知、求美、求奇的旅游动机和深度情感需求,发展后劲较强。主题公园,作为全球典型的旅游景区形态,也属于现代人文景观类旅游景区。

(二)按景区旅游活动分类

根据旅游景区的概念界定,景区以满足游客旅游活动需要为目的。按照景区的旅游活动功能,结合景区旅游资源的特色,可以将景区分为七类。

1. 观光游览类景区

观光游览类景区具备独特、优美的自然景观和人工景观,有较高的美学价值,以江、河、湖、海、山、林、瀑布、岩溶、气候、气象变化等为主要景观,如广州白云山风景名胜区、张家界国家森林公园等。

2. 历史古迹类景区

历史古迹是人类留下的遗迹和遗物,形象地记录着人类的历史,能引发人们对历史的回顾。中国的历史古迹种类很多,如孔庙、颜庙、少昊陵、周公庙、九龙山崖墓群、孟子故里、清东陵、秦始皇陵兵马俑、明孝陵、明十三陵等。

3. 民俗风情类景区

民俗风情类景区指的是民族集聚地、民族独特的生活习惯及生活方式,包括民族的衣着服饰、民居建筑、饮食特色、婚恋习俗、节庆礼仪等方面所特有的风情、风尚、传统和禁忌,结合当地的自然景观,形成独特的人文景观,如西江千户苗寨、西双版纳傣族村寨、广东瑶族村寨等。

4. 文学艺术类景区

这类景区以文化为中心,为游客创造一种特定的文化氛围,使游客在旅游过程中增长学识和艺术修养,如无锡影视城、南海影视城等。

5. 娱乐游憩类景区

娱乐游憩类景区是指以优美的旅游度假环境或者以人造景观为背景建设的以现代娱乐休闲设施为主的景区,供游客开展观赏、康体疗养、运动健身、娱乐休闲等旅游活动。

6. 科考探险类景区

科考探险类景区是指以自然资源为主体,并且具有科学研究价值的景区,如雅鲁藏布江大峡谷景区等。

7. 综合类景区

综合类景区是指具有两个或两个以上功能、以多形式的旅游产品组合吸引不同需求的游客的景区。这类景区不仅有优美的自然风光,还有大量的名胜古迹,是自然旅游资源和人文旅游资源有机结合的景区,如黄山景区、武夷山景区等。

(三）按景区的质量等级分类

旅游景区质量等级的划分是根据旅游景区质量等级划分条件确定旅游景区质量等级，按照《服务质量与环境质量评分细则》《景观质量评分细则》的评价得分，并结合《游客意见评分细则》的得分综合进行的。旅游景区质量等级划分为五级，从高到低依次为5A、4A、3A、2A、1A级。根据评定结果，可从质量等级视角将我国景区划分为五个基本类型，分别为5A级景区、4A级景区、3A级景区、2A级景区、1A级景区。

（四）按景区的表现形式分类

按表现形式，旅游景区可分为以下九类。

(1)风景名胜区：根据《风景名胜区条例》中的规定，风景名胜区是指具有观赏、文化或者科学价值，自然景观、人文景观比较集中，环境优美，可供人们游览或者进行科学、文化活动的区域。

(2)旅游度假区：为满足度假者健身、疗养、娱乐等需求，在旅游资源集中、环境质量优越的地区兴建度假住宅及体育、娱乐、文化设施，并提供高质量服务的综合性景区。国家级旅游度假区的主要特征是对环境质量要求高，区位条件好，服务档次高，能满足休闲康体需要。

(3)森林公园：以森林景观为主体，融自然景观和人文景观于一体，具有一定的规模，可供人们游览、休息，或进行科学研究、文化娱乐、教育活动的场所。

(4)自然保护区：国家为了保护自然环境和自然资源，对有代表性的自然生态系统、珍稀濒危野生动植物物种的天然集中分布区、有特殊意义的自然遗迹等保护对象所在的陆地、陆地水体或者海域，依法划出一定范围并加以特殊保护和管理的区域。

(5)水利风景区：以水域（水体）或水利工程为依托，具有一定规模和质量的风景资源与环境条件，可以开展观光、娱乐、休闲、度假或者进行科学、文化、教育活动的区域。

(6)地质公园：以具有特殊地质科学意义、稀有的自然属性、较高的美学观赏价值、一定规模和分布范围的地质遗迹为主体，融合其他自然景观和人文景观而构成的一种独特的自然区域。

(7)主题公园：根据某个特定的主题，以文化复制、文化移植、文化陈列及新技术等为手段，以虚拟环境塑造与园林环境为载体来满足消费者的好奇心，集诸多娱乐活动、休闲要素和服务接待设施于一体的现代旅游区域。

(8)国家文物保护单位：文物是指具有历史、艺术、科学价值的古文化遗址、古墓葬、古建筑石窟寺和石刻、壁画。文物保护单位是对确定纳入保护对象的不可移动文物的统称，包括文物单位本体及周围实施重点保护的区域。

(9)工业旅游点与农业旅游地：工业旅游点是指以运营中的工厂、企业、工程等为主要旅游吸引物的旅游点。农业旅游地是指将农村风光、各类农业（包括林业、牧业和渔业）生产活动，以及各种当地民俗节庆活动作为主要旅游吸引物的乡村旅游区域。

需要指出的是,以上(1)—(6)、(8)—(9)类型的景区在2018年我国政府机构改革之前都隶属于不同的行政管理部门管理,且具有相应的管理机制。

第五节 景区重要性分析

一、旅游要素视角

旅游的六大基本要素——吃、住、行、游、购、娱,其中"游"是核心要素。而旅游景区是"游"产生的直接动力,是旅游游览的必然需要,也是旅游活动开展的必要空间载体。

二、旅游需求视角

随着旅游景区的发展壮大,现代旅游景区已不再是传统意义上那个只能满足"游览"需求的空间场所,而是越来越朝着一个完善的目的地方向发展。如今,大多数旅游景区都以满足游客吃、住、行、娱、购、商、养、情等多元化需求为规划和经营目标。景区以游览体验为核心逐渐拓展其他需求产品和服务,成为旅游需求满足和旅游要素聚集的综合平台。

三、旅游效益视角

随着景区发展的深化,其与社区、社会经济之间的融合也越来越深入。旅游景区不仅通过景区旅游服务和产品的开发销售,发挥旅游的经济效益和功能,而且通过为社区创造就业岗位,帮助落后社区脱贫致富,保护和传承优秀文化资源,维护生态环境,不断发挥文化和生态功能。

本章小结

本章作为现代旅游景区管理教材的开篇,聚焦基础性概念知识,主要梳理了现代旅游景区的时代背景、概念界定、构成要素、主要特征、主要类型以及重要性等基础知识,为后续景区管理理论做铺垫。首先,本章从现代旅游景区的时代背景入手,对景区概念进行综述、界定和辨识,在此基础上提出了本书对景区的概念界定;其次,本章明确了景区的构成要素与主要特征;再次,本章列举了四种依据的景区分类;最后,本章从要素、需求和效益视角分析了景区的重要性。

【核心关键词】

旅游景区;景区构成要素;景区主要特征;景区分类;景区的重要性。

思考与练习

1. 现代旅游景区发展的时代背景是什么？
2. 景区的概念内涵如何界定？
3. 景区的构成要素有哪些？主要特征是什么？
4. 景区的主要类型有哪些？
5. 景区为何重要？

【拓展学习】

1. 实践操作：查找文化和旅游部网站上5A级景区的省域名单及空间分布，找到并了解你家乡的景区，思考你家乡景区的特征和类型。

2. 查找并下载以下文献资料，学习并思考我国旅游景区研究为何重要？

罗文斌、丁德孝、黄萌等《基于Citespace我国旅游景区研究文献计量分析》，《内江师范学院学报》，2021年第8期。

【PBL讨论】

查找并阅读《2022年中国景区度假区发展报告》（http://news.sohu.com/a/622414922_124717），讨论"从景区到场景"是不是意味着景区不再重要？说明你的理由。

要求：以小组为单位，针对以上话题进行课后讨论，并将讨论结果在平台上发布。

第二章

景区管理概述

引言

景区管理是景区经营成功的关键所在。改革开放以来,我国景区管理随着旅游业的发展经历了不同历史阶段,管理方法、管理理念、管理体系都逐渐健全。面对新时代的新要求,把握景区管理的基本概念、构成要素、运营模式、目标特征以及历程和趋势等基础知识,是景区管理者成长的必然要求,也是解决现代景区管理问题的知识保障。

重点和难点

重点:景区管理的概念内涵;景区管理的构成要素;景区管理的主要特征。
难点:景区管理的核心目标;景区管理的发展趋势。

知识导图

```
                                    ┌── 景区管理概念界定
                   ┌── 景区管理的概念与构成 ──┼── 景区管理构成要素
                   │                        └── 景区管理的主要模式
                   │
景区管理概述 ──────┤                        ┌── 景区管理的核心目标
                   ├── 景区管理的目标与特征 ──┤
                   │                        └── 景区管理的主要特征
                   │
                   │                        ┌── 我国景区发展历程
                   └── 景区发展历程与管理趋势 ┤
                                            └── 景区管理发展趋势
```

实践案例

用平凡成就不凡——记"敦煌的女儿"樊锦诗

第一节 景区管理的概念与构成

一、景区管理概念界定

景区管理是企业管理理论在景区企业的具体应用,其概念来源于管理学上对管理的界定。针对管理的概念,刘易斯等(1998)指出,管理是指有效支配和协调组织资源,并努力实现组织目标的过程。借用管理的这一概念,我们可以这样来界定旅游景区管理,即景区管理者通过有效支配和协调景区组织的资源,努力实现景区目标的过程或活动。

景区管理的深层概念内涵如下。首先,管理的目的是达成或实现景区组织的工作目标;其次,管理是景区管理者通过综合运用各种景区资源,以优化资源配置,这是达到目标的关键途径;再次,管理工作是一个过程或活动,是由一系列相互关联、连续进行的活动所构成的,这些活动包括通常管理学中的计划、组织、领导、控制、信息和创新的职能活动;最后,管理工作需要在一定的环境条件下进行,有效的景区管理必须考虑景区内外特定的环境条件,我们之前学习的"新时代"背景就是景区管理重要的外部环境条件。

二、景区管理构成要素

1. 旅游景区管理主体

管理主体是指有一定管理能力、拥有相应权力和职责、从事管理活动的人或组织,即管理者或管理机构,这是景区管理的主观能动性构成要素。旅游景区管理的主体是景区的管理机构和管理者,通常由四部分组成:决策者、执行者、监督者和参谋者。

由于各个旅游景区的产权性质不同、所处国家国情不同,其管理主体的差异较大。根据性质的差异,旅游景区可以分为商业性景区和公益性景区。国内外的商业性景区的管理主体均是景区经营企业,而公益性景区的管理主体,国内和国外差别较大。例如,美国公益性景区——国家公园的管理主体是单一的,主要是美国联邦政府内政部下属的国家公园管理局。2017年,我国正式启动了国家公园体制建设,但国家公园管理体系尚未完全建立。风景名胜区、自然保护区、森林公园、湿地公园、地质公园、水利公园、文物保护单位等管理部门一直存在,但这些公益性景区的管理主体存在多部门交叉管理的现象和问题。在2018年3月我国国务院"大部制"机构改革之前,公益性景区的管理机构根据资源管理部门的分工而分属于不同的部门,如风景名胜区的管理主体是住建部门,自然保护区和森林公园归属林业部门管辖,地质公园归属国土部门管辖。我国曾经的景区管理主体的多头性与景区管理方式的多样性导致了我国复杂的景区管理模式。2018年3月国务院"大部制"机构改革之后,现行的国家公园、森林公园、地质公园、世界自然和文化遗产地、海洋特别保护区等都隶属于国家林业和草原局管理,但A级旅游景区仍由文化和旅游部门管理。

2. 旅游景区管理客体

旅游景区管理客体,即景区的管理对象和内容,是景区管理主体可以支配并需要调用的一切资源以及日常运营中所开展的管理工作,是景区管理的核心构成要素。从对象视角来看,旅游景区管理客体主要由人、财、物、信息、形象、景区的市场和业务,以及景区业务和效益的相关方面组成。人,包括旅游景区工作人员的职业能力、职业素养、教育培训、绩效评价等;财,主要指旅游景区的资金流转、物资、财产等;物是由旅游设施、旅游资源、旅游信息、旅游环境构成;信息,主要包括政府政策、市场动态、竞争环境、营销信息等;形象,是指旅游景区的视觉形象、品牌定位、业内口碑、群众口碑等。

从内容视角来看,景区类型多样,根据景区依托核心资源的特殊性质而呈现不同的市场运营特征,但作为具有普遍意义的市场运营主体,景区都是多部门组成的集合体,景区管理内容具有企业管理的普遍性,一般涉及规划管理、战略管理、人力管理、财务管理、产品或服务管理、营销管理以及创新管理等职能管理。国内不同学者对于景区管理内容的侧重会有所不同,且具有动态发展性,管理内容根据实践发展需要而变化。以下为比较有代表性的教材的观点。

陈才、黄丽(2016)所编著的《旅游景区管理》(第二版),以旅游景区是体验型产品为根本出发点,侧重于旅游景区的基础知识和旅游景区管理制度与企业文化、旅游景区战略与规划管理、市场营销管理、质量管理、设施管理、安全管理、信息系统管理和环境管理等。

张河清(2018)主编的《旅游景区管理》(第一版),侧重于旅游景区质量等级划分与评定、旅游景区厕所革命、景区旅游产品供给侧改革、智慧景区管理、旅游景区新媒体营销、全域旅游视域下景区人力资源管理、旅游景区安全管理、旅游景区危机公关管理等内容。

张凌云(2019)所著的《旅游景区管理》(第6版),侧重于景区的开发与规划、经营战略与营销管理、游客管理与运营管理、人力资源管理和财务管理等内容。

郭亚军(2019)编著的《旅游景区管理》(第三版),侧重于景区产品、服务管理、承载量管理、项目开发管理、体验管理、资源管理与可持续发展、游客管理和营销管理等内容。

邹统钎(2021)主编的《旅游景区开发与管理》(第五版),主要聚焦旅游景区管理前沿、旅游景区的规划与开发、运营管理、营销管理、遗产型景区的开发与管理、开发型景区的开发与管理、综合治理、产品开发、整合营销、服务管理、遗产保护与利用、国内外旅游景区发展趋势等内容。

傅云新(2022)主编的《旅游景区管理》(第二版),从旅游景区企业管理角度出发,将旅游景区行业管理和产品管理等知识相结合,侧重于旅游景区开发建设管理、旅游景区的战略管理、组织管理、人力资源管理以及旅游景区有关经营管理功能的要素内容,包括旅游景区环境和卫生管理、设施设备管理、安全管理、产品管理等内容。

根据我国景区管理实践发展的需要,避免与其他教材的重复,本书重构现代旅游景区管理的知识体系,在界定景区及景区管理的基础知识前提下,主要聚焦于景区产品管理、项目管理、服务管理、营销管理、安全管理、容量管理、体验管理、游客管理、智慧管理等九大核心前沿管理模块,并针对乡村景区和红色景区等新兴景区管理进行专题知识探索。本教材构建了"基础理论＋管理核心＋专题管理"三大模块。

3. 旅游景区管理环境

景区管理环境是景区管理的前提构成要素,是指影响景区管理的各种背景或环境因素,主要包括外部环境和内部环境两个方面。一个国家的综合形势、政策、社会环境、区域经济情况、城市情况、风俗民情、游客消费习惯、市场状况、景区发展政策、景区和当地政府各部门的关系、景区和客源单位的联系等构成了景区管理的外部环境,而景区管理的内部环境则包括景区管理体制、投资者、景区性质、景区经济实力、景区管理者素质、景区设施设备条件、员工素质、地理位置、品牌、知名度和社会形象,等等。景区管理作为企业管理活动的具体应用,处于特定的内、外部环境中,在进行旅游景区管理时,要善于研究分析景区管理所处的内外部背景或环境,才能够做到科学决策和有效管理。

三、景区管理的主要模式

1. 整体租赁经营模式

整体租赁经营模式的经营主体是民营企业或民营资本占绝对主导的股份制企业。其代表性旅游景区是四川碧峰峡旅游景区、重庆芙蓉洞旅游景区及桂林阳朔世外桃源旅游景区。在这一模式中,旅游景区的所有权与经营权分离,开发权与保护权统一。旅游景区的所有权代表是当地政府,民营企业以整体租赁的形式获得旅游景区 30 年至 50 年的独家经营权。旅游景区经营企业在其租赁经营期内,既负责旅游景区资源开发,又对旅游景区资源与环境的保护负有绝对责任。

2. 上市公司经营模式

上市公司经营模式的经营主体是股份制上市公司。其代表性旅游景区是黄山旅游景区和峨眉山旅游景区。在这一模式中,旅游景区的所有权与经营权、资源开发权与保护权完全分离。地方政府设立旅游景区管理委员会,作为政府的派出机构,负责旅游景区统一管理。旅游景区的所有权代表是旅游景区管理委员会,经营权通过交缴旅游景区专营权费,由旅游景区管理委员会直接委托给上市公司。旅游景区管理委员会负责旅游保护,上市公司负责资源开发利用。

3. 非上市股份制企业经营模式

非上市股份制企业经营模式的经营主体是未上市的股份制企业,既可以是国有股份制企业,也可以是国有与非国有参与的混合股份制企业。其代表性旅游景区有青岛琅琊台旅

游景区、浙江柯岩旅游景区及曲阜孔府、孔林、孔庙旅游景区。在这一模式中,旅游景区的所有权与经营权分离,但资源开发权与保护权统一。旅游景区的所有权代表是作为政府派出机构的旅游景区管理委员会等,旅游景区经营由政府委托给股份制企业。旅游景区经营企业既负责旅游景区资源的开发,又负责旅游景区资源的保护。

4. 隶属企业集团的整合开发经营模式

隶属企业集团的整合开发经营模式的经营主体是国有全资企业,但隶属于当地政府的国有公司。其代表性旅游景区有陕西华清池、华山等旅游景区,这些旅游景区均由国有的旅游景区公司负责经营,隶属于陕西旅游集团公司。这一模式中,旅游景区的所有权与经营权分离,但资源开发权与保护权统一。旅游景区的所有权代表是政府,旅游经营由国有的旅游景区经营企业掌管。旅游景区经营企业既负责旅游景区资源的开发,又负责旅游景区资源的保护。这一模式的优势是能够按照旅游市场的需求,结合各旅游景区的资源,通过整合开发,全面促进当地旅游景区的发展。

5. 隶属地方政府的国有企业经营模式

隶属地方政府的国有企业经营模式的经营主体是国有企业,且直接隶属于当地政府。其代表性旅游景区有浙江乌镇和江苏周庄,它们均由国有的旅游开发公司直接经营,分别隶属于当地县人民政府和镇人民政府。这一模式中,旅游景区的所有权与经营权分离,但资源开发权与保护权统一。旅游景区的所有权代表是政府,旅游经营由国有的旅游景区经营企业掌管。旅游景区经营企业既负责旅游景区资源的开发,又负责旅游景区资源的保护。

6. 隶属政府部门的国有企业经营模式

隶属政府部门的国有企业经营模式的经营主体是国有企业,它隶属于当地政府的有关部门,而不是直接隶属政府。其代表性旅游景区有南宁的青秀山旅游景区,它由国有的旅游景区经营公司直接经营,分别隶属于当地国有资产管理部门和当地旅游部门。在这一模式中,旅游景区的所有权与经营权分离,但资源开发权与保护权统一。旅游景区的所有权代表是政府,旅游经营由国有的旅游景区经营企业掌管。旅游景区经营企业既负责旅游景区资源的开发,又负责旅游景区资源的保护。

7. 兼具旅游行政管理的网络复合治理模式

兼具旅游行政管理的网络复合治理模式的经营主体为旅游景区管理机构,它不仅要负责经营管理,还具有当地旅游市场管理的行政职责。这一模式中,所有权与经营权、开发权与保护权对外统一、对内分离。管理机构既是所有权代表,又是经营主体,既负责资源开发,又负责资源与环境保护。但在内部,管理职能与经营职能、开发职能与保护职能由不同的部门或机构承担。其代表性旅游景区是长春净月潭、江西龙虎山、山东蓬莱阁等,这些旅游景区的管理机构都与当地旅游局合并为一套班子两块牌子,在承担经营管理职责时,还负责当地旅游业的管理,对促进当地旅游业发展负有重要责任。这一模式是近年各地旅游景区体制改革与机制创新的成功实践,具有较强的发展优势和良好的发展前景。

8. 兼具资源行政管理的复合治理模式

兼具资源行政管理的复合治理模式的经营主体为当地政府派出机构的旅游景区管理委员会或管理局。这一模式中,所有权与经营权、开发权与保护权对外统一、对内分离。管理机构既是所有权代表,又是经营主体;既负责资源开发,又负责资源与环境保护。但在内部,管理职能与经营职能、开发职能与保护职能由不同的部门或机构承担。其代表性旅游景区是泰山,泰山旅游景区管理委员会与泰安市文化局合并成一套人马,在负责泰山的保护、开发、经营和管理的同时,也对泰安市文化事业和文化市场进行管理。目前,这一模式在旅游景区经营中逐步减少。

9. 隶属旅游主管部门的自主开发模式

隶属旅游主管部门的自主开发模式的经营主体是旅游景区管理机构,但管理机构隶属于当地旅游局。这一模式中,所有权与经营权、开发权与保护权互不分离。管理机构既是所有权代表,又是经营主体,既负责资源开发,又负责资源与环境保护。这一模式也是近年各地为理顺旅游管理体制而进行的改革与创新。在这一模式中,旅游景区的经营总体上以市场为导向,以谋求旅游景区的发展为主要目标。其代表性旅游景区有河北野三坡、重庆四面山等。

10. 隶属资源主管部门的自主开发模式

隶属资源主管部门的自主开发模式是一种传统的旅游景区经营模式。经营主体是旅游景区管理机构,并且隶属于当地建设的园林、文物等旅游资源主管部门。这一模式中,所有权与经营权、开发权与保护权互不分离。管理机构既是所有权代表又是经营主体,既负责资源开发又负责资源与环境保护。这一经营模式主要集中于传统的大型文物类旅游景区,如北京的故宫、颐和园、八达岭长城等。

第二节 景区管理的目标与特征

一、景区管理的核心目标

从企业使命和社会使命两个方面来考虑,景区管理一般应有三大核心目标。

1. 提供优质景区服务,满足游客高品质体验需求

游客是景区的消费主体,是景区赖以生存和发展的基础,因此景区管理工作的首要出发点就是要满足游客的需求。通过景区的卓越管理,有效支配和协调景区的资源,提供更加高质量的景区体验,营造更加美丽的旅游环境,培养更高素质的景区员工,塑造更加亲切的景区形象和口碑,如此才能满足游客多样的景区旅游需要,创造高品质的景区消费体验,从而获得更多客源市场。这是景区管理的基础核心目标。

2. 提高资源利用效率，获得可观的景区利润，实现景区的经济效益

景区作为面向市场竞争的主体，其具有自身的企业性质，即通过优化内部管理手段和控制市场交易成本获得利润来维持其长远经营。

尽管我国大多数景区都是国营景区，但在我国市场经济环境越来越成熟的趋势下，其必将面临市场化经营的升级转型。

因此，我国景区需要进行改革创新，树立现代化的科学管理理念，实施现代化管理模式，优化资源利用，提升市场利润。实现景区的经济效益是景区管理的首要核心目标，这也是我国景区能够立足于全球化市场竞争的根本所在。

3. 保护景区核心资源，实现景区经济效益、社会效益和生态效益的统一

景区旅游资源是景区的吸引力来源，是景区存在和发展的基础，保护好景区核心旅游资源才能确保景区的核心竞争力和吸引力。此外，从社会责任视角出发，景区的发展并非独立于社区之外的个体发展，而应该是所在社区共同发展的重要组成部分。景区经营承担着保护社区自然、人文资源、环境以及维护和促进社区人民生活发展的双重责任。因此，景区管理的核心目标还在于实现景区经济效益、社会效益和生态效益的统一，这也是景区可持续发展的必然要求，是景区管理的长远核心目标。

二、景区管理的主要特征

旅游景区的可持续发展必须以有效的景区管理为支撑，同时兼顾目标的多样性。景区管理因旅游景区的特殊属性，主要表现为以下几个鲜明的特征。

1. 关联性

关联性是由景区自身特点和管理目的决定的。旅游景区具有综合统一性，管理就是让资源合理配置、发挥最大效应的系统活动。而要有效协调和支配各项资源，提高资源配置效率，就要找到景区资源节点的相互关联性，这就是景区的管理体系，这一管理内容和过程都具有综合关联性。

2. 动态性

动态性是指景区具有的时效性使得景区运行中的人、财、物、信息和形象都在一种动态的环境中流动。因此，管理活动就是要适应动态变化的环境，对变动中的组织资源进行有效配置；旅游景区管理更是需要在供需的不断变化中对管理内容、方法和模式进行优化。

3. 科学性

景区管理的科学性主要体现在两大方面。一方面是旅游景区管理中会出现的程序性事件和非程序性事件。对于程序性事件的管理是程序化、流程化管理，要借助科学管理方法与技术来提高管理效果，而对于非程序事件就需要边运行边探讨，在景区管理实践中对非程序性活动进行规律性总结。另一方面，在复杂的动态市场竞争和多元化消费需求环境面前，景区管理者不能只凭借个人主观意愿或经验来进行管理决策，还必须借助大数据等现代技术，兼顾各相关主体的利益,提高管理决策的科学性。

4. 文化性

新时代背景下,文化消费逐步成为市场消费的高质量发展标志,文旅融合也成为我国旅游发展的必然趋势。旅游景区提供给游客的体验具有明显的文化特性,现代景区要不断挖掘景区文化,提高文化品位,强化景区吸引力。这就要求管理者在相应的管理活动中注入文化理念,在管理中体现人文主义思想,打造景区文化IP,为游客提供更高品位和更深体验的景区文化产品。

5. 创新性

在全球旅游消费转型升级、全球旅游市场竞争动态多样的背景下,景区管理没有一成不变或四海通用的固定模式。在新发展理念的指引下,景区管理更应该贯彻创新思维,与时俱进,不断赋予吸引物新的诉求点和创意点。创新不仅成为景区管理的新要求,而且成为应对新时代市场竞争和消费需求变化的必要手段。

第三节 景区发展历程与管理趋势

一、我国景区发展历程

根据我国旅游业的发展历程,我国旅游景区的发展历程大致可以归纳为四个阶段。

1. 旅游景区起步阶段(1954—1978年)

这一时期的主要特点是,优先发展入境旅游,旅游景区的发展在其事业接待的功能中起步。

1954年,中国国际旅行社总社成立,中华人民共和国旅游业开始起步。我国优先发展入境旅游,旅游景区在事业接待型的定位中起步,主要作用是对外宣传中国的建设成就、加强国际友好往来。20世纪70年代,北京故宫、西安秦始皇兵马俑和苏州园林等人文景观和长江三峡、桂林山水、杭州西湖等自然景观等成为早期热门旅游目的地,旅游景区和景点的概念形象随之建立。但由于这一阶段的旅游接待主要考虑政治影响,旅游设施总体规模很小,结构单一,旅游业没有真正形成一个完整的产业,景区管理刚刚起步,管理体系并未构建。

2. 旅游景区转型阶段(1979—1998年)

这一时期的主要特点是,改革开放以后国内旅游起步,旅游景区从"事业接待型"向"经济产业型"转变。

1979年,邓小平同志的"黄山讲话"开启了我国旅游经济发展的破冰之旅,黄山景区成为我国旅游改革开放的"先行者"。邓小平关于加强旅游宣传促销、重视环境保护、旅游商品开发等的旅游经济思想成为新时期中国旅游业的发展指南。另外,旅游景区在继续接待国际

游客的同时,也开始迎接逐渐富裕起来的国内游客,新的旅游景区和新兴旅游城市不断涌现,如丽江、成都、三亚等。

随着我国景区经济经营的转型,一些国有企业开始涉足旅游景区投资经营,为景区管理注入市场化力量。如1985年在深圳成立的华侨城集团有限公司于1989年建成了中国首座主题公园景区"锦绣中华"。目前华侨城集团在全国运营和管理景区70余家,2019年接待游客量超过1.5亿人次,位居全球主题公园集团三强、亚洲第一。

3. 旅游景区快速发展阶段(1999—2013年)

这一时期主要特点是,以1999年"黄金周"的实施和出境旅游的兴起为契机,旅游景区面临空前的机遇和挑战,景区质量管理引起了政府的重视。

1999年10月1日,我国开始实行五一、十一和春节的三个"黄金周"的休假制度,国内旅游市场出现旅游"井喷"现象,国内绝大多数景区人山人海、非常繁荣。在这一阶段,国内旅游的全面启动给景区发展带来了更大的空间,入境旅游市场规模也进一步扩大。

同时,这一阶段的景区也面临着空前的挑战。我国旅游景区管理机制尚不健全,经营水平、服务意识和设施设备无法满足游客更高层次的旅游需求。

在我国旅游快速发展的阶段,旅游景区质量问题引起了政界和学界的重视。为了加强对景区的管理,提高景区服务质量,维护景区和游客的合法权益,促进我国旅游资源开发、利用和环境保护,国家旅游局在1999年颁布了《旅游景区质量等级的划分与评定》(GB/T17775—1999),在2004年颁布了《旅游景区质量等级的划分与评定》(GB/T17775—2003)。之后,国家旅游局还制定和颁布了一系列的标准和服务规范,如《旅游景区公共信息导向系统设置规范》(LB/T013—2011)、《旅游景区讲解服务规范》(LB/T014—2011)、《旅游景区游客中心设置与服务规范》(LB/T011—2011)、《绿色旅游景区》(LB/T015—2011)。这些规范文件的出台,提升了我国景区质量和规范管理水平。

4. 旅游景区规范化发展阶段(2012—2017年)

这一时期的主要特点是,2013年《中华人民共和国旅游法》颁布实施,旅游景区经营管理进入规范化发展阶段。

2013年10月1日起施行的《中华人民共和国旅游法》以法律形式规范和调整了旅游景区经营管理的行为,约束了一些不当行为,引导旅游景区规范经营,也对我国当前景区经营管理模式产生了较大影响,引发了多方面深刻变革,是景区管理发展的一个重要转折点。

5. 旅游景区现代治理阶段(2018年至今)

这一时期景区管理迎来了重大的政府管理制度改革,在我国政府"大部制"改革的环境下,我国旅游管理顶层设计出现了重大变化。2018年3月,中华人民共和国文化和旅游部正式组建,开启了我国景区治理改革序幕,2019年3月各市县区也挂牌成立文化和旅游局,为新时代景区管理奠定了体制基础。此次国务院机构改革,旅游治理主体用"大部门治理"呼应了"大旅游"时代的趋势,这一改革举措统筹了包括《中华人民共和国旅游法》在内的相关法律、法规和政策,使景区规范化发展进入"快车道",我国景区管理进入到现代治理新发展阶段。

二、景区管理发展趋势

在经济一体化、世界文化多元化及中国经济持续增长的时代背景下,结合当前我国旅游业及景区实践的发展现状,我国旅游景区的发展将主要呈现出以下五大趋势。

1. 景区管理法治化

2013年颁布的《中华人民共和国旅游法》明确了景区的开放条件,并规定了旅游主管部门对景区开放的准入审核职责等内容。该法律还明确规定旅游经营者必须达到相关质量标准等级。这为我国游客权益保护以及景区规范化发展提供了法律保障,也为景区管理指明了法治化方向。有了法律的保护,景区市场经营管理环境更加稳定,景区权益更有保障,管理目标更容易达成。

2. 景区管理标准化

随着服务质量管理理念的普及,我国现代景区管理意识不断增强,管理水平不断提高,景区产品质量和服务标准化越来越受到政府管理部门和景区管理者的重视。2004年,国家旅游局为了加强对景区的管理,提高旅游景区服务质量,发布了《旅游景区质量等级的划分与评定》(GB/T17775—2003),该标准成为我国景区管理应用最广的基本标准和规范,也铸就了我国A级景区的高质量品牌。2013年颁布的《中华人民共和国旅游法》进一步明确了景区经营者的质量标准等级要求。旅游景区实施质量标准化管理,对内可以提高管理水平、提升服务品质、提高工作效率、降低经营风险;对外则意味着景区品牌、信誉和实力的提升。质量标准化管理是景区生存和发展的需要,是景区管理的重要趋势之一。

3. 景区管理人性化

游客是景区消费主体和发展的依赖。景区管理核心目标之一是以游客体验为核心提供多元化景区产品和服务,满足游客的体验需求。景区管理始终要秉持人本主义原则,该原则贯穿景区管理的全要素和全过程。体验经济时代,只有注重人性化的服务,才能够满足游客最真实的消费需求,才能够吸引更多游客的眼球。

4. 景区管理精细化

现代景区管理既面临着市场竞争环境的不确定性,又面临着市场消费需求的个性化趋势,这就需要景区实施精细化管理。精细化管理以专业化为前提,以技术化为保证,以数据化为标准,以信息化为手段,把景区服务的焦点聚集到满足游客的个性化需求上,以获得更高效率、更高效益和更强竞争力。"精"就是切中要点,抓住景区运营管理中的关键环节;"细"就是景区管理标准的具体量化、考核、督促和执行。

5. 景区管理智慧化

随着全球科技的快速发展,高新技术应用日渐融入社会经济的各个领域,以计算机技术和网络技术为主要手段的信息技术已成为全球经济发展的关键。旅游业作为一个综合性产业,涉及国民经济的多个行业和部门,是交通、餐饮、娱乐、住宿、购物等诸多传统服务业的集成体。旅游业的智能化和现代化不仅是其自身发展的需要,也是相关产业优化升级的需要。无论是在消费层面、生产层面,还是流通层面,旅游景区高新技术的应用已经成为不可回避的话题,互联网技术、大数据技术、人工智能、AR\VR、5G及云计算等高新技术在景区中的应用也越来越多,智慧景区成为景区发展的新模式,景区管理智慧化必然会成为未来的发展趋势。

本章小结

本章是管理视角下的开篇语,重点阐述了现代景区管理的概念内涵和构成要素,讨论了管理的核心目标与主要特征,总结归纳了我国景区管理的发展历程与趋势,以开启现代旅游景区管理的思维训练。

【核心关键词】

旅游景区管理;景区管理主体;景区管理客体;景区管理环境;景区管理核心目标;景区管理主要特征;景区发展历程;景区管理的发展趋势。

思考与练习

1. 现代景区管理的构成要素有哪些?
2. 现代旅游景区管理的内容有哪些?
3. 怎样理解现代景区管理的核心目标?
4. 现代景区管理的主要特征有哪些?
5. 现代景区管理经历了哪几个发展阶段?
6. 现代景区管理的发展趋势是怎样的?
7. 如何理解景区管理的智慧化?

【拓展学习】

观看视频,并思考:从樊锦诗身上可以看到景区管理者的哪些品质?

《一生择一事,一事终一生,敦煌守护者——樊锦诗》(来源:哔哩哔哩)

【PBL讨论】

以小组为单位,查找和整理所跟踪景区案例的优秀景区管理者事迹,讨论景区管理者要专注哪些核心目标,并说明理由。

第二篇 管理模块

第三章

景区产品管理

引言

旅游景区之所以能够吸引游客,关键在于其所依托的旅游吸引物,而要将吸引物有效呈现给游客,需要将旅游吸引物创新开发成景区产品,因此景区产品管理是景区经营管理的重要前提,本章重点介绍景区产品基本概念、特征、类型、生命周期、开发原则,以及创新开发的影响因素、创新方式及创新策略等知识。

重点和难点

重点:景区产品概念内涵;景区产品的构成与特征;景区产品生命周期与开发原则。

难点:景区产品的创新方式;景区产品的创新策略。

知识导图

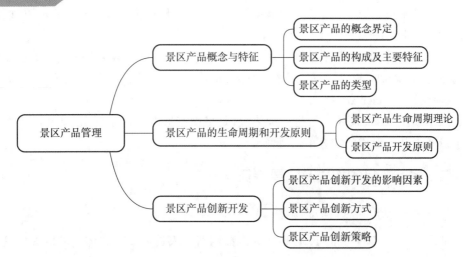

实践案例

故宫文创产品开发的守正创新之路

第一节 景区产品概念与特征

一、景区产品的概念界定

1. 产品

产品是生产出来的物品。市场营销学中将产品定义为作为商品向市场提供的,引起注意、获取、使用或者消费,以满足欲望或需要的任何东西。

产品是企业进行经营活动的基础,简单地说,产品是指制造商经过生产过程而产生的有形物品,其用途是满足购买者的需要和欲望,而实际上这个概念是非常复杂的。最初定义的产品多指制造业产品。进入服务经济时代,随着服务业的发展,人们对产品的定义有了新的理解,产品不仅指制造业的有形产品,也包括服务业中无形的服务。因此,产品是有形的制成品和无形服务的结合。

2. 景区产品

景区产品是指旅游景区为满足游客观光、游览、休闲、度假等需要而设计并提供的一系列有形产品和无形服务的组合。

景区产品是一种标准的旅游产品,主要可以分为两个层面,一是单项旅游产品,二是整体旅游产品。

从狭义上讲,景区产品是一种单项旅游产品,是旅游景区借助一定的资源、设施而向游客提供的有形产品和无形产品的总和。

从广义上讲,景区产品是多种单项旅游产品的组合,包含4As——旅游资源(attraction)、交通运输设施和服务(access)、住宿、餐饮、娱乐、零售等旅游生活设施和相应服务(amenities)、辅助设施(ancillary service)。

从本质上来看,景区产品是一种体验,是借助有形的景区景观、设施来满足游客的心理需求以及由此而形成的游客的心理感受。

二、景区产品的构成及主要特征

(一)一般产品的构成学说

菲利普·科特勒(Philip Kotler)认为产品的营销人员需要从整体产品概念出发来对自己

的产品做出考虑。所谓整体产品,即把产品理解为由核心产品、有形产品和扩展产品三个产品层面所组成的一个整体产品。

1. 核心产品

核心产品是顾客购买的基本对象,满足顾客的核心利益和主要需求,即购买者认为能够通过所购产品来满足个人所追求的核心利益或基本效用。这里的核心利益或基本效用通常是无形的,在很大程度上与主观意愿,如气氛、过程、松弛、便利程度等有关。顾客所寻求的是能够解决他们的问题或满足他们需求的产品,也就是说,顾客只会购买能给自己带来利益和满足自身需求的产品。

2. 有形产品

有形产品是核心产品的实现形式,即核心产品在市场中表现出的产品实体或劳务的外观,是营销人员把核心产品有形化的结果,即一个能满足顾客需求的实实在在的消费对象。有形产品应该具有五个特征:特色、品牌、质量、设计、包装。

3. 扩展产品

扩展产品是指顾客购买产品时所能得到的有形和无形的附加服务和利益的总和,是"解决顾客的所有问题的组合产品",甚至要把顾客还未想到的问题纳入其中。

(二)景区产品构成

菲利普·科特勒(1994)以主题公园为例分析旅游景区产品。他指出,一般产品的扩展产品的所有因素都在生产者的控制范围之内,但对于旅游景区这样的服务产品来说,一些因素仍是景区管理者无法控制的,例如气候、天气、经济等因素,因此旅游景区产品的经营风险也要大于一般商品的经营风险(见图3-1)。

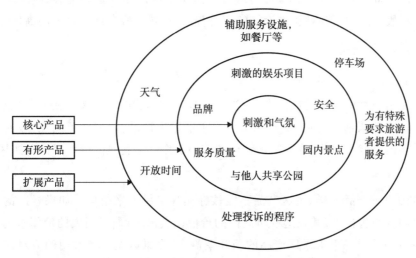

图 3-1　产品的三个层面——以主题公园为例

郭亚军(2017)也将旅游景区产品构成分解为：旅游景区吸引物——核心产品、旅游景区活动项目——有形产品、旅游景区管理和服务——扩展产品(见图3-2)。

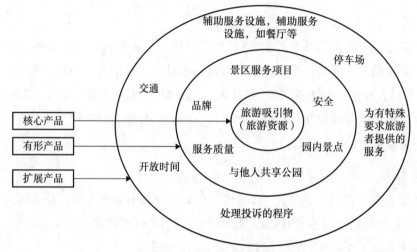

图3-2 旅游景区产品的构成

（1）核心产品——旅游景区吸引物。旅游景区吸引物是景区的标志，是景区产品中最突出、最具有特色的部分，是景区赖以生存的对象，是景区经营招徕游客的法宝。景区吸引物可能是观赏物，如优美的自然风光、微缩景观等；也可能是需要游客亲身参与使用的设施，如游乐园中的各种游乐项目。

（2）有形产品——旅游景区活动项目。景区活动项目是结合景区特色举办的常规或即时的大、中、小型盛事和游乐项目，供游客欣赏或参与。这些活动能够使游客的旅游经历更具有趣味性，有助于明确旅游服务的主题，提升景区的吸引力。景区活动项目也是促销活动的一项重要内容。

（3）扩展产品——旅游景区管理与服务。这是景区产品的核心内容，决定着景区的生命力。景区的服务既包括各种服务设施的完善程度，也包括服务质量水平的高低。

（三）景区产品特征

1. 不可检验性

景区产品是一种综合性的旅游产品，消费者只有在消费时才能体验到产品的质量好坏。景区产品不能在购买前检验或试用，购买后也不能带走产品，消费者只能在当场"验货"，不存在购后退换的可能。因此，景区经营管理的核心工作之一就是降低游客的购买风险。

2. 不可储存性

同其他的旅游产品一样，景区产品不能被存储起来供未来销售。如果景区的产品没有在相应的时间内销售出去，其在这一时间内的价值就会消失，而且损失的价值永远也得不到补偿。利用价格差异来平衡景区产品的淡旺季需求，是景区经营者常用的应对这一特性的方法。

3.不可转移性

景区产品固定在景区内,不能通过运输手段将其拿到游客所在地销售,因此景区产品吸引力的大小就成为景区经营成败的关键。景区交通的方便程度、可进入性的高低会对景区的吸引力产生影响,规范的路标、恰当的指示牌和宣传品都是景区营销的重要工具。

4.生产与消费同一性

同一性也称为生产和消费的不可分割性,是指顾客在接受服务产品时,如果缺少服务人员的参与,顾客就不可能顺利地享受到服务产品给他们带来的价值体验。就旅游产品而言,服务人员的生产过程和游客的消费过程必须是同时进行的。当观光游客的旅程结束时,旅游服务也就完成了。由于游客对产品的不了解或者不懂得恰当的消费方式,旅游企业时常暴露出服务质量方面的问题。

5.季节性

景区产品的季节性,即景区,尤其是自然类景区经营和游客游览在时间上表现出一定的季节集中特征,具有明显的淡旺季之分,淡季时门可罗雀,旺季时人声鼎沸,这是旅游的共同特性,受到气候变化、节假日制度、需求波动、价格、安全和质量等多个因素影响。

拓展知识

景区产品季节性的影响因素

6.脆弱性

景区产品的脆弱性主要是指景区经营受到多种因素的影响和制约,包括气候、天气、政治、经济、公共卫生事件等自然或非自然因素。任何一个因素的变化都会引起旅游景区客流的波动。

拓展知识

景区产品脆弱性的影响因素

7.共享性

景区产品不同于其他产品,它是一种一对多的非实物产品,一个景区内的游客购买了同一种景区产品,他们共同享受购买的旅游景区产品,不具有严格意义上的排他性。同时,购买者人数的多少也直接影响景区产品的质量。旅游景区应该做好旅游容量的控制和调节,在保护旅游资源的同时,努力提高游客的旅游体验。

三、景区产品的类型

认识景区产品分类的意义,有助于我们更好地把握所有景区的特征,区分不同景区的形态和表现形式,协调不同景区的审批和建设,优化资源配置,促进旅游景区供求平衡,深入某一类景区的研究和管理,最终推动我国景区行业转型升级和高质量发展。

(一)依据景区产品的功能分类

依据旅游景区产品的功能,可将其分为陈列式、表演式和参与式三个类型。

1. 陈列式

陈列式是景区产品的基础层次,以自然资源风光与人文历史遗迹为主要内容。比如故宫景区的文物展览产品。

2. 表演式

表演式是景区产品的较高层次,以民俗风情与游乐为主要内容。表演式景区产品的功能在于满足游客由"静"到"动"的多样化心理需求,通过旅游文化内涵的动态展示,吸引游客消费向纵深发展。比如《印象·西湖》实景演艺产品。

3. 参与式

参与式是景区产品的发展层次,以亲身体验与游戏娱乐为主要内容。参与式景区产品的功能在于满足游客的自主选择、投身其中的个性选择,是形成旅游品牌特色与吸引游客持久重复消费的重要内容。比如迪士尼等主题公园景区的娱乐体验产品。

(二)依据景区产品的性质分类

依据旅游景区产品的性质,可将其分为观光产品、度假产品、专项产品三个主要类型。

1. 观光产品

观光产品是主要供游客观赏、游览的景区产品,是供游客购买的自然风光、文化内涵的展示品,是旅游产品的初级产品。我国大部分景区产品都属于观光产品。其主要特点是游客参与性较低、停留时间较短、消费水平不高、重游率较低等。

2. 度假产品

度假产品是供游客在一定时间内度假消费的景区产品,景区地点一般选在风景优美、气候适宜的地方,游客对环境、设施、服务质量的要求较高,游客一般停留时间较长、消费能力较强。娱乐、健身、疗养等产品是度假产品的主要内容。

3. 专项产品

专项产品是专门化、主题化、特种化的景区产品,它在现代旅游产品中所占的份额越来越大,其类型丰富多彩,比如会议旅游、商务旅游、购物旅游、节庆旅游、体育旅游、生态旅游、健身旅游等。

(三)依据景区产品的内部布局分类

依据旅游景区产品的内部布局,可将其分为品牌产品、重要产品和配套产品三种类型。

1. 品牌产品

品牌产品是旅游景区的导向性产品,即主打产品,对市场具有引导作用,是景区产品中最具竞争力的,它代表着景区的旅游形象。例如,长城之于北京,兵马俑之于西安,敦煌之于甘肃等。

2. 重要产品

重要产品是整个产品布局体系的支撑,是品牌产品的外延和景区的主力产品。例如,北京的颐和园、陕西的法门寺、甘肃的麦积山等。

3. 配套产品

配套产品不具备强大的市场吸引力,但它可以丰富景区的产品结构,满足游客的次要需要。例如,北京的北海公园、西安的大明宫遗址公园、甘肃的黄河国家文化公园等。

第二节 景区产品的生命周期和开发原则

从时间维度思考景区产品管理问题,管理者需要重视的是景区产品具有生命周期特征,为此,需要把握景区产品所处的生命阶段,分析其市场特征,并通过不断的创新开发,延长其生命周期,促进景区产品更新换代和景区可持续发展。

一、景区产品生命周期理论

产品生命周期理论认为,一般产品从进入市场到最终退出市场存在着四个发展阶段,包括初始期、成长期、成熟期和衰退期(见图3-3)。

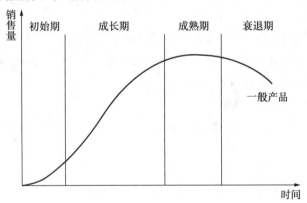

图3-3 产品生命周期理论模型

约翰·斯沃布鲁克(John Swarbrooke)根据"产品生命周期理论"和"旅游地生命周期理论",认为作为一种旅游产品,景区产品大致也有一个成长、发展的生命周期,提出了"旅游景区生命周期理论"(见图3-4)。

产品生命周期理论适用于人造景点或景区,但对自然景区或历史、文化、宗教、遗址类的景点并不适用。

景区产品生命周期的主要特点可以总结为以下几个方面。

(1)有些景区产品的生命周期曲线会在初始期就达到高峰,即游客数量达到最大接待值。

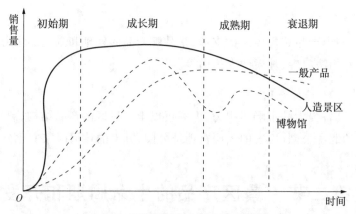

图 3-4　旅游景区生命周期理论模型

产生此现象的原因可能是因为初期媒体的炒作和成功的市场营销。此类景区的生命周期很短,需要在短期内收回投资和收益,以尽快地进行产品的更新改造和升级换代。

(2) 有些景区可能永远不会消亡。

例如各类世界遗产,可能永远不会消亡。因为关闭这些景区是政治和社会舆论所不能接受的,是不符合公众利益的,这些景区往往也是由政府在资金、人力等方面提供支持。

(3) 有些景区在初始期就会夭折。

产生此现象的原因可能是景区在初期缺少完整的可行性分析,出现资金短缺、选址不当及外部支持不足等问题。

(4) 更新改造和升级换代可以延长一些景区的生命周期。

主题公园类的景区属于此种情况。这要求景区管理人员具有先进的管理水平和经验,可以敏锐观察到景区衰退期的到来,及时地创新景区产品。

(5) 人造景区的生命周期越来越短。

由于竞争的日益激烈,顾客需要越来越高,使得人造景点的生命周期越来越短,从初始期到需要改造、再投资的时间可能缩短到 1—2 年。

(6) 生命周期理论的前提假设难以实现。

生命周期理论的前提是假设产品的价格在整个过程中是一成不变的,此假设在现实中很难实现。除了淡旺季价格以外,景区经营者会在不同生命周期采取不同的价格策略,从而又对生命周期曲线产生逆向调节作用。

综上所述,大部分景区都会经历由盛到衰的发展过程。景区经营管理者可以因势利导,根据景区产品的特点和结构,通过产品创新、优化管理等手段延长甚至改变景区生命周期。

二、景区产品开发原则

1. 市场导向,特色制胜

景区产品开发要遵循"市场导向,特色制胜"原则。特色制胜就是"人无我有",即创造别的旅游景区没有的旅游项目,努力开发出具有影响力的拳头产品和名牌产品,这是创新的第一个层次。更高一层就是"人有我新",将其他旅游目的地所拥有的旅游项目结合自身优势进行本土化改造,通过异质程度形成差异。在新的旅游市场条件下,关注旅游需求和旅游产品发展的趋势。旅游项目内容及表现形式的变化与更新,也是增强产品竞争力的特色创新。

2. 文化引领,主题新颖

景区产品开发要遵循"文化引领,主题导向"原则,开发具有文化内涵、主题新颖的旅游产品。开发主题新颖的旅游项目,以文化内涵命名主题,用主题创造与众不同的特质,用特质造势吸引更多的游客。主题要有新意和深度,不能仅停留在一些表层的概念上。挖掘文化要站在文化沟通与交流的高度,用大众所能接受的方式诠释地方历史文化特征和内涵,通过创意将旅游目的地文化产品化。

3. 穿插整合,注重互补

当旅游目的地的单个旅游产品吸引力不大时,应搞好产品的穿插组合,共筑强大的向心力。各个功能区的旅游项目之间要形成互补互动,考虑旅游市场的需要,注意旅游产品不同类型、不同功能、不同档次的有机结合,不仅要注重静态的旅游产品开发,还要注重动态的节事旅游产品开发。在各个功能区抓住重点项目,打造主导产品,形成"众星捧月"的项目布局。

4. 变化理念,动态创新

旅游产品是可变的、可细分的,是可根据市场的变化而塑造的,产品创新是市场策略的关键。应根据旅游开发规划,按空间、分时段、依等级稳定有序地开发,每隔一段时间推出一项产品,制造一个热点,通过动态产品创新理念,保持旅游目的地的持久魅力和强大竞争力。迪士尼的成功经验之一就是"永远建不完的迪士尼乐园",通过不断增添新的游乐场所和器具、服务方式来吸引游客和回头客,不断使游客产生新的乐趣和新的体验,保持巨大的吸引力。

5. 体验特色,强调参与

参与性强的产品容易发展成一种爱好,并具有持久性。旅游景区不仅包含单一的观光游览项目,它还可以实现休闲、娱乐、文化、康养、科考、访祖等多种需求。旅游产品要突破传统的"观"和"看"的局限,尽可能多地包含休闲、娱乐、文化的因素,以体验为特色,强调游客的参与性、趣味性和知识含量,营造游客能深入旅游景区的生活空间,充分体验旅游过程的快乐,满足游客由观光到参与的一种内在心理趋势。

第三节 景区产品创新开发

一、景区产品创新开发的影响因素

1. 市场需求

市场需求是景区产品创新开发的首要影响因素。市场需求决定了景区产品的类型和定

位,以及景区的发展方向和目标。景区需要了解市场需求,根据市场需求进行产品设计和规划,以满足游客的需求和期望。

2. 地理位置

地理位置是景区产品创新开发的关键因素。景区的地理位置直接影响其可进入性、游客流量以及旅游形象和定位。地理位置还与景区周边旅游资源、交通状况、城市发展等相关因素密切相关。

3. 自然与人文资源

景区的自然与人文资源决定了其特色和优势,也影响了景区产品的类型和品质。景区需要充分利用和保护自然与人文资源,提高产品的独特性和吸引力。

4. 景区形象与定位

良好的景区形象和定位可以增强游客的认知度和信任度,提高景区的知名度和美誉度。景区需要制定有效的营销策略,提升景区形象,吸引更多游客。

5. 竞争环境

景区需要了解竞争对手的产品类型、价格、服务质量等方面的情况,以便制定相应的竞争策略。同时,景区还需要关注行业发展趋势和市场需求变化,及时调整产品策略。

6. 政策法规

政策法规规定了景区的开发、运营和管理等方面的规范和要求,景区需要了解和遵守相关政策法规,以确保产品的合法性和可持续性。

7. 技术创新

新技术的引入和应用可以提升景区的旅游体验及服务质量,进而提高产品的吸引力和竞争力。景区需要关注新技术的发展趋势和应用领域,积极探索和创新产品。

8. 环境保护

景区的环境保护状况直接影响到游客的旅游体验和景区的可持续发展。景区需要采取有效的环境保护措施,确保产品的品质和独特性,同时也要积极推广环保理念,提升游客的环保意识。

综上所述,景区产品创新开发受到多个因素的影响。为了提高产品的品质和竞争力,景区需要全面考虑市场需求、地理位置、自然与人文资源、景区形象与定位、竞争环境、政策法规、技术创新以及环境保护等多个方面,制定科学合理的发展策略,实现可持续发展。

二、景区产品创新方式

(一)主题创新

在景区产品开发中,主题创新是吸引游客、提升景区竞争力的关键。景区产品主题创新的主要方向包括历史文化主题、自然景观主题、民俗风情主题、科技创意主题以及多元综合主题。

1. 历史文化主题

历史文化主题是景区产品创新的重要方向之一。以历史事件、历史人物、文化遗产等为主题,深入挖掘景区的历史文化内涵,可以提升景区的文化价值和游客体验。例如,以历史名人为主题,开发相关的文化展览、演艺活动和互动体验项目,让游客更加深入地了解历史人物的事迹等。

2. 自然景观主题

自然景观主题以山水、花草、动物等自然景观为主题,通过精心规划和设计,打造独具特色的景区产品,可以吸引更多游客前来观赏和体验。例如,以湖泊、山岳、森林等自然景观为主题,开发相关的徒步旅行、露营活动和生态体验项目,让游客更加亲近自然、感受大自然的魅力。

3. 民俗风情主题

以民族文化、地方特色、民间艺术等为主题,通过展示和传承民俗文化,打造独具特色的景区产品,可以吸引更多游客前来了解和体验。例如,以民族舞蹈、民间音乐、传统手工艺等为主题,开发相关的文化展示、演艺活动和互动体验项目,让游客更加深入地了解和感受民俗文化的魅力。

4. 科技创意主题

科技创意主题是景区产品创新的最新方向之一。以科技创意为核心,运用现代科技手段,打造独具特色的景区产品,可以提升游客的体验感和参与度。例如,以虚拟现实、增强现实等技术为主题,开发相关的互动体验项目和演艺活动,让游客更加深入地了解科技的应用和发展趋势。

5. 多元综合主题

多元综合主题是将以上四个主题进行融合创新,打造主题多元、独具特色的景区产品。通过综合多个主题元素,可以提升景区的多样性和吸引力。例如,以历史文化为主题,结合自然景观和民俗风情,开发相关的文化展览、演艺活动和互动体验项目,让游客在欣赏自然美景的同时,了解历史文化和民俗风情。又如,以科技创意为主题,结合历史文化或自然景观,开发相关的虚拟现实体验项目和互动展示项目,让游客通过现代科技手段深入了解历史文化或自然景观的内涵。

综上所述,景区产品主题创新可以从历史文化、自然景观、民俗风情和科技创意等多个方面入手。通过深入挖掘景区资源,精心规划和设计,打造独具特色的景区产品,可以提升景区的吸引力和竞争力。在未来的发展中,不断创新和丰富景区产品的主题内容将是景区持续发展的关键。

（二）结构创新

1. 旅游线路创新

旅游线路创新是景区产品结构创新的重要方向之一。通过设计新颖、独特的旅游线路，可以吸引更多游客前来参观，并增加游客的停留时间和消费意愿。例如，针对家庭游客，可以设计以亲子互动为主题的旅游线路，结合景区内的自然景观和户外活动，打造一次难忘的家庭旅行体验。针对年轻游客，可以设计以探险为主题的旅游线路，引入极限运动、户外拓展等项目，满足年轻游客追求新鲜、刺激的需求。

2. 景区文化创新

通过深入挖掘景区的文化内涵，引入新的文化元素，可以提升景区的文化价值和吸引力。例如，在历史文化景区，可以引入现代科技手段，如虚拟现实、增强现实等，让游客更加深入地了解历史事件和人物；在自然景观景区，可以引入生态保护、低碳环保等理念，打造绿色旅游景区，吸引更多对生态旅游感兴趣的游客。

3. 服务创新

通过提供优质、技术化、个性化的服务，可以提升游客的满意度和忠诚度。例如，在门票预订、景区导览等方面，可以引入智能化服务系统，提高服务效率和便利性；在餐饮、住宿等方面，可以提供特色化、高品质的服务体验，满足游客的不同需求。

4. 营销创新

通过创新的营销策略和方法，可以扩大景区的知名度和影响力，吸引更多游客前来参观。例如，可以利用社交媒体、短视频等新媒体平台进行宣传推广；可以与旅游电商平台合作，开展线上预订和优惠活动；可以通过与知名旅游达人合作，进行口碑传播和引流等。

5. 科技创新

科技创新是景区产品结构创新的最新方向之一。通过应用现代科技手段，可以提升景区的智能化程度和游客体验。例如，可以利用人工智能技术提高景区内的安全监控水平；可以利用大数据技术对游客行为进行分析和预测；可以利用虚拟现实、增强现实等技术为游客提供沉浸式的游览体验等。

（三）功能创新

在景区的发展中，产品功能创新是提升景区竞争力、吸引更多游客的关键。

1. 旅游体验创新

旅游体验创新是景区产品功能创新的重要方向。通过打造独特的旅游体验，可以吸引更多游客前来参观，并提高游客的满意度和忠诚度。例如，在自然景观景区，可以引入虚拟现实技术，让游客通过头戴式设备感受沉浸式的游览体验；在历史文化景区，可以引入智能导览系统，通过手机App实现自动讲解和导览等。

2. 旅游服务升级

提供优质、个性化的服务,可以提升游客的满意度和忠诚度。例如,在门票预订方面,可以引入智能化服务系统,实现线上预订和支付;在住宿方面,可以提供特色化、高品质的服务体验,如民宿、主题酒店等;在餐饮方面,可以引入当地特色美食和国际美食,满足不同游客的需求。

3. 旅游产品个性化

针对不同游客群体和需求,提供个性化的旅游产品,可以增加游客的停留时间和消费意愿。例如,针对家庭游客,可以设计以亲子互动为主题的旅游产品;针对年轻游客,可以设计以探险、刺激为主题的旅游产品;针对老年游客,可以提供以健康养生为主题的旅游产品等。

4. 增加互动性与参与性

设计互动性强、参与度高的活动和项目,可以增强游客的体验感和满意度。例如,在历史文化景区,可以设计模拟历史事件或人物的互动项目;在自然景观景区,可以引入户外拓展和探险项目等。

5. 融入科技元素

融入科技元素是景区产品功能创新的最新方向之一。应用现代科技手段,可以提升景区的智能化程度和游客体验。例如,可以利用大数据技术对游客行为进行分析和预测;可以利用虚拟现实、增强现实等技术为游客提供沉浸式的游览体验等。

6. 挖掘文化内涵

深入挖掘景区的文化内涵,将文化元素融入景区产品的设计和推广中,可以提升景区的文化价值和吸引力。例如,在历史文化景区,可以引入文化演艺和展览等活动;在民俗风情景区,可以设计民俗文化体验项目等。

7. 保护环境与可持续发展

保护环境与可持续发展是景区产品功能创新的重要前提。通过采取有效的环境保护措施和可持续发展的策略,可以保证景区的可持续发展和游客的旅游体验。例如,在景区规划中引入生态保护理念;在旅游活动中注重节约能源和水资源;在景区管理中加强垃圾分类和环境监测等。

8. 提升游客满意度

提升游客满意度是景区产品功能创新的最终目标。通过调查和分析游客的需求和反馈,及时调整和优化景区产品的设计和服务,可以提升游客的满意度和忠诚度。例如,可以通过设置满意度调查问卷、在线评价等方式收集游客反馈;可以定期举办游客座谈会或分享会等互动活动,了解游客的需求和意见。

三、景区产品创新策略

(一)外延式开发

景区产品的外延式开发是指通过扩展景区的功能、增加景区的内容、提高景区的吸引力等方式,对景区进行扩展和升级。这种开发方式旨在增加游客的旅游体验,提高景区的整体竞争力,具体可以包括以下几个方面。

(1)扩展景区功能:根据景区的特色和资源,可以将其划分为不同的类型,例如自然风光、历史文化、主题公园等。通过增加新的景点或活动,可以吸引更多的游客前来游览。

(2)增加景区内容:在原有的景区基础上,增加新的景点、设施或活动,例如增加特色小吃、购物场所、娱乐项目等,以吸引更多的游客前来游览。

(3)提升景区品质:景区的品质和形象可以通过改善环境卫生、服务质量和旅游安全等方面得到提升,进而吸引更多游客前来游览。

(4)打造旅游线路:根据景区的特点和游客的需求,可以设计不同的旅游线路,例如观光游、休闲游、探险游等,以满足不同游客的需求。

(5)增加体验项目:通过增加互动性、体验性强的项目,例如亲身体验当地文化、参与特色活动等,增加游客的旅游乐趣。

需要注意的是,景区产品的外延式开发需要充分考虑景区的特点和资源,以及市场需求和竞争状况等因素。同时,在开发过程中,也需要注重环境保护和可持续发展等方面的问题。

(二)内涵式提升

1. 文化内涵提升

景区产品的文化内涵提升是指通过深入挖掘景区的文化资源,提升景区的文化价值和特色,增强游客的文化体验和认同感。具体可以包括以下几个方面。

(1)挖掘文化资源:对景区的历史文化、民俗文化、节庆文化等资源进行深入挖掘和整理,形成系统性的文化产品体系。

(2)建设文化景观:在景区内建设具有文化特色的景观和建筑,例如文化广场、博物馆、艺术馆等,以增强景区的文化氛围和吸引力。

(3)策划文化活动:根据景区的文化特色和节日,策划具有文化内涵的活动和节目,例如民俗表演、文化讲座、节庆活动等。

2. 旅游体验提升

景区产品的旅游体验提升是指通过优化景区的游览线路、增加互动性和体验性强的项目等方式,提升游客的旅游体验和满意度。具体可以包括以下几个方面。

(1)优化游览线路:对景区的游览线路进行优化设计,增加游客的游览时间和游览深度,提高游览的质量。

(2) 增加互动性和体验性项目：在景区内增加互动性和体验性强的项目，例如亲身体验当地文化、参与特色活动、制作纪念品等，以增加游客的参与度和乐趣。

(3) 创新旅游产品：根据景区的特点和市场需求，创新旅游产品和服务，例如主题公园、演艺节目、特色美食等，以满足不同游客的需求。

3. 生态环境改善

景区产品的生态环境的改善是指通过加强景区的环境保护和管理、增加绿化覆盖率、提高环境卫生水平等方式，改善景区的生态环境和增强景区可持续发展能力。具体可以包括以下几个方面。

(1) 加强环境保护和管理：加强对景区的环境保护和管理，建立完善的环境监测和保护机制，确保景区的生态环境质量。

(2) 增加绿化覆盖率：通过植树造林、绿化美化等方式，增加景区的绿化覆盖率，提高景区的生态效益和景观价值。

(3) 提高环境卫生水平：加强景区的环境卫生管理，建立完善的环境卫生管理制度，提高景区的环境卫生水平。

4. 服务质量提升

景区产品的服务质量的提升是指通过提高服务人员的素质和技能水平、加强服务设施建设、优化服务流程等方式，提升景区的服务质量和水平。具体可以包括以下几个方面。

(1) 提高服务人员素质和技能水平：加强对服务人员的培训和管理，提高服务人员的素质和技能水平，为游客提供更好的服务。

(2) 加强服务设施建设：加强景区的服务设施建设，例如休息区、卫生间、信息咨询处等，提升游客的便利性和舒适度。

(3) 优化服务流程：优化景区的服务流程，例如购票、游览、餐饮等环节，提高服务效率和质量。

5. 品牌形象塑造

景区产品的品牌形象塑造是指通过加强品牌宣传和推广、提高品牌知名度和美誉度等方式，塑造景区的品牌形象和提升景区的市场竞争力。具体可以包括加强品牌宣传和推广、品牌合作推广。

(1) 加强品牌宣传和推广：通过广告、宣传册、网络营销等方式，加强对景区品牌的宣传和推广，提高景区品牌的知名度和曝光率。

(2) 品牌合作推广：与相关产业、企业进行合作推广，例如与旅行社合作推出特色线路、与知名企业合作推广品牌等，以提高景区品牌的知名度和影响力。

（三）优化产品组合

景区产品组合优化是指对景区的各类产品进行系统的评估、调整和优化，以实现景区产

品的整体质量和效益提升。产品组合优化涵盖了景区的多个方面,包括门票价格、购票方式、游览路线、餐饮住宿等,通过优化产品组合,可以更好地满足游客的需求,提高游客的满意度和忠诚度。

1. 产品类型拓展与整合

(1) 拓展产品类型:根据景区的特点和资源,可以开发不同类型的旅游产品,例如文化旅游、生态旅游、主题公园等,以吸引不同需求的游客。同时,可以根据市场需求和游客偏好,不断推出新的旅游产品,以满足游客的需求。

(2) 整合各类资源:将景区内的各类资源进行整合和优化,例如自然资源、文化资源、人力资源等,以实现资源的最大化利用和效益的提升。同时,可以引入其他产业和领域的资源,例如旅行社、酒店等,以提供更全面的旅游服务。

2. 优化景点设计与设施

(1) 景点设计优化:对景点的设计进行优化和改进,例如增加特色景观、文化展示等,以提高景点的吸引力和独特性。同时,可以引入专业的设计团队和专家学者,为景点设计提供更专业的建议和指导。

(2) 设施升级与完善:对景区的各项设施进行升级和完善,例如住宿、餐饮、购物等,以提高游客的便利性和舒适度。同时,可以引入现代化的技术和设备,例如智能导游、VR体验等,以提高景区的科技含量和竞争力。

3. 丰富游客体验与互动

(1) 增加体验式项目:在景区内增加体验式项目和活动,例如手工制作、民俗表演等,以增强游客的参与度和体验感。同时,可以根据景区的特色和主题,设计独特的体验式项目和活动,以形成景区独特的品牌形象和竞争力。

(2) 设计互动环节:在景区内设计各类互动环节,例如互动游戏、角色扮演等,以加强游客的互动和交流。同时,可以引入社交媒体和互联网技术,为游客提供更多的线上互动机会和平台。

(3) 重视游客反馈与评价:及时收集和处理游客的意见和建议,不断改进和优化景区的各类产品和服务。同时,可以开展游客满意度调查和评选活动,以了解游客的需求和期望,为景区的发展提供参考和依据。

总之,景区产品组合优化是提升景区整体竞争力和吸引力的关键因素之一。通过对景区产品的全面评估和系统性调整,可以形成更具吸引力和竞争力的景区产品组合,提高游客的满意度和忠诚度,实现景区的可持续发展,提升景区的市场竞争力。

本章小结

本章主要对旅游景区产品管理相关知识进行梳理,明确了景区产品的概念界定、景区产品构成及主要特征、景区产品的类型,阐述了景区产品的生命周期与开发原则,最后归纳了景区产品创新开发的主要影响因素,重点梳理了景区产品的创新方式与创新策略。景区产品创新方式有主题创新、结构创新、功能创新。景区产品创新策略包括外延式开发、内涵式提升、优化产品组合。

【核心关键词】

景区产品;景区产品构成;景区产品特征;景区产品类型;景区产品开发原则;景区产品生命周期;景区产品创新方式;景区产品创新策略。

思考与练习

1. 现代景区产品概念如何界定?
2. 如何理解景区产品的构成?
3. 为何要进行景区产品分类?怎样进行景区产品分类?
4. 为何要掌握现代景区产品生命周期理论?
5. 如何理解现代景区产品创新方式?
6. 如何理解现代景区产品创新策略?

【拓展学习】

阅读案例材料

《数字化创新实践案例 |"智"行虚实之间,交互多彩新体验》,https://m.thepaper.cn/baijiahao_20660028。

【PBL讨论】

围绕小组追踪的景区案例,结合所学,讨论分析该景区旅游产品的构成、产品类型以及创新方式。

第四章

景区项目管理

引言

景区项目是景区重要的有形产品,是游客直接接触到的体验来源。做好景区项目管理,尤其是景区项目设计,有利于提高景区市场吸引力和竞争力。本章介绍景区项目、景区项目管理等基础知识,重点介绍景区项目设计的理论与知识。

重点和难点

重点:景区项目定义与分类;景区项目设计内容;景区项目管理的内容。

难点:景区项目概念辨析;景区项目管理的目的;景区项目设计原则。

知识导图

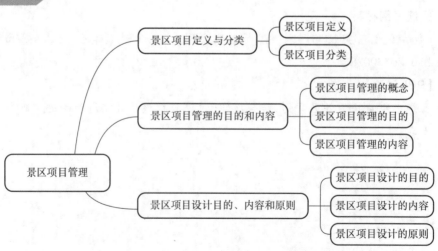

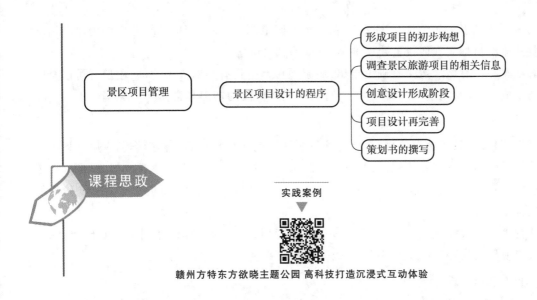

赣州方特东方欲晓主题公园 高科技打造沉浸式互动体验

第一节 景区项目定义与分类

美国项目管理专业资质认证委员会主席保罗·格雷斯(Paul Grace)认为,在当今社会中,一切都是项目,一切也将成为项目。进入到新阶段,景区运营管理者通过打造文化演艺项目、娱乐体验项目、科技融合项目、节事项目、会议展览项目等手段和有形产品开发,提升景区吸引力。

一、景区项目定义

1. 旅游项目

旅游项目(tourism project)是规划与开发中的常用概念,目前尚无一个权威的统一概念定义,国内外学者主要从资源组合、吸引物、体验和旅游休闲活动等方面对旅游项目进行了界定。

黄郁成(2002)认为,旅游项目是指旅游开发者为了达到特定的旅游发展目标而临时调集到一起的资源组合,即由各种现实和潜在的旅游资源转化而来的,能真正创造价值和财富的旅游资源。

马勇等(2004)认为,旅游项目是借助于旅游地的旅游资源开发出的,以旅游者和旅游地居民为吸引对象,提供休闲消遣服务,具有持续旅游吸引力,以实现经济、社会、生态环境效益为目标的旅游吸引物。

吴宝昌(2004)认为,旅游项目是指整合一定的旅游资源形成的,具有一个主题,以旅游者和旅游地居民为吸引对象,以经济效益、社会效益、环境效益为目标的旅游吸引力单元。

从体验视角入手的学者认为,旅游项目是提供给旅游者合适的旅游体验,并以此为核心内容进行运作的综合体。

另有一些学者将旅游项目定义为:在一定时间范围内,在一定的预算范围内为旅游活动或以促进旅游目标实现而投资建设的项目(郑治伟,2000)。

郭亚军在已有概念定义基础上指出,旅游项目是指具有足够吸引力的,旅游者可以身临其境感受或参与的,经过系统管理和经营的,可创造价值的资源集合体。

2. 景区项目

景区项目,即景区旅游项目,是旅游项目在景区规划与开发的具体操作和应用。景区项目是景区吸引力的直接载体,是旅游景区产品构成中的有形产品的重要组成部分,是具有足够吸引力,游客可以身临其境感受或参与的,经过系统管理和经营,可创造旅游体验价值的资源集合体。

从管理学角度来看,景区项目要在一定的时间和一定的预算内达到一定的预期目标。景区旅游项目是旅游产业发展的支撑,也是旅游业跨越式发展的突破口。

3. 相关概念辨析

1) 旅游项目与旅游产品

旅游项目与狭义的旅游产品概念有交集。旅游项目是构成旅游产品的有形要素,是具体的、可以真切感受的,而旅游产品相对比较抽象。旅游项目整体的吸引力组成了旅游产品,为游客提供物质和精神享受。

2) 旅游项目与娱乐项目

旅游项目与娱乐项目是整体和部分的关系,旅游项目包括但不限于娱乐项目。而娱乐项目通常是主题公园的重要组成部分。

3) 旅游项目与旅游资源

旅游项目依托旅游资源,旅游资源是旅游项目的物质基础,旅游项目将旅游资源的内在价值开发出来。旅游项目的形式可以被复制,但旅游资源不可能被复制。

二、景区项目分类

旅游项目种类繁多,但根据不同划分依据可以将旅游项目简化为不同的类型。主要有要素分类法、环境分类法和社会内容分类法。

1. 要素分类法

景区旅游项目可以按景区的构成要素进行分类,主要分为景区交通项目、景区观光项目、景区娱乐项目、景区特色商品项目和景区休憩旅游项目。

这种分类适用于不同类型的景区,但不是每一个景区都必须完备这些项目,景区项目的确定需要经过项目设计、管理和选择的过程。

2. 环境分类法

环境分类法主要是指以景区项目所依托的环境为分类标准,如按照自然环境标准,可分为海岸旅游项目、山岳旅游项目等(见图4-1);按人居环境分类,则可分为乡村旅游项目、都市旅游项目等(见图4-2)。

图 4-1 山岳旅游项目

图 4-2 乡村旅游项目

（来源：网络）

3. 社会内容分类法

社会内容分类法主要是按旅游通常所涵盖的社会内容进行分类，一般有自然生态旅游项目、历史旅游项目、文化旅游项目、探险旅游项目、科技旅游项目等（见图4-3至图4-5）。

图 4-3 历史旅游项目

图4-4 文化旅游项目

图4-5 自然旅游项目

(来源:网络)

第二节 景区项目管理的目的和内容

一、景区项目管理的概念

景区项目管理是以景区项目及其资源为对象,运用系统的理论和方法,对项目进行高效率的计划、组织、领导和控制,以实现项目目标的系统工作。它涉及项目规划与策划、项目设计、资源管理、风险管理、进度管理、质量管理、成本管理、沟通与协调、市场营销与推广以及后期运营与维护等多个方面。景区项目管理具有创造性、复杂性、不确定性等特征。

二、景区项目管理的目的

景区项目管理的目的是实现景区的可持续发展和游客的满意。具体来说,景区项目管理旨在通过科学的管理方法和手段,确保景区项目的顺利进行,提高项目的效率和质量,同时降低项目的成本和风险。此外,景区项目管理还旨在提升景区的品牌形象和市场竞争力,吸引更多的游客前来参观,从而实现景区的经济效益和社会效益最大化。

在整个景区项目管理过程中,景区项目管理需要综合考虑景区的资源、环境、市场、文化等多方面的因素,以实现项目的可持续发展,提升游客满意度。同时,景区项目管理还要求与各方进行有效的沟通和协调,确保项目的顺利进行和目标的实现。具体来说包括以下三方面的目的。

1. 实现项目建设目标

景区项目管理,是为了更好地实现景区项目建设目标而开展的系统工作。一个景区项目从设计到实施建设,不可能全部过程都由一人完成,而是应由多个部门相互配合来完成,如果没有规范管理程序,将已有的构思进行有形化,那么实施的人就会像无头苍蝇一般,不清楚要如何进行建设,不知道要建成什么样子。因此,旅游项目的管理目的首先就是给旅游项目的实施提供保障,以实现项目建设目标。

2. 优化景区资源配置

景区项目的设计需要对项目相关信息进行收集整合,对景区资源现状、客源市场等进行调查研究,设计完成后还要不断进行修正完善,因而可以在最大限度上保证项目资源的最优化配置。景区旅游项目如果不进行精细设计就直接开始建设,将不可避免地出现资源浪费、配置不合理等情况;如果不通过各个环节的质量监督和管理,也会导致资源的无效利用。

3. 推动抽象理念落地

景区项目管理具有明确的目的性和步骤性,以实现抽象化的策划目标。其中,设计是关键环节。在景区项目管理中,一个重要的任务是通过设计的手段将抽象的项目概念、所蕴含的文化内涵等通过景区布局、建筑外观、旅游活动等有形实物表达出来,以实现抽象到具体的转换,帮助游客体会到原本"看不到,摸不到"的抽象理念,增强游客的体验感。

三、景区项目管理的内容

景区项目管理涉及诸多管理内容,主要包括以下几个方面。

1. 项目规划与策划

项目规划与策划是项目管理的第一步,包括确定项目的目标、范围、预算和时间表。此外,还需要制定详细的项目计划,明确各个阶段的任务和责任人。

2. 项目设计

项目设计是项目管理的重要内容,是项目能够吸引游客的关键所在。好的项目设计,能

够直接决定景区经营的成功与否。为此,现代景区管理特别重视项目设计。

3. 资源管理

资源管理包括人力资源、物资资源和财务资源的管理,需要确保项目所需的人员、设备和资金得到合理分配和有效利用。

4. 风险管理

风险管理是指识别项目中可能出现的风险,如天气变化、设备故障、资金短缺等,并制定相应的风险应对策略,以减小风险对项目的影响。

5. 进度管理

进度管理是指监控项目的进度,确保项目按计划进行。如果出现进度延误,需要及时调整计划,采取补救措施。

6. 质量管理

质量管理是要确保项目的质量符合预期标准。这包括制定质量标准、进行质量检查和控制质量过程等方面。

7. 成本管理

成本管理是指对项目的成本进行预算、核算和控制,确保项目在预算范围内完成。

8. 沟通与协调

沟通与协调是指与项目相关的各方进行有效的沟通和协调,包括项目团队成员、上级领导、供应商、游客等。

9. 市场营销与推广

市场营销与推广是指制定营销策略,提高景区的知名度和吸引力,包括制定价格策略、加强宣传推广、与相关机构合作等。

10. 后期运营与维护

后期运营与维护是指在项目完成后景区的日常运营和维护,确保景区的正常运营和游客的安全。

以上是景区项目管理的主要内容,但具体的管理内容可能因景区的类型、规模和管理模式的不同而有所差异。由于涉及内容广泛,考虑到部分内容跟其他课程知识的重复性,本小节简单介绍其内容框架,以便我们在学习过程中有一个整体性的把握,本章重点介绍景区项目设计的项目管理内容,以更好突出景区管理的实践性和创新性。

第三节　景区项目设计目的、内容和原则

旅游景区项目设计是景区项目管理的重点内容,也是景区经营成败的关键所在。

一、景区项目设计的目的

景区项目设计的重要意义在于打造景区核心吸引物,且能够更好地满足游客的旅游体验。我们前面学过旅游景区的概念,其前提是要有核心吸引力,吸引游客,满足其旅游需求,而这些都需要通过项目策划和设计来实现。

美国旅游学者冈恩(Gunn)曾说:"尽管旅游系统中各要素都有各自的重要作用,但唯有吸引物才构成其中的驱动力(drive power)。吸引物不仅是指区域中那些能够为游客提供可看或可做的事物的地方,而且为游客提供了为什么要出游的磁引力(magnetism)"。我们结合以上旅游项目的定义来看,冈恩所讲的驱动力和磁引力完全可能在一个设计完整的旅游项目中体现出来,这就使旅游项目承担了一项重要的使命——成为旅游景区可持续发展的源动力和吸引核心,这也是景区旅游项目设计的出发点和最终目的。

设计是将构思有形化的过程,景区设计的最终目的是使项目成为景区发展和取得竞争优势的支撑性条件,但项目设计更为具体的目的主要表现在以下几方面。

(1)给那些将构想变为有形现实的人提供指导,如建筑师、园艺师等。

(2)保证最优化的资源配置和利用,不仅包括景区内部的资源,也包括人力、财力等辅助资源。

(3)将抽象的景区理念转变为吸引游客的有形实物或活动。

(4)设计直观展示项目的建成效果,这在规划许可和说服潜在投资者方面将发挥有力的作用。

二、景区项目设计的内容

景区系统中的旅游项目贯穿于景区的全部吸引力脉络,在功能分区的基础上,集成了景区一切有价值的资源。旅游项目的设计内容包括以下几个方面。

1. 起名定位

这是景区项目设计的首要问题。起名定位明确了项目的性质、特色、主题和功能。起名定位的基本要求是"内"要紧抓景区文脉,"外"要彰显景区吸引力。例如,《印象·刘三姐》中的"刘三姐"既抓住了当地的"文脉"特征,也对外产生了吸引力;"印象"两字既表明了项目的特色是歌舞,又给项目创新留下了很大的空间。

2. 创意产品

创意是对传统的叛逆,是打破常规的哲学,是破旧立新的创造与毁灭的循环,是思想库、智囊团的能量释放,是深度情感与理性的思考与实践,是创造性的系统工程。简而言之,创意就是新颖和有创造性的想法。一般的历史人文类景区,只需在展示方式、服务方式、资源保护手段等方面进行适当的创意即可。例如,张贤亮出卖"荒凉"建成镇北堡西部影视城,张艺谋首创实景演出《印象·刘三姐》等。旅游项目是一个综合的产品体系,个体产品可以是节庆活动、特色建筑群、情景展示,也可以是游乐设施,等等。用统一的创意将这些个体产品整

合在一起,体现在细节之处就是外观、形状、材料等的一致性或相关性,从而吸引游客眼球,形成卖点。

3. 空间安排

旅游项目实施的空间安排包括其地理位置和占地面积,在一定程度上决定了资源的利用程度、项目体量以及投资规模。在设计中要综合产品的要求,确定项目具体的地理范围,以及各建筑物的位置、距离、开放空间布局和大小等内容。

4. 管理方略

旅游项目在设计中应考虑到在一个持续性发展的过程中,怎样保持或更新项目的吸引力元素,怎样与景区长期的发展契合,这就需要在市场环境下进行科学的项目管理、工程管理、日常管理以及服务质量管理,设计的图纸和文本应该遵循这种管理思路,从而为日后的管理工作提供便利。

三、景区项目设计的原则

景区旅游项目为了给游客提供全方位的旅游体验,在设计之初就要遵循一些基本的原则,概括起来主要包括以下四个方面。

1. 独特差异性

旅游项目的核心设计理念我们通常将其概括为"人无我有""人有我新""人新我特""人特我精"。这表明旅游项目必须有独特性和创新性,并体现差异化。个性化的旅游项目可以满足目标旅游市场的需求,这也是推动现代景区发展的不竭动力。全球最著名的主题公园——迪士尼乐园,就是依靠每年旅游项目30%的更新率不断为游客制造惊喜而获得了游客长期的青睐。总的来讲,景区旅游项目可以从以下三个途径实现独特差异性。

第一,突出景区主题。将主题的核心点融入设计思路中,体现其鲜明特色。

第二,注入文化内涵。将地区文脉的挖掘和提炼作为延续景区旅游项目生命力的主要支撑点,文化内涵应见之于项目的内容、形式和实施过程的细节,而不能只停留在泛泛而论的层面。

第三,塑造品牌。旅游项目集合成的旅游产品表现出很强的品牌导向性,项目设计就更应该为游客营造一种心理享受的氛围,以完成旅游品牌的塑造。

2. 市场适应性

现代旅游的发展依靠准确把握目标客源市场的需求,游客的旅游取向很大程度上作用于旅游景区项目的设计方向。由于这种关系的存在,项目在设计时就应该相时而动,根据景区市场定位和客源地的选择提出相匹配的项目设计方案。这就要求项目设计须从客观的市场调查出发,将真实的需求信息作为设计的主要参考依据。

3. 持续发展性

旅游景区总体规划的期限一般为10年至20年,持续发展性是规划的主线之一。景区项目的设计应该与景区长远发展的方向保持一致,并逐渐形成景区的特色吸引力。而且在设计中应该保持适度灵活性,为项目本身的长远发展铺路,并留有必要的余地。除此之外,项目持续发展原则还体现在三大效益的兼顾上,即设计理念必须兼顾经济、社会和生态三大效益,从而获得持续发展的"三赢格局",这也是项目延续生命力的关键所在。

4. 真实体验性

随着世界各地旅游设施的建立健全、世界性预订服务网络的普及完善,追求真实体验的散客旅游越来越方便。可以预见,在未来,散客旅游,特别是中短距离区域内的家庭旅游的份额将逐步增加。真实体验将会成为游客在旅游中追求的核心目标。例如,探险类项目符合了游客挑战自我潜力的需求,营造出的真实可感的氛围使游客获得了激发能量的体验空间,因此大受欢迎。这给我们带来的启示是:游客需求将越来越倾向于真实感受的、体验景区营造的、超乎现实生活又可以亲身经历的旅游项目。

第四节 景区项目设计的程序

旅游项目设计是一个有特定过程的有序思维体系,辅之以实际的操作,从而为项目的现实可行性奠定基础。了解项目的设计程序将有助于指导实践,我们总结项目设计的一般程序如下。

一、形成项目的初步构想

景区在建成之初或者面临产品升级时,往往需要设计旅游项目,当景区管理方确认景区确有建设旅游项目的必要时,就需要先整合人力资源,寻找旅游项目的规划设计人员及市场调查人员,征询专家的初步意见,对景区项目建设前景进行初步的感性评估,形成大致的构想。

二、调查景区旅游项目的相关信息

调查景区旅游项目的相关信息以获得完全、真实的信息支持为目的,整理后有价值的信息将为形成旅游项目的专门化设计提供帮助。与项目紧密相关的信息主要包括以下几方面。

1. 景区的资源现状

经过前期资源普查工作的景区,对本身资源所具有的优势应该有一个盘点,在进行调查时就应该将重点放在这些特色资源上,了解它们的分布以及与景区发展主题的关联点,以此确定旅游项目的可用资源和发展基调。

2. 客源市场信息

景区发展需要明确目标客源市场,重新定位时也应该准确把握目标客源市场的变化。

只有这样才能针对市场需求在项目设计中注入吸引力因素,才能确定在争取客源市场时,景区有哪些优势,从而做好后期的精准营销工作。若景区对这些优势的信息尚未明确,那么在项目设计时就要先做好系统的市场调查工作,对市场特征进行摸底,了解潜在游客的一些信息,如职业、年龄、喜好等特征,以及市场构成信息和潜在客源的消费偏好等。此类工作完成后,需要更进一步了解的是目标市场对景区服务和设施的具体细节要求,这将成为游客最基本的体验点来源。

3. 景区外部环境

景区外部环境是指景区所在区域的文化、历史、自然等相关资源的富集度,对此进行评估能够明确旅游项目的替代性和竞争优势究竟有多大。另外,这也是对项目发展的社会、经济和人文环境条件的考量,以获得对项目外部发展支持条件的准确把握。

4. 相似景区旅游项目的有关信息

资源不可复制,但景区发展总有相似的支持条件,特别是参考同类型成功景区的项目经验,将有助于本景区项目的设计。但必须明确,项目虽然可以复制或者借鉴,但只有"引领时尚"的做法才能获得丰厚的回报。了解相关信息是为了更好地创新,而不是盲目地跟随,只有做到"人有我新,人新我特",站在巨人的肩膀上才能获得更强的特色吸引力。因此,跟随《印象·刘三姐》之后策划的《印象·海南岛》《印象普陀》《印象平遥》等印象系列的运营就会面临较大的市场压力。

以上四方面关键信息的获得必须经过系统的整理和无数次的分析研究。为了解决复杂的工作,需要形成一个处理体系,我们建议对多次获得的信息建立旅游景区信息系统,为以后的设计和管理工作提供便利。在项目进行设计时,我们称这个系统为"景区旅游项目设计信息支持系统",它对项目设计的贡献如图4-6所示。

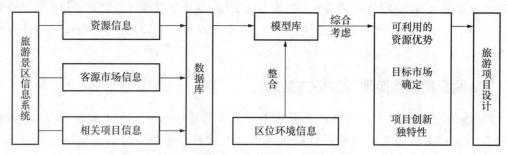

图4-6 景区旅游项目设计信息支持系统

三、创意设计形成阶段

根据以上信息分析结果,就可以进入项目设计的实质部分,我们将创意形成的过程分为以下五个环节。

1. 项目概念整合

该环节是对适宜目标市场和资源的项目理念进行呈现,主要是陈述如"项目应该具有……,让游人感受到……"等表达的句子。特征点应立足于需求方的要求,力求创新,从中可以得到项目名称和主题的最初灵感,这是确定创意方向的关键一步。

2. 明确项目功能

该环节需要明确景区项目能为游客提供什么,是美景资源的展示还是人文内涵的内心享受,是跨越时空的挑战体验还是放松身心的现代娱乐,从而能在设计细节时将项目需要的特征整合其中,实现旅游供给与旅游需求特征的统一。

3. 赋予内涵

该环节是项目实现吸引力突破的重要一步,要赋予游客感兴趣的异地文化内涵、特色景致或全新的放松体验,关键点是与设计的实物表现结合,形成可触摸和感受的体验空间。从全局观看项目关联的各种要素,用发现的智慧挖掘具有吸引潜力的人文、民俗、历史等资源,经过甄选和新的组合方式再次加工,使项目设计具有较强的生命力。但不是说将越玄、越深的文化强加给项目就能获得所谓的"文脉",任何内涵的赋予必须要与实际情况和目标市场需求相匹配,如果缺失真正打动人心的核心理念设计,将会使景区项目早早夭折。

4. 选址论证

宏观上看,景区项目开发在什么位置既关系到整个旅游景区的合理布局又关系到景区能否综合协调发展的问题;微观上看,旅游项目开发不仅影响项目的建设投资和速度,而且还影响项目建成后的经营成本、利润和服务质量,以及游客的游览条件等。因此,选址要放置于景区整体规划中考虑,要考虑景区内部设计旅游线路的便利性,还要兼顾利用资源的便利性,以节约成本。主题乐园选址应以大城市周边为最佳,大数据表明旅游已成为高频消费,大城市周边的游客人数增长速度最快。

5. 形象设计

完成项目核心内涵和布局设计后,就需要将旅游项目以一个整体的形象向市场推出。形象设计要努力做到特色鲜明、过目不忘,必要时可以引入CIS体系,以MI(理念识别)、BI(行为识别)、VI(视觉识别)形成景区的识别系统,强化宣传力度,使之成为游客决策行为中的积极影响因素。

四、项目设计再完善

在项目设计完成后,设计者要与行业专家、技术人员、游客代表等相关各方不断沟通、交流,要从景区运营的实际情况出发,既考虑技术的可行性与先进性,又要注重成本经济效益、竞争能力和运营的难易程度,不断修改,使项目更加完善、合理,更有效率。

五、策划书的撰写

在跟景区管理层沟通后,就可以着手编写项目策划书。项目策划书的构件主要有以下几项。

1. 封面

封面主要包括设计的主办单位、设计组人员、日期、编号等。

2. 序文

序文主要阐述项目设计的背景、目的、主要构想、设计的主体层次等。

3. 目录

目录包括策划书内容的层次安排,各级标题应清晰、简洁、准确。

4. 内容

策划书内容指设计创意的具体内容。描述创意应力求清晰、数字准确无误、运用科学方法、层次清晰。

5. 预算

为了更好地指导项目活动,需要把项目预算作为单独一部分在策划书中体现出来。

6. 项目进度表

项目进度表包括项目实施的时间安排和项目活动进展的时间安排,时间在制定时要留有余地,具有后续操作性。

7. 策划书的相关参考资料

项目设计中所运用的二手信息资料要放在附录部分,以便查阅。

编写项目策划书要注意以下几个要求:①文字简明扼要;②逻辑性强、时序合理;③主题鲜明;④运用图表、照片、模型来增强项目的主体效果;⑤有可操作性。

本章小结

本章在旅游景区产品学习的基础上,对景区项目定义与分类、景区管理目的和内容,以及景区项目设计目的、内容、原则、基本程序等进行了阐述,旨在让学生具备从产品到项目的景区管理纵深推进思维,并认识景区项目设计与管理的重要性,掌握项目管理的具体内容。

【核心关键词】

旅游项目;景区旅游项目;景区项目设计;项目设计原则;景区项目管理。

思考与练习

1. 景区项目与旅游产品有何区别与联系?
2. 现代景区项目设计目的和内容有哪些?
3. 现代景区项目设计原则主要有哪些?

4. 现代景区项目设计的一般程序包括哪几个环节？
5. 现代景区项目管理的目的是什么？
6. 现代景区项目管理的内容有哪些？

【拓展学习】

阅读材料

我国景区旅游项目设计的发展趋势

景区旅游项目设计源于景区未来的发展方向和旅游投资趋势。用一句话概括景区未来的发展方向就是"见山见水见生活，见人见物见未来"。具体来说，就是要提供满足人民对美好旅游的需要，即提供旅游"新生活"。景区不应该是被科技和物质操纵的符号，只有那些能够打动旅游者日常情感的项目才有生命力；只有当景区开发对社区居民予以倾心关注并精彩呈现，才能够吸引异地游客的到访；新生活需要以文化为基石，以空间为载体，在文旅融合时代，文化将成为景区的核心竞争力；旅游投资依然热度不减，2017年全国旅游投资达1.5万亿元，同比增长16%，而且景区类投资占比最高，旅游基建和乡村旅游投资占比较大。相对于人文类景区，自然类景区（山岳）的资源禀赋更受到投资机构的青睐，目前及未来一段时间有关此类资源的争夺将趋于白热化。全域旅游时代，中国旅游业呈现出产业融合、全域休闲、基础设施升级、生态文明建设等新趋势，"负责"趋势落地的旅游项目设计"任重而道远"。

（一）文化旅游项目前景独具

文化是景区的灵魂和核心，是营造特色的基础。景区旅游项目的升级换代正是通过对景区文化这一核心"芯片"的深度挖掘、系统整合、主题提炼、动态展示和全面营造来推动景区的新生和发展。这使得文化旅游项目在景区旅游项目中占重要的地位，各地推出诸如历史遗址游、名人故居游、文化名城游、特色民居游、民俗风情游、民间艺术游、革命圣地游、宗教旅游等的文化旅游项目，大大增强了景区旅游业的文化内涵。

（二）崇尚自然、返璞归真

人类是从自然走出的，自然能带给人类最原始的感动。现代社会的发展使我们很久未亲近自然，产生了很多心灵的困扰，生活的空间也越来越小，这促使人们在休闲旅游时追求自然体验，旅游项目必然会满足这种需求，设计出自然旅游、观光休闲、乡村旅游、森林旅游等形式，推动自然旅游的发展。

（三）呼唤特种旅游的发展

特种旅游是指具有一定的创意性，通过专业人士的指导和相关器材的辅助，采用人力运作，借助徒步、狩猎、登山、驼队、自行车、汽车等形式，去发现自然、探索自然，并最终征服自然的探险性旅游活动。旅游者喜好参与性强的旅游项目，特种旅游就是让旅游者从传统的观光、被动地接受中走出来，积极地参与旅游活动，彰显个性。中国特种旅游开展时间虽然不长，但已显示出强大的生命力，成为中国旅游业中蓬勃发展的新增长点。

来源：郭亚军《旅游景区管理（第三版）》，高等教育出版社，2019年。

【PBL讨论】

以小组为单位，查找跟踪景区的特色项目，应用景区项目设计内容和原则讨论该景区项目，并结合拓展阅读材料中的项目设计趋势，分享小组对景区项目管理的学习体会。

第五章

景区服务管理

引言

景区服务质量提升永远在路上,这是现代景区经营的新要求和新挑战。景区管理者要重视并细化景区服务管理,深化景区接待服务、解说服务、投诉服务的实践总结和管理改革,以游客为本,根据需求调整管理工作策略。本章介绍景区服务的概念、特点、意义和要求,重点对接待服务、投诉服务、解说服务以及服务质量评价和改善对策进行介绍。

重点和难点

重点:景区服务的概念;景区服务管理的意义;景区投诉服务管理;景区解说服务功能和意义;景区解说服务的类型。

难点:景区服务管理的基本要求;景区投诉服务管理的价值意义;智能式解说服务系统的内容;景区服务管理的改善对策。

知识导图

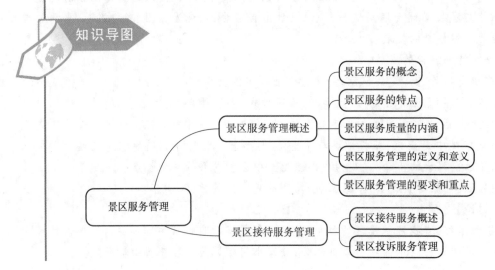

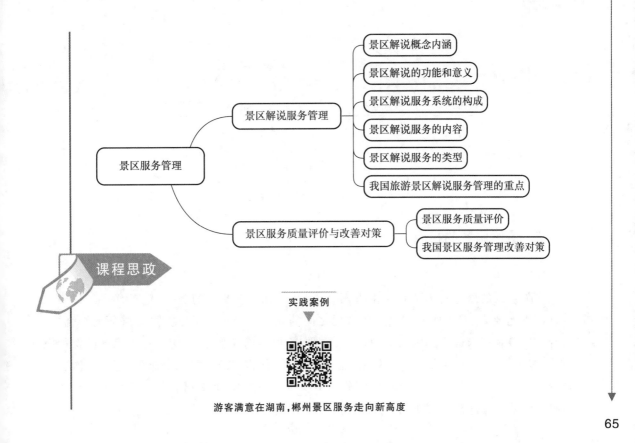

游客满意在湖南,郴州景区服务走向新高度

第一节 景区服务管理概述

一、景区服务的概念

景区服务(tourist attraction service)是指管理者和员工借助一定的旅游资源(环境)、旅游服务设施以及通过一定的手段向游客提供的各种直接和间接的方便利益,满足其旅游需要的过程和结果。(郭亚军,2019)

从景区服务的内容组成来看,景区服务管理主要包括接待服务、解说(导游)服务和商业服务三大维度的服务管理,由景区核心服务与景区辅助服务构成(见图5-1),旅游景区服务的内涵丰富,具有综合性的特点,也可以将其归纳为两大类:第一类为景区核心服务,主要包括游览服务、接待服务、交通服务、餐饮服务、住宿服务、购物服务、解说服务及其他服务;第二类为景区辅助服务,是指在标准化服务的基础上,提供个性化的服务或延伸服务,也称为"增值服务"。

图 5-1 景区服务构成图

二、景区服务的特点

1. 综合性

旅游景区的服务行为依赖于多方面介入,从而完成一整套的服务,包括食、厕、住、行、游、购、娱七要素,多方面介入以及各方面之间的完美配合体现了旅游景区服务的综合性。它既包括游客在未进入景区之前的咨询、购票、虚拟游览等服务,也包括进入景区的接待服务、对客服务、投诉服务等,又包括在景区内的餐饮、住宿、交通、娱乐等服务,还包括游客离开景区之后的意见反馈服务。景区服务的主要对象是游客,游客既是景区服务的消费者又是服务质量的评价者,游客的个性化使得景区对客服务异常复杂化。

2. 关联性

景区服务不是彼此独立的,而是相互关联的、相互影响的、能引起连锁反应的过程。只有在服务时序和内容上很好地连贯起来,才能提供给游客完整的服务。在服务的接触过程中,任何一个服务接触点都可能会发生失误,而无论哪一个环节出问题,都会影响游客对整个景区服务的印象和满意度。游客在发生服务失误后,便会发生抱怨行为,可能终止服务或向亲朋好友进行负面宣传,这对旅游景区的形象有着十分不利的影响。

3. 不可储存性

实体产品有形故可以储存,景区服务的无形性以及生产和消费的同时性决定了服务不被消费则无法被储存,服务会随时间消逝,使景区服务具有不可储存的特性。景区服务的不可储存性意味着景区提供给游客的各项服务是无法被储藏起来以备将来使用的,是一个实时产生的过程,在对客服务的时间里必须使产品的使用价值最大化,这对景区工作人员的能力有很高的要求。

深度思考

景区服务的不可储存性所带来的管理挑战

三、景区服务质量的内涵

1. 景区服务质量总目标

服务质量总目标,是质量管理的总方向。通过提高服务质量,来增强景区软实力;严格质量管理,用优质服务提升景区核心竞争力,实现景区品牌效应,促进景区长远发展。

2.服务质量在景区评审中的变化

根据最新的景区质量等级评定修订稿,景区服务质量在评价中的分值已经由之前的725分提升到765分,且新增了特色文化服务、信息化等大项类别,可见景区服务质量越来越受到重视。

3.景区服务质量的构成要素

服务质量构成要素由硬件质量和软件质量构成,包括服务设施和设备质量、服务用品质量、实物产品质量、服务环境质量、劳务活动质量等内容,构成景区服务质量要素的硬件质量和软件质量是相互作用、相互影响和相辅相成的,最终通过游客满意度表现出来。

4.景区服务质量的"六字方针"

态度:态度,是服务质量的根本,是员工意识体现和做好服务的基础。

细节:细节,体现服务质量的规范化及其标准程度。

养成:养成,突出服务的个性化,实现从个性到共性服务特征的转变。

5.景区服务质量的三个层级

景区服务质量包括三个层级:粗放型、标准型和精细型。这三个层级是服务质量发展的三个不同阶段和层次。

粗放型:没按A级景区评定标准打造和运营,服务粗糙,质量低。

标准型:按A级景区配套相应设施,服务质量符合标准,质量好。

精细型:服务从标准到精细转变,服务过程体现人性化特点,质量高。

6.景区优质服务的内涵和特点

景区服务管理是致力于达成优质服务目标,为此我们要重点掌握景区优质服务内涵特点。

(1)景区优质服务的两大指数。

游客满意度高:优质服务景区游客满意度率,应当达到90%以上。

游客投诉率低:优质服务景区游客有效投诉率,应当控制在游客量的五万分之一以内。

(2)景区优质服务内控指标。

企业标准(ISO)覆盖率100%:企业标准(QB+)通过认证,成为岗位执行标准,应当实现岗位全覆盖。

岗位规范化程度达标率90%:服务岗位的流程规范、用语规范和服务动作规范,其规范化程度达到优秀。

服务质量问题处理率100%:岗位服务实现:服务过程跟踪检查,服务效果管控到位,质量问题妥善处理。

(3)景区优质服务的四个表现。

一个中心:就是"以真心为游客服务"为中心。

两个标准:就是要"服务动作标准、游客用语标准"。

三个主动:就是体现"主动微笑、主动问候和主动服务"。

四个行动:就是"文明礼仪、爱心关怀、排忧解难和解决问题"。

四、景区服务管理的定义和意义

景区服务管理,即景区管理者围绕景区服务质量目标,通过实施相关管理职能和建立服务质量标准而开展的景区服务内容和质量的管理活动,主要包括了景区服务内容管理和质量管理。景区服务管理是景区运营的重要组成部分,它的意义可以从多个方面来理解。以下是景区服务管理的几个重要意义。

1. 提高游客满意度

景区服务管理可以通过提供优质的服务和体验,提高游客的满意度和忠诚度。优质的服务可以让游客感到舒适和安心,从而增加他们在景区的停留时间并促成其消费。优质的服务能够提高游客满意度,进而转换为游客对景区的忠诚度,使景区拥有一批稳定的客源。

2. 提升景区形象

景区服务管理可以通过规范员工行为和服务标准,提升景区的形象和声誉。良好的形象和声誉可以吸引更多的游客和合作伙伴,从而促进景区的发展。

3. 保障游客安全

景区服务管理可以通过建立健全的安全管理制度和应急预案,保障游客的人身和财产安全。安全是景区运营的基础,只有保障了游客的安全,才能让他们放心地享受旅游体验。

4. 增加景区收入

优质的服务能够提高游客的购买力和消费水平,进而增加景区的收入。同时,提高游客的满意度和忠诚度可以促使游客多次前来参观,进一步增加景区的收入。

5. 促进景区创新

为了提供更好的服务,景区需要不断进行创新,包括开发新的旅游产品、改进设施设备、优化旅游服务等,进而促进景区的可持续发展。

五、景区服务管理的要求和重点

从景区服务的直接和间接组成来看,旅游景区的服务管理包括与游客接触的主要服务过程管理及影响最终服务的内部管理。

从管理的流程来看,旅游景区服务管理的基本要求是建立目标管理体系,做到服务前有标准、服务中有流程、服务后有反馈。

从景区服务实践和市场需求来看,景区服务管理的重点在于景区接待服务管理(票务服务、入门接待、投诉处理)、景区解说服务管理和景区商业服务管理,其中商业服务涉及购物服务和娱乐服务。根据我国景区服务管理的迫切需求和实践发展,本章重点介绍接待服务和解说服务两大内容,商业服务管理为课外拓展学习内容。

第二节 景区接待服务管理

一、景区接待服务概述

接待服务是景区中难度最大的服务工作,也是相对较难管理和控制的环节之一,原因在于服务环节多、客流量不稳定。从游客进入景区、提供咨询、安排导游,到送游客离开景区,整个工作过程始终直接面对游客。游客的第一印象和最后印象都在接待服务的过程中形成,其重要性不言而喻。景区接待服务的工作内容包括以下几个方面。

（一）票务服务

在信息化应用日益成熟的今天,门票的电子化管理已经成为一种趋势,尤其是智慧化景区的建设更是推进了门票电子化的进程。网络购票、多渠道在线支付(银联、支付宝、微信)、多渠道识别方式(二维码、指纹、人脸识别、身份证)等手段的应用,在极大方便了游客的同时,也提高了旅游景区的运营管理水平,尤其在景区容量管理、快速通关、节约人力等方面效果显著。目前,我国景区的实际情况是部分景区必须网络预约买票再换纸质门票进入,部分景区还在使用传统门票系统,部分景区两种系统并行,还有部分景区已经完全门票电子化管理。

1. 门票

景区门票的设计要具备特征要素、功能要素和理念要素。门票的一般类型如下。
(1)按照制作材料,分为纸质门票和电子门票(见图5-2)。
(2)按照消费对象的特征,分为全票、优惠票。
(3)按照门票的使用期限,分为当日门票和年卡门票。
(4)按照旅游淡、旺季,分为淡季票和旺季票。

图5-2 景区纸质门票和电子门票

续图 5-2

2. 票券票价

门票价格应根据不同景点的类型和级别制订,明码标价,保持票价相对稳定。票种应齐全,如设通票、半通票等。票券设计应美观大方,背面应有游览简图,使其有纪念意义和保存价值。

3. 票务服务

(1)售票位置的选取。售票处应设在入口处显著位置,周围环境良好、开阔,设置遮阴避雨设施。售票窗口数量应与游客流量相适应,并有足够数量和宽度的出入口。出入口应分开设置,并设有残疾人通道。景区(点)内分单项购票游览的项目,应设置专门的售票处,以方便游客购票。

(2)售票人员。售票人员需业务熟练,掌握各类票的价格和使用情况。认真耐心地处理游客的咨询。态度热情,语气温和,音量适中。唱收唱付,绝无抛钱物现象。售票人员坐姿端正,佩戴工作牌号牌。

(3)增设智能售票机。支持多种取、售票方式,实现一分钟售票、一秒钟取票,解决旅游高峰时期入园难的问题。满足线上购票服务需求。游客在网站上或者使用手机移动端预订并完成支付后,系统会自动发送一串辅助码或者是二维码图形给游客,游客在景区终端设备上通过输入辅助码号码或者直接在机器上扫描二维码的方式,自助打印景区入园小票,凭票游玩。

(二)入门接待服务

入门接待服务主要包括验票服务、入口导入服务和咨询服务等。

1. 验票服务

设标志明显、有足够数量和宽度的出、入口。检票人员站立服务,站姿端正,面带微笑,言行礼貌。配备检票装置,保证票面撕开处整齐。主动疏导游客,出、入口无拥挤现象。出口设人值守,适时征询游客对游览参观的意见和建议。设置无妨碍通道,处理好排队问题。

2. 入口导入服务

景区入口导入是指景区采取必要的设施和管理手段让游客愉快、顺畅地进入景区。景区入口是游客进入景区的第一印象区，是关系到景区形象的大问题。由于旅游的季节性较强，经常会出现旅游旺季景区入口堵塞等情况，造成游客长时间排队等候。另外，景区内的游乐项目也很容易出现排长队的情况。如果分流措施不力，会降低游客的满意度，损害景区的声誉。入口导入服务的一个重要环节就是排队服务。

合理的队列结构要满足的条件有：①使人感到等待时间长度短于实际时间长度；②队列秩序有条不紊，不给"加塞儿"者更多机会；③队列结构要能灵活调整。

3. 景区排队的形式

在不同的旅游景区或者旅游景区的不同区域，景区根据游客规律，应采取不同的队形引导和接待方式。一般队形分为单列单人队列、单列多人队列、多列多人队列、多列单人队列、主题队列共五种形式，这些形式各有优缺点。

（1）单列单人队列：一名服务员，成本低，游客等候时间难以确定，应设置座位或护栏。

（2）单列多人队列：多个服务员，接待速度快，但会增加人工成本。

（3）多列多人队列：多名服务人员共同操作，但会增加成本，且各队列前行速度不一，不设栏杆。

（4）多列单人队列：一名服务员，栏杆多，成本高。

（5）主题队列：迂回曲折，需要两名或两名以上的服务人员。

4. 景区排队解决方案

（1）智能公布景区承载力。旅游景区会有大量排队现象的主要原因就是旅游景区有大量游客进入，而旅游景区其实并不能容纳这么多的游客。但是，旅游景区的管理者为了获得更多的门票收入而选择性地忽视这一问题。游客只要买票，均可以进入旅游景区，从而造成了旅游景区内部大量排队的现象。因此，必须将景区的最大游客容纳量作为一个最重要的指标（因为它直接关系到景区的收入），在节假日之前提前在网络上公布景区最大承载力，达到最大值时，应停止继续售票。

（2）价格调节与限流。为让游客能够获得更好的体验，也出于消除旅游景区安全隐患的考虑，通过价格调节与限制入园的方式，控制景区内的游客数量，使景区内的游客数量保持在最大容纳量之下。采用分时段计价的方式来制订门票售价，如根据旅游旺季和大小长假实行区别定价，即可以在节假日将门票的价格定得比平时高，具体的价格可以参照以往的游客数量。通过提高价格，减少部分对价格敏感的游客，而对价格不敏感、对时间敏感的游客却并不会减少。这样的做法虽然减少了游客数量，但由于门票价格的提升也不会让景区损失过多的收益。

旅游景区可以在旅游淡季推出低价票，以此来冲淡旺季所推出的高价票的影响，以补偿部分旺季对价格敏感的游客，同时可以吸引大量对价格敏感、对时间不敏感的游客，如学生、退休的老年人等。对此，要在网站、现场发布通告解释景区采用此种做法的原因，即主要是

让游客获得更好的体验,同时排除景区的安全隐患,避免踩踏等安全事故的发生。通过上述方式来缓解游客对这种管理办法的抵触情绪。

(3)区分首次游览景点的门票入园制。为了让游客顺利地服从安排、分成几个小团体,前往不同的景点开始对景区的游览,可将门票设计为具有首次游览景点的门票。游客买的门票上会注明最先游览的景点,因此在进入景区时就要按照规定搭乘前往该旅游景点的景区内部车辆,否则将不被允许进入景区。这种新型游览方式除了在门票上规定首次游览景点外,还应注明接下来游客的旅游线路和游览顺序。当然,这种线路必须含有所有的著名景点,同时其设计也应是游客在景区的最佳游览路线。这条路线必须使游客能在各个旅游景点都能满意地旅游,还能游览完所有的著名景点。

(4)排队安排技巧。旅游景点的排队队伍应不断迂回,这样就能使排队队伍的行进速度看起来更快些,通过这种方式可以有效提高游客的耐心。

另外,还可以进行分段排队。游客首先在旅游景点外进行排队,等候进入;当游客进入景点后,在景点内又再接着排队。这样看起来,游客似乎已经结束了一次排队,而进行了第二次排队,同时也进入了景区,从而让游客感觉排队时间变"短"了。

在游客排队的时候,在设置的隔离物上展示该景点的文字或图案,也可以是注意事项、笑话等。当然,有大屏幕的视频播放器更好,这样在游客在排队的时候,能够有效地转移其注意力。在旅游旺季,景区可以在排队堵塞严重的地方提供娱乐表演,以吸引游客注意,使游客在排队中也能得到娱乐体验。

5. 咨询服务

接受游客咨询时,应面带微笑,且双目平视对方、专心倾听、不可三心二意,以示尊重与诚意。咨询服务人员应有较全面的旅游综合知识,对游客关于本地及周边区域景区情况的询问,要提供耐心、详细的答复和游览指导。答复游客的询问时,应做到有问必答、用词得当、简洁明了。接待游客时应谈吐得体,不得敷衍了事,言谈不可偏激,避免有夸张论调。接听电话应首先报上姓名或景区名称,回答电话咨询时要热情、亲切、耐心、礼貌,要使用敬语。如有暂时无法解答的问题,应向游客说明并表示歉意,不能简单地说"我不知道"之类的用语。通话完毕,互道"再见"并等待对方挂断电话。

二、景区投诉服务管理

游客抱怨和投诉是游客对旅游景区主观评价的一种直接表现,间接地反映了旅游景区的质量水平。据美国华盛顿特区技术援助研究项目的统计数据,每一个不满意的游客至少会将自己的不满告诉15个人。因此,投诉与抱怨管理有助于消除游客的不满情绪,对外树立积极良好的景区形象。

(一)游客投诉的概念内涵

游客投诉是指游客在景区游玩的过程中认为景区有损害其合法权益的行为,为了自身的利益,游客以书面或口头形式向景区有关部门提出不满和指责,并请求处理的行为。从改进景区服务质量的角度思考,景区游客投诉的实质是游客与景区的一种沟通和交流方式。

游客投诉处理服务需要深刻认识游客投诉服务的价值意义,了解游客投诉的原因、投诉时的心理,熟悉受理投诉的步骤,这样才能妥善处理好投诉事件。

(二)游客投诉服务的意义

游客投诉在传统的景区服务管理中往往被忽视,但随着人们对景区服务质量要求的提高,以及景区高质量发展和市场竞争的需要,重视景区游客投诉服务管理对于现代景区高质量发展具有重要价值和意义,主要表现在:

(1)帮助景区改进服务:投诉是游客对景区服务不满意的表现,也是景区改进服务的重要依据。景区可以通过收集和分析游客的投诉,了解游客的需求和期望,发现服务中存在的问题和不足,从而进行改进和完善。通过不断地改进服务,景区可以提高游客的满意度和忠诚度,进而促进景区的发展。

(2)提供景区二次服务的机会:投诉服务是景区提供二次服务的机会。当游客对景区的服务不满意时,景区可以通过及时、有效地处理投诉,为游客解决问题和提供解决方案,让游客感受到景区的诚意和关怀。通过提供二次服务,景区可以挽回游客的信任并提高游客的忠诚度,促进景区的发展。

(3)培养游客忠诚度:投诉服务是景区培养游客忠诚度的重要途径。当游客对景区的服务不满意时,他们可能会感到愤怒、失望或沮丧。如果景区能够及时、有效地处理游客的投诉,并让游客感受到景区的诚意和关怀,那么游客就会对景区产生信任感。这种信任关系是培养游客忠诚度的基础。

综上所述,景区投诉服务对于景区的运营和发展具有重要的意义。通过帮助景区改进服务、提供景区二次服务的机会和培养游客忠诚度,可以让景区保持竞争力和吸引力,实现可持续发展的目标。

(三)游客投诉的原因分析

1. 对景区服务人员的投诉与抱怨

投诉与抱怨产生的主要因素一般是景区服务人员素质不高、服务水平低下、服务观念存在问题,具体如下。

(1)服务态度问题。例如,不回答游客询问或回答时不耐烦、敷衍了事,服务动作粗鲁,反应迟钝,服务语言不当等。

(2)服务技能问题。例如,工作程序混乱,效率低下,寄放物品遗失等。

2. 对景区服务产品的投诉与抱怨

(1)价格。如景区门票太高,特别是景区内重复购票,商品价格或服务项目收费过高,随意宰客。

(2)景区内提供的餐饮质量问题。

(3)最佳观景点被承包经营者占据,拍照得额外付费。

(4)寄存物品、租车、乘船等不方便,结账方式单一。

(5)景区娱乐项目的数量或质量缩水,名不副实。

3. 对景区硬件及环境的投诉与抱怨

(1)卫生设施差,如厕所有异味等。

(2)发生安全事故、意外事故,治安状况太差,游客缺乏安全感。

(3)旅游气氛太差,商贩追客强行兜售商品。

(4)交通混乱,车辆摆放无指定地点。

(四)游客投诉的心理分析

1. 求尊重

游客"求尊重"的心理在整个游览过程都存在。按照马斯洛的需求层次理论,旅游活动至少是在生理需求和安全需求满足以后产生的要求,其他三个层次的需要即社交需要、受尊敬的需要和自我实现需要。因此,在景区服务中尊重游客显得尤为重要。游客感觉自己受到怠慢时就可能会投诉,投诉的目的就是找回尊严。游客在投诉之后,都希望别人认为他(她)的投诉是对的,是有道理的,希望得到同情、尊敬,希望有关人员、有关部门高度重视他们的意见,向他们表示歉意,并采取相应的处理措施。

2. 求平衡

游客在景区内碰到令他们感到烦恼的事情后,感到心理不平衡,觉得窝火,认为自己受到不公正的待遇。因此,他们可能会找到景区有关部门,通过投诉的方式把心里的怨气发泄出来,以求得心理上的平衡。人在遭到心理挫折后有三种主要的心理补救措施:心理补偿、寻求合理解释、宣泄不愉快的心情。

3. 求补偿

在景区服务过程中,由于服务员不当的职务性行为、设施安全或景区未能履行某方面的合同、未兑现承诺等原因,都可能给游客造成物质上的损失或精神上的损害,因此而产生"求补偿"的心理需求。例如,门票内包含的表演项目被取消、游乐设施被关闭、游客发生意外伤害、没有提供应有的景区服务等。游客可能通过投诉的方式来要求给予他们物质上的补偿,这也是一种正常的、普遍的心理现象。

(五)游客投诉的服务处理

1. 基本原则

(1)真心诚意地解决问题。以"换位思考"的方式去理解投诉游客的心情和处境,只有表示诚意,才能赢得游客的信任,有助于问题的解决。

(2)不可与游客争辩。游客一般都是带着情绪去投诉的,所以接待者更要注意言行有礼貌,要给客人申诉或解释的机会,控制住局面,要尊重,切不可与游客发生争辩。

(3)维护景区利益不受损害。要尊重事实,了解清楚情况,既不能推卸责任,也不能不顾事实来贬低其他员工,更不能为了迎合游客,一味退让,没有原则,损害景区利益来满足游客不合理投诉要求。

2.处理的步骤

(1)给游客发泄的机会。接待投诉者要做到两点:一是保持沉默。当游客有情绪时,告诉他要"平静下来",很可能会激怒他,如果试图阻止他表达,也有可能会激怒他。二是让游客意识到投诉接待员正在倾听他的诉求,在此过程中,投诉接待员不要沉默不语要不停地回应并保持与游客的眼神交流。

(2)真诚道歉并进行安慰。并不是只是景区方出了差错时才需要道歉,只要游客在景区内有了不愉快的经历,投诉接待员都要真诚地向游客道歉。道歉可能平息游客心中的怒火,也可以表现出景区对待游客的诚意。在表示道歉时,要注意用语应表达出一种诚意,比如可以说"非常抱歉让您遇到这样的麻烦""这是我们工作的疏漏,十分感谢您提出的批评"等。必须是发自内心的道歉才能让游客接受,这也有利于投诉事件的解决。

(3)收集有关信息。向来投诉的游客表示道歉或同情与采取解决办法不能混为一谈。前者只是为解决问题创造了一个良好的沟通环境,后者才是来投诉的游客真正关心的,因此就需要收集有关的信息。基本方法有以下两种:

一是倾听游客陈述后,用自己的话重复游客所遇到的问题。确认无误后,进行必要的记录。这样做的目的是:一方面能让游客感受到对他(她)的重视,有利于平息游客的不满情绪;另一方面也有利于为解决问题提供依据,并有利于事后存档总结。

二是适当提问。通过提问的方式,收集游客忽略或省略的一些重要信息,使游客投诉的问题更加完整和清晰。在此过程中,投诉接待员要填写"游客投诉处理单"。

(4)处理。核查以上信息的真实性,被投诉者所在部门应该在一定时间内核查情况,并将初步的处理意见书面报送投诉处理部门。给游客以及归档的书面答复的主要内容应包括:被投诉的事由、调查核实的过程、基本事实与依据、责任与处理意见。一般投诉由投诉处理人员直接处理、反馈,并报有关部门备案;重大投诉由景区责任管理者处理并呈报总经理(或景区办公室),处理意见由总经理办公室反馈给投诉者。涉及礼节礼貌方面的投诉,应随时随地进行解决;正式投诉,应在受理后规定的时间内处理完毕并反馈给游客。

第三节 景区解说服务管理

一、景区解说概念内涵

"解说"一词起源于20世纪早期的欧美国家公园,1957年Tilden在《解说我们的遗产》(Interpreting Our Heritage)一书中提出了最早的关于解说的定义。在我国,20世纪90年代末,北京大学吴必虎教授最早在国内发表研究引入"旅游解说"这个概念。也有学者称之为

"环境解说"(environmental interpretation)、"遗产解说"(heritage interpretation)。尽管没有专门提到"景区解说"的概念,但其研究的对象基本上都是景区、目的地,尤其是近些年来学者们越来越关注对景区解说的研究,比如遗产景区解说、生态景区解说等。

综合国内外学者的概念界定,景区解说(tourist attractions interpretation)是运用某种媒体和表达方式,使特定信息传播并达到游客,帮助游客了解景区相关事务的性质和特点,并起到服务和教育的基本作用。

二、景区解说的功能和意义

(一)景区解说的功能

吴忠宏教授认为,"解说是一种信息传递的服务,目的在于告知及取悦游客并阐释现象背后所代表之含义,提供相关的咨询来满足每一个人的需求与好奇,同时又不偏离中心主题,期望能激励游客对所描述的食物产生新的见解与热诚"。还有学者认为,通过解说的独特功能,实现"资源、游客、社区和旅游管理部门之间的相互交流"。旅游景区解说服务的主要功能包括:

1.服务游客功能

景区解说为基本信息和导向服务。景区解说以简单的、多样的方式给游客提供服务方面的信息,使他们有安全、愉悦的感受,提高游客的体验质量。

2.景区教育功能

提醒游客的注意事项,引导游客的正确旅游行为,有利于实施游客文明教育,引导游客保护好景区自然生态环境和历史文化遗迹,提高我国游客的旅游素质。

3.管理景区功能

景区解说实质上也是一种对景区资源、景区员工和游客行为的组织和管理。在解说的引导和帮助下,游客能在旅游区参加适当的管理、建设、再造等活动;解说能够强化游客对景区文化资源等价值的认识,可以保护景区资源,减少游客的破坏行为。

4.创造效益功能

景区通过解说吸引游客延长停留时间,增加游客对导游服务、特色商品、特色项目等的消费,一定程度上能够增加景区的收入。游客的满意度的提升,可以提升景区的口碑,创造更大的综合效益。

不同类型的旅游景区的解说服务功能的重点有所差别。例如,自然类旅游景区的解说服务重点强调旅游资源的保护和资源价值的挖掘;历史人文类景区解说服务的重点在于文化价值的展示和教育功能的发挥;主题公园类景区的解说服务的重点在于吸引游客参与,等等。

(二)景区解说的意义

1. 从景区的视角来看

景区解说服务能够传递景区的个性特色,是一种很好的"隐性"宣传营销手段。

2. 从游客的视角来看

景区解说服务能够帮助游客开展深度游览体验,以区别传统的走马观花式的游览,促进游客对景区的认识。

三、景区解说服务系统的构成

解说系统主要包括3个基本要素:解说受众(主要指接受解说的观众或游客等)、解说媒介(包括提供解说的组织机构、个人,是解说内容得以传播的途径)、解说对象(解说的景点、事物等)。构建旅游解说系统的目的在于帮助旅游目的地实现教育、服务、塑造景区形象、管理与启发等方面的功能(见图5-3)。

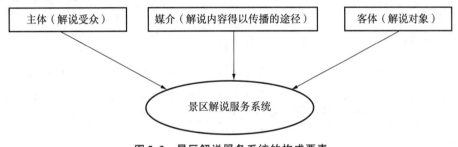

图5-3 景区解说服务系统的构成要素

(一)主体

1. 理解旅游解说受众

旅游解说受众是指旅游消费者,即通过旅游达到了解、体验、享受旅游过程目的的个人或团体,也可以理解为旅游解说信息的使用者,主要指游客。这里的游客包括现实游客和潜在游客。

现实游客是旅游活动的主体,是旅游解说信息的主要接受者和使用者。通过旅游解说系统,游客在整个游览过程中能接触到大量关于景区的旅游信息。游客会下意识地对自己所接触到的旅游信息进行选择、整理、加工,最终将反馈对自己有用的信息。另外,游客也会将客源地的价值观、文化观等带到旅游景区,对旅游景区产生一定的影响,甚至是较大的思想冲击。因此,可以说游客不仅是旅游信息的接收者,也是传播者。

潜在游客因为具有旅游动机,除了受自由支配时间、身体健康状况、经济情况等个人因素的影响外,对旅游景区的陌生感和信息了解不全面也是制约他们将旅游动机转化为现实的重要因素。因此,潜在游客也是旅游景区信息的最初接收者,游客在旅行前收集景区信息的阶段就已经成为旅游解说的受众。

2.理解受众对旅游解说的需求

游客的旅游解说需求与其基本属性和参与旅游活动的动机等密切相关。从游客的基本属性来看,游客对旅游解说系统的需求受年龄、受教育程度、婚姻状况、收入水平、职业、到访景区的次数等方面的影响。

从游客的旅游动机来看,旅游解说需求也存在差异,如以追求自然景色为动机的游客希望得到解说人员生动形象的讲解、为其提供咨询服务,对这类游客就可以提供偏重于人员讲解的解说服务。重在以学习体验为动机的游客,则希望能够看到学者专家的专题演讲,希望感受历史文化熏陶,因此为这类游客规划设计的解说应该注重参与性和知识性。针对特殊群体(行动不便的游客、老年游客、儿童游客、特殊身份和地位的游客、国外游客等),应根据具体的情况,在旅游解说过程中重视这部分游客的特殊需求,以便为他们提供更好的解说服务。

景区在规划设计旅游解说内容、活动时,应综合考虑游客的基本属性、旅游动机、特殊群体的需求等实际情况来进行,尽量做到共性与个性相结合,充分体现人性化的理念,才能取得预期的效果。

(二)客体

客体就是旅游解说对象,是旅游解说受众想了解、体验、享受的物质或精神对象,也就是我们常说的旅游资源,即对游客具有吸引力的自然存在和历史文化遗存,以及直接用于旅游目的的人工创造物。旅游资源是旅游业赖以生存的基础,是开展旅游活动的基础,没有旅游资源,旅游解说就无从谈起。

旅游资源的类型丰富多样,因此旅游解说的形式和内容应该根据不同类型的旅游资源的特征来确定。例如,由于自然旅游资源是客观存在的、实实在在的自然物质实体,受地理位置、季节、时间、生态情况等的影响,还要考虑资源的不可移植性、不可再造性等特性。根据自然旅游解说对象的特征,在设计旅游解说时,要有区分地进行解说安排。而人文旅游资源包括依附于物质实体的精神文化,如庙宇、服饰、壁画等;超脱于物质的人类精神文明,如宗教信仰、民族风俗等。其主要具有精神文化性、可创造性和历史社会性等特性,丰富了旅游活动的内容。因此,针对这类旅游资源的解说又有所不同。

景区解说系统的规划设计者应有针对性地采取旅游解说方式和相应的解说内容形式,要善于从不同的旅游资源类型入手,创造出适合不同景区的、合时宜的、满足不同类型游客需求的解说形式和解说内容。

(三)媒介

旅游解说媒介或解说方式、解说手段是解说内容得以传播的一种途径,是对旅游景区进行最佳阐释的一种工具。近些年来,随着人们文化旅游消费需求的增加,人们逐步意识到解说的重要性,但是仍有一些景区一味地注重开发,而没有认识到解说的重要性。大多开发时间较为短暂的景区,由于发展受限,仍然大量依靠标志牌、导游、游客咨询中心、印刷物等给游客提供自助解说服务。而开发时间相对较久的旅游景区,尤其是在国家或是世界上比较知名的景区,除了依靠传统的解说媒介,还会主动去寻求新的、更为有效的、使游客能得到更好体验的解说服务。在人工智能、智慧旅游等高新技术的加持下,目前一些景区已经在探索、研制并推出人工智能解说,这成为景区解说的新趋势。

四、景区解说服务的内容

根据景区解说服务系统构成,景区解说服务的内容即是景区解说的对象。目前没有专门关于景区解说服务内容的权威界定,根据景区解说的概念内涵,我们可以知道,景区解说的核心是向游客传递富有吸引力的景区信息,这种信息就是解说的内容。一般来说,狭义的景区解说服务的内容,主要是指旅游资源或旅游吸引物的解说服务。

广义上,景区解说服务的内容,指凡是能够吸引游客注意力,使其产生深度旅游体验的景区信息内容,主要包括:景区环境解说、旅游资源(吸引物)解说、景区特色设施设备解说、景区管理解说、景区资源保护解说,以及景区商品解说等。

五、景区解说服务的类型

景区解说系统分为向导式解说服务(personal or attended interpretation service)和自导式解说服务(non-personal or unattended interpretation service)两大类型。随着人工智能技术与景区服务的深度融合以及智慧景区建设的深入推进,人工智能式解说服务(artificial intelligence interpretation service)或者智能式解说,也开始成为景区解说服务的新趋势。

(一)向导式解说服务

向导式解说服务是一种综合性、灵活性较强的景区服务工作,以具有能动性的专门人员向游客进行主动的、动态的信息传导为主要表达方式,具有信息传递的双向互动性。向导式解说服务一般由景区的讲解员完成。游客在景区游览的途中,讲解员既是引路员又是解说员,在车上、船上等危险地段,又是安全维护员(见图5-4)。

图5-4 向导式解说服务

景区向导式解说服务人员的要求如下。

（1）硬件要求。涉外较多的景区应具备相应语种的讲解员，能完成景区涉外语种的讲解任务；普通话标准；获得景区讲解资格或导游资格证书。

（2）个人条件。语言表达能力强，五官端正、身体健康、性格开朗。

（3）知识素养。具有丰富的历史知识、地理知识、文学知识和一定的科学知识，特别要具备与景区讲解有关的专业知识。要解答形形色色的游客的疑问，必须要懂得多、懂得广、懂得深。这样才能寻找到与游客的共同点，进而提高自己的亲和力，使游客能更加开心地度过整个旅途。

（4）个人修养。有较强的事业心和团队精神，敬业、守纪。

（5）业务能力。熟悉导游讲解业务，带团经验丰富，有较强的现场导游能力。

（二）自导式解说服务

一般情况下，旅游解说系统是指自导式解说系统，它是由书面材料、标准公共信息图形符号、语音等无生命设施或设备，向导游提供静态的、被动的信息服务。其形式多样，包括游客中心、标志牌、解说手册、导游图、触摸屏、幻灯片等。

1. 游客中心

游客中心也称为景区游客接待中心，是旅游景区的文化、形象展示的重要窗口，集为游客提供旅游信息咨询服务、展示销售旅游产品、方便游客集散等功能于一体。它通常分为现实游客中心和虚拟游客中心（网络游客中心），二者共同产生作用，为游客提供便捷的旅游信息咨询，也为景区的形象宣传起着推动的作用（见图5-5）。

图5-5 景区游客中心

2. 标志牌

标志牌具有解说、装饰、标志的作用。一方面，它向游客传递旅游服务信息，使旅游景区的服务、教育、使用功能得到充分的发挥;另一方面,标志牌的解说便于游客获取景区的相关信息。

(1) 全景标志牌。全景图是旅游区整体形象在游客面前的第一次展现,能让游客对景区有一个整体的认识和了解,因而也是策划、设计的重点。全景图表示全园的总体结构和各景点、道路以及服务设施,如餐厅、厕所、服务中心等的分布,有平面图、鸟瞰图、简介文字等表现形式,一般设置在景区的大门口。相对于平面图来说,鸟瞰图能够更加直接形象地把景区的整体轮廓呈现在游客面前。对于全景标志牌,建议使用沙盘技术,配以必要的讲解说明(见图5-6)。

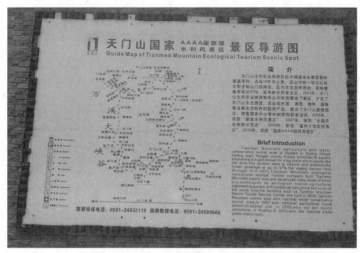

图 5-6　景区全景标志牌

(2) 景点标志牌。这类标志牌用以说明单个景点的名称、性质、历史、内涵等信息,可以体现解说系统的教育功能,对游客有较强的吸引力,游客愿意花较多时间阅读这类景点标志牌(见图5-7和图5-8)。

图 5-7　景区景点标志牌

图 5-8　景区指路标志牌

（3）指路标志牌。这类标志牌在游道节点，向游客清晰、直接地指示方向、前方目标、距离等要素，有时可以包含一个或多个目标地的信息。

（4）警示标志牌。即告知游客各种安全注意事项和禁止游客各种不良行为的牌示。此种牌示多用红色，如"小心悬崖""请勿踩踏"等。

（5）服务标志牌。这类标志牌主要是指相关服务功能设施的引导牌示，包括厕所、餐厅、冷饮、小卖部、照相、游船以及商务中心等牌示。

需要注意的是，标志牌的特点要鲜明，设计要崇尚自然、个性与人文关怀的精神，要与普通的标准化的城市解说标志牌相区别。另外，还需要注意的是，标志牌设立之后，应经常检查，及时解决字体脱落、掉色等问题。如果疏于管理，即便是一个字的脱落，游客也会感觉"景色不错，可惜这里的管理不行"。

3. 旅游网站展示

旅游网站主要展示景区景点的特色、旅游信息、风景风光图片、风景片、景区新闻、旅游线路、旅游论坛等，向游客介绍旅游景区的基本情况，使游客提前领略到旅游景区的美景、历史文化内涵，吸引游客前来参观游览（见图5-9）。

图 5-9　上海迪士尼度假区主页

4. 音像制品解说

音像制品解说基于影像制品,集图片、文字、声音、影像于一体的,可以生动、形象地传递景区各类产品的信息,使游客产生身临其境的感觉,增添游客参与旅游解说的乐趣,是宣传景区旅游形象、传播景区文化的重要方式。

可以采取的方式主要有两种:一是通过影像展示,在景区可以设置多媒体放映厅、滚动液晶电子显示屏、幻灯片、电视机等(见图5-10);二是通过背景音乐、语音提示、电子语音导览等声音展示,景区较多采用的是广播、背景音乐及电子语音导览器。

5. 印刷物品解说

景区印刷物品主要包括景区宣传折页、景区导览图、旅游指南、旅游风光画册、旅游景区名人传记等。它的印制内容涵盖了景区的食、厕、住、行、游、购、娱等方面。它的主要功能在于向游客传递旅游景区的各方面信息,使游客对景区的发展概况、管理状况、生态环境等了解得更加深刻,充分满足游客的精神需求,提升游客的游览体验质量,还有利于景区管理者做出决策,提高旅游景区的管理、服务水平(见图5-11)。

图 5-10　景区液晶电子显示屏

图 5-11　景区宣传手册

(三)智能式解说服务系统

2014年1月31日,张家界市核心景区武陵源风景名胜区为游客配置了"安导通",万仙山景区则推出"游览景区手机客户端自动讲解"。随着智慧景区的建设,智能式解说服务也备受推崇。

景区智能式解说,是通过应用智能技术途径,为游客提供景区信息和服务的活动,目的是弥补自导式解说的单向沟通和即时双向互动交流以及向导式解说服务范围有限的弊端,更好提升游客景区体验。

本书以张家界武陵源景区的"安导通"为例,归纳出一般的智能式解说服务系统的流程和内容(见图5-12)。

图 5-12 景区智能解说

图 5-13 景区微信扫码解说

1. 扫微信，听解说

景区布置语音智能讲解系统和 Wi-Fi，再通过微信"扫一扫"功能就能听景区语音讲解，语音导游讲解的自然度和流畅度均能达到真人讲解的效果。游客能根据个人游览节奏自由选择景点，有效获取自己感兴趣的景点信息，并且可以反复听取讲解。如虎丘景区憨憨泉景点的语音解说（见图 5-13）。

2. 采用录音方式听解说

这是将景区的全景解说、景点解说和景观解说采用数码录音的方式，存放到一个存储量较大的解说器上，形式就像以前市场上的 MP4 一样。旅游景区要将与景区相关的所有解说词以不同的语种全部存储到解说器上，并分割成不同的文件，即将每个景观的解说词分别归入景点文件，并使景点名显示在显示屏上面。

3. 感应式电子导游器

采用这种方式,当游客携带解说器到达某一景点时,解说器会与之产生感应,就会启动信号,然后自动解说。比如,基于AVR单机片的人体接近智能电子解说器就属于其中之一。

4. 手控式电子导游器

手控式电子导游器,是为大多数零散游客创制的一种辅助导游手段。它可以让游客按照设定的经典路线,选择景点或展位的讲解,使其得到每个展位、景点的完整信息。

5. 无线接收

这种媒介是由很多台无线调频发射机和游客接收机构成,它是在景区的各个景点分别放置调频发射机,当发射机开始工作后,游客可在景点周围收听到适合自己的导游词,它的功能和收音机相似。

6. 手机接收

由管理机构划出一个手机号段给景区,游客到达景区,传一个信息给信息平台后,手机将变成一个自动讲解器。这种解说方式圆满地解决了讲解器问题,灵活性较强,非常适合自助游客,适合在各个景区推广采用。

景区智能解说服务是智慧景区建设的一部分,也是未来景区解说服务发展的方向。

六、我国旅游景区解说服务管理的重点

国外在旅游解说方面的研究起步较早,目前已经深入到微观领域,如对标志牌的设计、材料、颜色、解说牌大小、设置高度,甚至文字的大小、字体等的研究相对成熟。相比之下,我国国内对解说系统的研究尚处于起步阶段,景区的解说系统也基本处于模仿阶段,还有很多景区的解说服务意识淡薄、解说系统不规范、不完整。具体来说,目前我国景区在解说服务管理方面的重点主要包括以下几个方面。

1. 制度管理

从制度上将景区解说服务管理纳入景区质量管理体系中。要更加重视景区解说服务,要制定相关制度来保障其规划建设。

2. 研究管理

推进我国景区解说服务的研究,研究学习国外同类型旅游景区成熟的解说服务经验及其与景区服务、可持续发展的关系。

3. 创新管理

一方面要深化景区自然和文化资源内涵的挖掘、开发,另一方面,要不断创新景区解说技术,充分应用解说系统挖掘和传播景区资源价值及品牌。结合我国景区解说创新不足的现状,引导学生认识和思考技术创新在解说和管理中的作用,鼓励学生创新探索。

4. 建设管理

一方面，加大对景区讲解设施的建设投入，用全域旅游标识串联景区景点，打造景区讲解体系；另一方面，要培养高素质的景区解说员。

第四节 景区服务质量评价与改善对策

一、景区服务质量评价

景区质量是旅游景区的生命，是影响旅游景区形象和效益的关键因素，旅游景区管理必须认识到质量的重要意义。景区质量评价指对景区产品满足游客需求程度进行的判断、分析后的结论。景区质量评价的方法多样，鉴于旅游产品主要是服务产品，景区质量又可称为景区服务质量，因此景区质量评价可借鉴服务质量评价和顾客满意度评价方法。

（一）景区服务质量评价

景区服务质量评价可使用 Parasuraman、Zeithaml 和 Berry 开发的"期望—感知"评估框架，即 SERVQUAL 模型。SERVQUAL 模型评估服务质量的步骤如下。

第一步是划分服务质量维度，设计调查问卷。

SERVQUAL 模型包括有形性、可靠性、保证性、响应性和移情性五个维度共22个题项指标，形成 SERVQUAL 模型量表，由此设计形成标准问卷。该问卷分两套：一是衡量顾客对服务质量的期望，二是衡量顾客对服务质量的感知。

第二步是进行问卷调查，由顾客对服务质量量表评分。

将两套包含五个维度共22个题项的问卷，前后分别向相同的顾客群进行问卷调查。第一套是在顾客消费前调查顾客对服务质量的期望，第二套是在顾客消费后调查顾客对服务质量的感知。

第三步是计算服务质量的分值。

服务质量的得分是通过统计问卷中顾客期望与顾客感知之差得到的。可以计算感知服务质量评分值（假设各维度同等重要）：

$$SQ = \sum_{i=1}^{22}(P_i - E_i) \qquad (5\text{-}1)$$

式中：SQ 是感知的服务质量评分值；P_i 为第 i 个因素的顾客感知评分；E_i 为第 i 个因素的顾客期望评分；i 是问卷题项，取值范围为1到22。

根据式(5-1)得到加权计算公式：

$$SQ = \sum_{j=1}^{5} w_j \sum_{i=1}^{22}(P_i - E_i) \qquad (5\text{-}2)$$

各维度的权重之和为1,即$\sum_{j=1}^{5} w_j = 1$。

式中:SQ是服务质量总评分值;P是感知评分;E是期望评分;i是问卷题项,取值范围为1到22;w_j为第j个维度的权重,的j取值范围为1到5。

这样得到了对调研对象服务质量的评分。如果向多个顾客进行问卷调查,则可计算平均值,得到最终服务质量评分。

(二)旅游景区游客满意度评价

满意也称满意感,是指一个人对一项产品和服务可感知的效果与其期望值相比较所形成的感觉状态,满意度是衡量这种感觉状态的值。游客满意感指游客对整个旅游服务经历的总体感觉状态,即游客在经历了整个旅游服务过程之后的心理感受。

游客满意度可以用函数式表示为:

$$S = f(E, P) \tag{5-3}$$

式中:S表示游客满意度;E表示游客对旅游产品的期望;P表示感知的旅游产品价值。当$E=P$时,游客感到满意;当$E<P$时,游客感到非常满意;当$E>P$时,游客感到不满意。

二、我国景区服务管理改善对策

"一流的资源,二流的管理,三流的服务"是国内外游客对我国主要旅游景区的总体评价,"三流的服务"主要是指游客对景区内的主要服务过程不满意,也即景区服务管理水平低下,这成为我国现代旅游景区经营管理的"短板"。

目前,改善或提升的对策主要有以下四个方面。

(一)识别游客需求,建立景区质量管理体系

旅游景区是旅游六要素中核心需求"游"的主要承担者和满足者,这一特点在凸显景区产品在旅游业中重要地位的同时,也给景区管理者提出了更高的要求。由于游客个体特征(性别、文化、年龄等)的差异,其需求特征也是复杂和多变的。只有识别了游客的需求类型(包括现实需求和潜在需求),才能做好景区服务管理工作。

1. 游客需求的识别

(1)识别游客需求的过程。

①市场调研;②分析竞争对手;③调查游客满意度;④研究游客的需求和期望;⑤就某一服务活动调查游客的反应。

(2)以上过程应确定的内容。

①游客对景区产品或服务的完整性要求;②虽然游客没有要求,但产品或服务必须满足的适用性要求;③与产品或服务有关的可用性、交付和支持性方面的要求。

(3)一般的实施过程。

① 景区市场部负责市场调研,分析竞争对手,收集游客需求,调查游客满意度并进行分

析、整理和评审,形成、修改服务需求的文件。

②景区其他各部门根据各自的工作特性和工作对象,采取灵活的方式就某一活动调查游客的反应,研究游客的需求和期望。

③景区决策部门根据游客需求分析相关信息,制定或调整景区的质量方针、质量目标,开发需求和机会,确立、调整服务过程,并进行与服务质量相关的其他决策。

2. 建立景区质量管理体系,进而提高景区服务管理水平

游客需求的识别是服务管理的基础工作,还要依靠质量管理体系来执行和实现,换言之,景区质量管理体系围绕的中心应该是游客需求。建立景区质量管理体系是一个系统工程,其覆盖的范围包括:景区服务、景区环境和与景区质量有关的内部管理活动。常见的质量管理体系主要包括四方面的内容:管理职责、资源管理、服务实现以及检查、分析与改进。为景区质量体系建立编制的文件包括:质量手册、程序文件和作业指导书。

景区服务管理是景区质量管理体系的组成部分,其好坏是用旅游服务质量(service quality in tourism)来体现的。旅游服务质量是指旅游服务活动所能达到规定效果和满足游客需求的能力和态度。其具体构件包括:服务观念、服务技术、服务态度、服务设施、服务项目、服务价格。它是物质上的客观性和管理上的主观能动性的有机结合。

在我国,很多旅游景区采取"导入式"方法建立包括服务质量在内的质量管理体系,即借助 ISO 9000(质量管理体系)、ISO 14000(环境管理体系)、《旅游景区质量等级管理办法》等来建立质量管理体系。无论采取何种方式建立质量管理体系,景区的质量管理的原则都应该包括以下几个方面:

(1) 以游客为中心,以服务为主线;

(2) 领导重视,全员参与;

(3) 质量管理标准化,服务提供个性化;

(4) 体系可操作,发展可持续;

(5) 预防为主,持续改进;

(6) 利益最大化(包括生态利益、社会利益和经济利益),成本最小化;

(7) 没有最好,只求更好;

(8) 注重韧性培养,确保良好服务的连续性、一贯性。

以上质量管理原则应该融入景区日常管理过程中。在此过程中,游客需求是起点,景区服务实现是终点,测量、分析改进是关键点,整个体系应该是一个闭环管理过程。

(二) 完善景区公共服务产品体系

无论满足哪种需求心理,都要有良好的旅游情绪作为基础。平常出现的"发生某某事情,游客旅游情绪大受影响,游兴也没了"阐述的就是二者之间的依存关系。游客保持良好的情绪是获得完美旅游体验的基础,旅游景区能够做的就是提供完善的景区内的公共服务产品体系。从经济学的角度来看,公共服务就是公共产品。政府的公共产品是指政府通过税收的方式筹集资金,向公众提供公共品,是为了减小贫富差距、保障社会公平。景区的公

共服务有别于政府公共产品,它是游客付费或免费获得的、由景区提供给所有进入景区的游客享用的一种服务。这些服务虽然不是景区旅游产品的核心组成部分,但确实是影响或强化游客景区体验的要素之一,也是反映景区管理水平高低的指标。因此,很多地方将改善景区内的细微管理作为提升景区管理水平的手段。一般情况下,旅游景区内的公共服务主要包括以下几个方面:

(1) 泊车服务(引导、车位管理、行人指引,免费或合理收费);

(2) 免费景区地图(一般在景区入口处提供);

(3) 景区内的交通服务(电瓶车或其他无污染的交通服务,免费或合理收费);

(4) 公共厕所服务(布局、数量合理,符合相关卫生标准,一般为免费服务);

(5) 游程中布局合理的免费休息服务(包括干净舒适的座椅、免费饮用水等);

(6) 安全服务(消防、防盗、救护等,并应建立紧急救援体系);

(7) 其他(富有特色或额外的免费服务,例如,景区内提供残疾人或儿童的推车、免费使用的雨伞或遮阳伞等)。

(三) 以系统管理制度为基础,提供细微化景区服务

"细节决定成败"在旅游景区经营管理过程中同样适用。因为旅游景区说到底提供的是一种基于旅游资源的特色服务,这种服务能否被游客接纳,服务过程中的细节是影响游客体验的重要因素。在我国,注重细节的精细化管理将成为景区管理的趋势之一,也是未来景区竞争的手段之一。

细微化服务是对传统服务理念和服务意识的扩展和深化,也是一个新的服务理念。细微化服务的"风向标",也是其两大基本特征:一是注意细节。细节的好坏是景区服务管理水平高低的游客体验的来源点,但细枝末节往往被人忽视,也往往容易出纰漏,进而使服务质量打折扣。例如,擦拭干净的座椅、干净无异味的洗手间、安全放心的直饮水服务等。二是以人性化管理和人性化服务为基础。人性化的管理体现的是切实可行的、以游客需求为出发点的管理制度,表现为景区质量手册、程序文件、作业指导书和质量记录表等管理文件。人性化的服务是景区细微化服务的最终表现,需要全体景区员工用心提供服务。

(四) 引进相关专业人才,以培训手段激活沉淀

我国传统旅游景区从业人员的来源较复杂、学历较低已经是不争事实,也是服务管理水平较低的原因之一。据对部分旅游景区的调查,复转军人、事业单位分流人员、各种背景的"关系户"是景区员工的构成主体,且大多是大专以下学历,而文物、旅游、环境、管理、规划等与景区管理相关专业的人才所占比重很小。具有资源垄断性质的景区竞争压力小、薪酬收入高且稳定、工作自由轻松,使得进入这类景区工作的门槛被人为地抬高,有专业能力而无关系的人很难进入传统旅游景区工作。相关专业人才的缺失和不被重视,阻碍了旅游景区服务管理水平的提高。可喜的是,我国《旅游区(点)质量等级的划分与评定》已经将导游和管理人员的持证上岗及学历要求列入评分范围,上岗人员培训合格率均要求达到100%。一

些旅游景区(尤其是主题公园)已经全面引入相关专业人才。

目前,我国的旅游景区只是要求导游(讲解员)持证上岗,其他人员只有学历和培训的要求,下一步的发展方向应该是景区各岗位都要求持证上岗,并且培训内容和方法与国际接轨,避免培训工作流于形式,努力激活景区内"出工不出力"的休眠和沉淀员工,让每一个景区员工都成为创造价值的主体。

 本章小结

旅游景区的服务管理是我国旅游景区经营管理的"短板"所在,当然也是未来我国旅游景区需要重点改进的方面之一。本章首先重点介绍和阐述了旅游景区服务管理,包括景区服务的概念、意义、要求和重点;其次,介绍了景区接待服务管理,重点包括票务服务、入门接待服务和投诉服务;再次,介绍了景区解说服务管理,重点包括概念内涵、功能意义、内容和类型,特别归纳了智能式解说服务的内容,且总结了解说服务管理的重点;最后,归纳总结了景区服务质量评价方法以及景区服务管理的改善对策,旨在为提升我国现代景区服务管理水平提供专业知识参考。

【核心关键词】

景区服务;景区接待服务;景区游客投诉服务;景区解说服务;景区服务质量评价;景区服务质量改善对策。

 思考与练习

1. 现代景区服务的主要内容包括哪些?
2. 现代景区接待服务中,入口导入服务的队形有哪几种?各自的优缺点有哪些?
3. 如何正确认识景区游客投诉的价值和意义?
4. 如何理解景区解说的功能和意义?
5. 景区向导式解说与自导式解说的区别在哪里?
6. 如何理解智能式解说服务系统?
7. 现代景区解说服务管理的重点有哪些?
8. 现代景区服务管理的改善对策有哪些?

【拓展学习】

江西省人民政府《江西省文化和旅游厅公布2023年全省旅游投诉纠纷典型案例》,https://www.jiangxi.gov.cn/art/2023/11/14/art_5296_4679714.html。

【PBL讨论】

以小组为单位,根据本小组追踪的景区管理案例,查阅该景区智能式解说服务管理现状,并讨论其对现代景区高质量发展的作用和意义。

第六章

景区容量管理

引言

景区容量管理直接影响游客在景区体验,进而决定了游客对景区的重复购买和消费。新时代景区管理中,面对游客体验质量需求的提升,景区管理者应重视景区容量管理,并通过应用容量管理的理论、方法提升景区服务质量,促进景区高质量发展。本章重点介绍景区容量的概念、类型、影响,景区容量的核定与控制,景区饱和与超载,以及景区容量管理的敦煌经验和管理对策。

重点和难点

重点:景区容量的概念内涵;景区容量的主要类型;景区不合理容量的消极影响;景区游客流量的时空特征;景区饱和与超载的内涵和类型。

难点:景区容量的影响因素;景区容量的核定与控制;景区饱和与超载管理的方法与对策;景区容量管理的敦煌模式。

知识导图

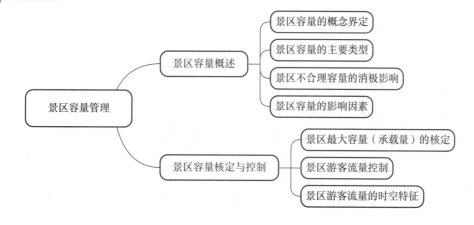

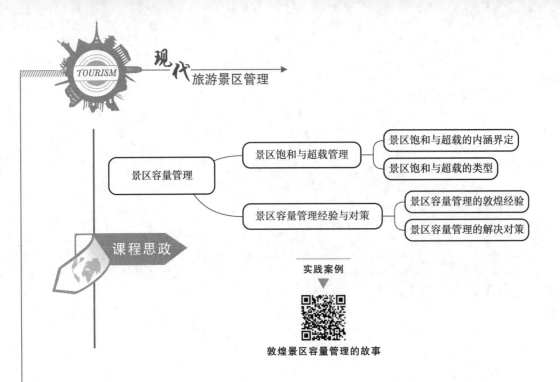

第一节　景区容量概述

一、景区容量的概念界定

（一）旅游（环境）容量的概念发展

旅游业的发展以整个国民经济发展水平为基础并受其制约，同时又直接或间接地促进国民经济有关部门的发展。随着社会的发展，旅游业日益显示出它在国民经济中的重要地位，因此也成为目前世界上最大的产业。然而，从20世纪60年开始，旅游业的发展给旅游目的地的社会经济、政治、文化、道德等方面带来了消极影响，"无污染朝阳产业"的提法受到越来越多人的质疑。消极影响具体表现在环境污染、资源退化、道德水平下降、社区关系紧张等方面。以此为背景，国外的学者开始研究旅游者规模与旅游目的地发展之间的关系问题，从而开启了景区容量管理的研究，景区容量的概念源自环境容量的研究。

最早关注该问题的学者主要来自环境学领域。环境容量（environmental carrying capacity）的概念首先在日本诞生，即某一区域环境可容纳某种污染物的阈值，存在阈值的基本原因是环境（特指自然生态环境）具有一定的消纳污染的能力。1963年，拉佩芝首次提出旅游环境容量（又称旅游容量或旅游环境承载力），但未进行深入研究。进入20世纪70年代以后，生态学家与环境学家开始意识到旅游环境容量的重要性。1971年，环境学家Lime和Stamkey对这一问题进行了进一步的讨论，旅游环境容量的概念被重提并引起人们的关注。联合国世界旅游组织（UNWTO）在其1978—1979年度报告中正式提出了旅游承载容量的概念，开始有了讨论旅游容量与旅游报告的内容或专门的研究报告。

我国对旅游环境容量的研究晚于欧美国家，但随着我国旅游业的迅猛发展，旅游环境容量的问题日益突出，对旅游环境容量的研究更加迫切和重要。1983年，赵红红首次提出了旅游容量问题。1989年，楚义芳对旅游容量进行了系统分析，并给出了测量公式。1995年，崔凤军提出了"旅游环境容量"的概念。进入2000年,旅游环境容量成为旅游界的热点问题。不少学者对旅游环境容量进行了实证分析,使旅游环境容量成为一个具有实用性和普及性的理论。2013年,《中华人民共和国旅游法》颁布,其中第四十五条规定:"景区接待旅游者不得超过景区主管部门核定的最大承载量。景区应当公布景区主管部门核定的最大承载量。制定和实施旅游者流量控制方案,并可以采取门票预约等方式,对景区接待旅游者的数量进行控制。旅游者数量可能达到最大承载量时,景区应当提前公告并同时向当地人民政府报告,景区和当地人民政府应当及时采取疏导、分流等措施。"环境容量从此在国内有了法律支撑。

(二)景区容量的内涵界定

旅游环境容量是一个建立在旅游环境系统的基础之上,涉及自然环境、社会、经济等多个方面的综合性概念。其大小与旅游地规模、旅游资源质量和数量、自然条件、基础服务设施、人口构成、传统观念、活动类型等因素密切关联。

崔凤军指出,旅游环境容量是指在某一旅游地环境(指旅游环境系统)的现存状态和结构组合不发生对当代人(包括旅游者和当地居民)及未来人有害变化(如环境美学价值的损减、生态系统的破坏、环境污染、舒适度减弱等)的前提下,在一定时期内旅游地(或景点、景区)所能承受的旅游者人数。

依据这些认识,我们认为,旅游景区环境容量简称景区容量,是指在可持续发展的前提下,旅游景区在某一时间段内,其自然环境、人工环境和社会经济环境所能承受的旅游及其相关活动在规模和强度上极限值。一般包括景区空间容量、生态环境容量、社会经济容量和旅游心理容量等。

关于旅游环境容量,在景区行业管理中,通常使用"旅游承载量"来替代,但两者内涵是相同的。

旅游景区具有地域性和季节性等特征,开发时间、开发者的行为、设施的设计方式等行为又会对旅游景区产生不同程度的影响,而且环境本身具有动态的特点。因此,在旅游景区的开发建设过程中,应该对旅游景区的建设、旅游者的活动等进行综合考虑。鉴于环境容量的综合性和动态性特征,有些学者认为,计算一个旅游景区的准确容量有失科学性,转而提出应当研究生态旅游景区可接受的环境变化范围究竟有多大。这种观点认为,开展旅游所产生的负面影响只要在可接受的范围之内都是可行的。但就目前的研究而言,对旅游景区环境容量的计算仍不失为一种操作性较强的、定量的旅游景区环境管理方法。

二、景区容量的主要类型

(一)依据行业标准划分的景区容量类型

目前对于旅游景区环境容量的构成研究略有差异,《景区最大承载量核定导则》(LB/T 034—2014)用"承载量"来替代"容量",两者某种程度上内涵一致,只是表述不同而已。具体来看,旅游景区容量被分为空间容量、设施容量、生态容量、心理容量、社会容量五种类型。

1. 空间容量(承载量)

空间容量是指在一定时间条件下,旅游资源依存的游憩用地、游览空间等有效物理环境空间能够容纳的最大旅游者数量。

2. 设施容量(承载量)

设施容量是指在一定时间条件下,景区内各项旅游服务设施在正常工作状态下,能够服务的最大旅游者数量。

3. 生态容量(承载量)

生态容量是指在一定时间条件下,景区在生态环境不恶化的前提下能够容纳的最大旅游者数量,具体包括环境空气、地表水体、地下水体、自然植被、生态系统抗干扰稳定性等自然环境。这些自然环境本身具有一定的纳污能力,如大气、土壤、水等都有自净功能,即自我维持功能。其自净强度决定了其承受污染的能力,没有一个生物物理系统经受得起毫无限制的开发利用。因此,要在对生态系统脆弱性评估的基础上,设定一个明确的开发使用界限。自然环境的容量水平取决于环境的面积、复杂性等,相对而言,这一容量较易测定,故在旅游管理的实践中被广泛利用。

4. 心理容量(承载量)

心理容量是指在一定时间条件下,旅游者在进行旅游活动时无不良心理感受的前提下,景区能够容纳的最大旅游者数量。

5. 社会容量(承载量)

社会容量是指在一定时间条件下,景区周边公共设施能够同时满足旅游者和当地居民需要,旅游活动对旅游地人文环境的冲击在可接受范围内的前提下,景区能够容纳的最大旅游者数量。

(二)依据时间差异划分的景区容量类型

按照旅游景区容量的时间差异,旅游景区容量则包括瞬时容量、日容量和最大容量三种类型。

1. 瞬时容量(承载量)

瞬时容量是指在某一时间点,在保障景区内每个景点旅游者人身安全和旅游资源环境安全的前提下,景区能够容纳的最大旅游者数量。瞬时容量在旅游容量管理中是具有重要作用的容量指标。

2. 日容量(承载量)

日容量是指在景区的日开放时间内,在保障景区内每个景点旅游者人身安全和旅游资源环境安全的前提下,景区能够容纳的最大旅游者数量。

3. 最大容量(承载量)

最大容量是指在一定时间条件下,在保障景区内每个景点旅游者人身安全和旅游资源环境安全的前提下,景区能够容纳的最大旅游者数量。

三、景区不合理容量的消极影响

景区在发展过程中,如果没有进行及时有效的容量管理,导致旅游景区容量出现饱和或超载状态,这种状态无论长期还是短期存在,都会对景区的发展产生一系列消极影响,主要表现在以下方面。

1. 压缩旅游空间范围,影响旅游体验

旅游饱和与超载必然会压缩旅游者在景区的游览空间范围,景区人多带来的拥挤、嘈杂、混乱等会让旅游者感觉烦躁不安,最终使得旅游者的旅游质量大打折扣,影响旅游者景区旅游体验。例如,根据景区监测,西湖景区在假日期间的单日接待量虽很少达到79.75万人次的最大承载量,但"断桥变人桥"的画面已经成为一种假日常态。在北山路断桥出入口旅游者摩肩接踵,每当有旅游者驻足拍照时,行进的队伍便会发生间歇性拥堵,这些都严重影响了旅游者的旅游体验。

2. 超越旅游设施负荷,形成安全隐患

一般情况下,短期的饱和与超载不会对设施造成严重的损害,而持续较长时间的旅游超载带来的是设施的超负荷运行,旅游者安全将会因此受到威胁。例如,长时期的饱和与超载,使我国一些山岳型景区的护栏和索道成为最大的安全隐患。

3. 危及旅游资源安全,破坏景区生态

旅游饱和与超载必然会给旅游资源造成严重的损害,尤其是对自然类旅游资源以及遗址、遗迹类旅游资源的破坏是不可逆的。景区的不文明行为会危及旅游资源的安全。例如,大量游客的涌入使部分古建筑的表面或地砖严重磨损甚至毁坏。

旅游饱和与超载还会造成生态的不平衡,引发一系列的生态问题,造成景区所在区域水体、植被、土壤等各方面的破坏,同时也会对当地居民的正常生活造成不便,引起社会问题。以水污染为例,我国的一些旅游景区,由于没有正确处理旅游景区内的生活污水和生活垃圾,造成景区所在区域水体大面积污染而且很难恢复。例如,桂林漓江的水体污染现象日趋严重,水已显浑浊;新开辟的"网红"景区,由于游客饱和或超载也出现一定程度的环境污染问题。

四、景区容量的影响因素

1. 旅游景区的绝对空间规模

绝对空间面积与旅游景区容量成正比,对经常超载的旅游景区,可扩大其空间面积。

2. 旅游景区的相对空间规模

旅游地景区的相对空间规模即可供游览的空间,旅游景区内并非所有地方都能供游人游览,如悬崖、峭壁、深谷等。因此,相对空间面积的大小更能决定旅游景区容量的大小。我们可通过合理布局景点、扩大景点规模及合理安排游线等方法来增加景区的相对空间面积。

3. 旅游景区的功能空间规模

不同的景区会承担不同的功能,例如以观光为主的景区基本空间的标准高,但是实际旅游景区容量小,容易让游客没有参与感,也容易受到线路的制约;而以娱乐为主的景区基本空间标准低,实际旅游景区容量大。我们可通过增加娱乐空间的建筑规模来达到增加旅游景区容量的目的。

4. 旅游景区基础设施和专门设施的规模

任何一种旅游设施的容量过小都会成为旅游景区发展的"瓶颈",会使整个旅游景区的容量变小。

第二节 景区容量核定与控制

一、景区最大容量(承载量)的核定

(一)核定原则

(1)景区应结合国家、地方和行业已颁布的相关法规、政策、标准,采用定量与定性、理论与经验相结合的方法核定最大容量(承载量)。

(2)景区应测算出空间容量(承载量)和设施容量(承载量),并根据实际情况确定景区最大容量(承载量)的基本值;在此基础上,以生态容量(承载量)、心理容量(承载量)、社会容量(承载量)等方面的指标或经验值作为参考。

(二)核定方法

1. 瞬时容量

(1)景区瞬时容量是指瞬时空间承载量,瞬时空间容量 C_1 为:

$$C_1 = \sum X_i / Y_i \tag{6-1}$$

式中:X_i 是第 i 个景点的有效可游览面积;Y_i 是第 i 个景点的旅游者单位游览面积,即基本空间承载标准。

(2)当景区设施容量是景区容量瓶颈时,或景区以设施服务为主要功能时,其瞬时容量取决于瞬时设施容量,瞬时设施容量 D_1 为:

$$D_1 = \sum D_j \tag{6-2}$$

式中:D_j 是第 j 个设施的单次运行最大载客量,可以用座位数来衡量。

2. 日容量

(1) 景区日容量是指日空间承载量,日空间容量 C_2 为:

$$C_2 = \frac{\sum X_i}{Y_i} \times \text{Int}\left(\frac{T}{t}\right) = C_1 \times Z \tag{6-3}$$

式中:T 是景区每天的有效开放时间;t 是每位旅游者在景区的平均游览时间;Z 是整个景区的日平均周转率,即 $\text{Int}(\frac{T}{t})$ 为 T/t 的整数部分值。

(2) 当景区设施容量是景区容量瓶颈时,或景区以设施服务为主要功能时,其日容量取决于日设施容量,日设施容量 D_2 为:

$$D_2 = \frac{1}{a} \sum D_j \times M_j \tag{6-4}$$

式中:D_j 是第 j 个设施单次运行最大载客量;M_j 是第 j 个设施日最大运行次数;a 是根据景区调研和实际运营情况得出的人均使用设施的个数。

通过系数 a 去掉单一旅游者使用多个设施而被重复计算的次数。

(3) 当旅游者在景区有效开放时间内相对匀速进出,且旅游者平均游览时间是一个相对稳定值时,日最大容量 C 为:

$$C = \frac{r}{t} \times (t_2 - t_0) = \frac{r}{t_1 - t_0} \times (t_1 - t_0) \tag{6-5}$$

式中:r 是景区高峰时刻旅游者人数;t 是每位旅游者在景区的平均游览时间;t_0 是景区开门时刻(即景区开始售票时刻);t_1 是景区高峰时刻;t_2 是景区停止售票时刻。

(三) 核定步骤

1. 资料采集

资料采集应收集整理景区空间容量、设施容量、生态容量、心理容量、社会容量等方面的相关资料,包括但不限于:景区面积;有效游览面积;年均客流量;停车场停车位数;景区周围缓冲区承载量;绿化面积标准;噪声管理标准;垃圾最大处理量。

2. 指标选取

指标选取应根据景区所属类型与特殊性,结合景区敏感目标,按照空间容量、设施容量、生态容量、心理容量、社会容量五方面指标将数据进行归类,得出景区的基本空间容量标准。不同类型景区的基本空间容量标准如表6-1所示。

表 6-1　各类旅游景区基本空间容量标准

景区类型	举例	空间类型	核心景区	游步道
文物古迹类	八达岭长城	人均空间承载指标	1~1.1 ㎡/人	—
文物古迹类	故宫博物院	人均空间承载指标	0.8~3 ㎡/人	—
文物古迹类	龙门石窟、敦煌莫高窟	人均空间承载指标	0.5~1 ㎡/人(洞窟等卡口)	2~5 ㎡/人
文化遗址类	秦始皇兵马俑博物馆	人均空间承载指标	2.5~10 ㎡/人	1~3 ㎡/人
古建筑类	黄鹤楼、永定土楼	人均空间承载指标	1~3 ㎡/人	>2.5 ㎡/人
古街区类	周村古商城	人均空间承载指标	核心景区 2~5 ㎡/人 其他区域 1~2 ㎡/人 保护建筑 0~30 人/栋	2~5 ㎡/人
古典园林类	颐和园	人均空间承载指标	0.8~2 ㎡/人	>60 ㎡/人
山岳类	吉林长白山景区	人均空间承载指标	1~1.5 ㎡/人	0.5~1 ㎡/人
主题公园类	中华恐龙园	人均空间承载指标	0.5~1 ㎡/人	0.5~1 ㎡/人

3. 测算核定

测算核定应将空间容量指标和设施容量指标代入适合的公式进行测算,确定基本值,再根据生态容量、心理容量、社会容量等指标进行校核。

二、景区游客流量控制

旅游景区应充分考虑空间容量(承载量)、设施容量(承载量)、生态容量(承载量)、心理容量(承载量)、社会容量(承载量)等多种因素,建立游客流量控制联动系统,通过实时监测、疏导分流、预警上报、特殊预案等对景区游客流量进行控制。

(一)景区最大容量(承载量)提升方向

1. 空间容量(承载量)和设施容量(承载量)

(1) 合理分配游憩用地、旅游接待服务设施用地和旅游管理用地等。

(2) 将游客人均占路长度、人均占地面积等控制在合理范围内,并基于人文旅游资源或自然旅游资源不同的敏感度、旅游时段、旅游淡旺季等不同特性进行针对性控制。

(3) 景区投资规模和强度与内外交通运载能力和便捷度、景区供水供电能力相匹配。

(4) 景区食宿设施、游览娱乐设施、旅游购物设施满足游客的需求。

(5) 加大景区安全卫生设施投入,提高景区垃圾处理率,保持景区的卫生。

2. 生态容量(承载量)

(1) 加强环境保护监管,减少污染源;完善环保措施,提高环境净化能力。

(2) 旅游活动不对景区所在地的空气、土壤、水、植被、野生动物等产生不可逆转的破坏。

(3) 旅游活动不对景区所在地的景观多样性、差异性和稳定性产生不可逆转的影响。

3. 心理容量(承载量)和社会容量(承载量)

(1) 充分考虑游客的社会经济背景、人口特征等因素,有针对性地提高游客心理舒适度。

(2) 着力提高旅游地居民对旅游社会文化、旅游经济和旅游环境的认知水平,从而提高旅游地居民在发展旅游过程中的心理开放度和舒适度。

(二) 景区游客流量控制联动系统

1. 地方政府外部系统

地方政府组织所有相关部门,重点是交通与公安部门,构建一级指挥调度系统,对通往景区的外围道路入口和主要集散中心(地)进行流量监控,在景区外部进行引导、分流和截流。

2. 景区内部系统

景区可建立包括门票预约、实时监测、疏导分流、预警上报和特殊预案五个步骤在内的旅游者流量控制系统,并与地方政府的调度系统联动,通过自下而上、内外联合,对游客流量进行控制。

(三) 景区游客流量控制流程

1. 门票预约

景区逐步推广门票预约和预售。在经上级价格主管部门与旅游行政主管部门同意后,采用预先支付享受折扣等方式引导旅游者提前订票,以有效预估游客流量。

2. 实时监测

(1) 监测常态化。景区逐步推进游客流量监测常态化。采用门禁票务系统、景区一卡通联动系统、景点实时监控系统等技术手段,实现景区流量监测的点、线、面布局。

(2) 信息平台化。景区通过公共媒体、景区渠道等,并结合智慧旅游新技术,利用移动多媒体、智能终端等多样化的旅游信息平台,及时公布景区游客流量,供游客参考。

(3) 预案有序。景区通过监测数据,预测景区游客流量趋势,对景区游客流量实行分级管理,为疏导分流工作预案的有序启动提供依据。

3. 疏导分流

景区内游客数量达到最大承载量的80%时,启动包括交通调控、入口调控等措施控制游客流量。

(1) 交通调控。有针对性地启动交通运力动态调整预案,通过周边道路管控、区内停车控制、公交调度控制等措施控制游客数量,错峰接待。

(2) 入口调控。合理设计游客排队等候的方式和途径。通过开通快速入园通道,疏导分流入口处游客;通过折扣补偿、延长有效期、多种形式的通票等,减少景区入口或设备设施入口的游客数量;在景区入口处和售票区增设电子显示牌,向游客提供最及时的信息。

(3) 区内调控。通过分时入园、高峰限时逗留,减少景区内游客数量;在主要景点前设置电子显示屏,显示游客的密集分布情况,供游客合理选择下一个景点;必要时根据预案,派专人将游客疏导至广场、绿地等公共空间或应急避难场所。

(4) 区外调控。通过线路优化、向周边景区景点分流等措施分流游客。

4. 预警上报

(1) 当景区内游客数量接近最大容量(承载量)时,应向社会公告,并向当地人民政府报告,同时在当地人民政府的指挥、指导、协助下,配合景区主管部门和旅游行政主管部门启动应急预案。

(2) 当景区内游客数量达到最大容量(承载量)时,应立即停止售票,向游客发布告示,做好解释和疏导等相关工作。

5. 特殊预案

景区应针对节假日及大型活动制定相应的游客流量控制预案。

(四) 景区游客流量的管理技术

旅游景区客流时空分布不平衡,给旅游景区资源环境、设备设施供应带来了压力,也埋下了一些安全隐患。下面将从点、线、面三个层面介绍旅游景区客流的调控与管理技术。

1. 游览节点管理技术

在游览节点上对游客的管理主要是应用定点、定量管理技术。所谓定量管理是通过限制进入时间、停留时间,控制旅游团人数、日旅游接待量,或综合运用几种措施的方式限定游客数量和预停留时间,解决因过度拥挤、践踏,以及温度、湿度变化引起的旅游资源损耗。例如,2015年国庆节前夕,西安秦始皇陵博物院就及时向社会发布公告,称其瞬时承载量为13700人,最大容量(承载量)为65000人。售出门票达到瞬时承载量时,旅游景区将减缓人工售票速度,停止自动售票机售票;当参观区域达到最大容量(承载量)时,将暂停售票,并利用博物院的微信平台每半小时发布实时客流信息,引导游客错峰参观。国庆节期间,该旅游景区售出门票曾达到瞬时承载量,博物院除了疏导观众先去附近的秦始皇陵景区参观,还采取了提前开馆延时闭馆等有效措施,极大地缓解了接待压力,收到了非常好的效果。所谓定点管理是指在需要特别保护的地带利用警示性标牌提醒游客什么不可以做,或在旅游高峰期聘用保安及专门服务人员或安排志愿者,在资源易受损耗的地方值勤,重点区域、重点地段实行重点管理,避免游客践踏、抚摸、偷盗、乱写乱刻乱画引起旅游资源的损耗,采用覆盖、分隔、摹写等方式保护重点文物,在危险地带或禁止游客入内的场所采取拉网、拉绳、种植植物墙等措施。

2. 游览线路管理技术

旅游景区游览路线设计是否科学直接影响游客的体验质量和游客行为。科学的游览路线应该使游客付出最少的精力与体力上的成本,获取最多的信息,获得最大的满足。为了保证游客得到高质量的旅游体验,景区在设计游览路线时应降低游览成本、提高体验丰富程度与质量。

降低游客游览成本,主要应缩减不能给游客带来太多收益的景点间转移的距离,提高游客游览收益主要应考虑增加游览路线上景观的差异性,为游客提供更好的观景位置和观景角度等。例如,颐和园一小时左右的最佳游览线路为东宫门—仁寿殿—德和园—乐寿堂—邀月门—长廊—石丈亭—石舫—西宫门。如果参观游览时间为半天左右的最佳游览线路是在沿上述线路游览至长廊中段后,沿排云殿上万寿山,依次为排云殿—佛香阁—智慧海—松堂—苏州街—宁堂—后溪河—谐趣园—铜牛—新建宫门。显然,游览线路设计与管理技术应有利于调控旅游景区内客流分布,分流热门景点的客流,降低旅游景区内的拥挤程度,确保游客的安全,提升游览体验的质量。

3. 景区游客管理的重点区域

景区游客管理的重点区域主要集中在停车场、出入口、热门景点、重点旅游资源、乘骑设施、安全隐患突出地、排队区游客中心等。对于这些重点区域,一般要设专人进行管理,提醒、疏散游客,保护游客安全,保护资源环境。因排队管理在前面内容中有所涉及,下面重点介绍游客中心管理。

游客中心又称游人接待中心或访客中心,一般位于旅游景区的入口,是旅游景区游客服务与管理的重要场所。游客中心的有无和它提供的服务项目与服务质量直接影响到游客对旅游景区的印象。《旅游质量等级的划分与评定》中对游客中心提出了明确的要求。游客中心的主要职责表现在三个方面:一是信息咨询服务,包括旅游景区的基本情况、景点分布情况、最佳旅游路线、特殊景观、需要保护的动植物、当天的天气、各个景点游人数量(预报拥挤程度)、食宿设施可利用情况等;二是提供游客所需要的其他服务,如导游服务、托儿服务、餐饮及零售服务等;三是接受游客投诉。我国的许多大型旅游景区的游客中心建筑极富特色,内部设备设施现代化,使用电子触摸屏、视频技术、声光电技术等高科技手段向游客提供各种信息与服务。

游客中心管理涉及质量管理和设备设施管理,要求工作人员统一着装,佩证上岗,按照服务规范和流程提供标准化与个性化相结合的服务,工作人员对旅游景区各方面的情况必须了如指掌,能提供全面的信息咨询服务,有良好的服务水平和技能。同时,游客中心的展品、设施设备要进行维护和保全。

三、景区游客流量的时空特征

(一)景区游客流量的时间特征

景区客流在时间上具有周期性特征,具体表现为季节变化和日变化两种形式。

1. 景区游客流量的季节变化

影响景区客流变化的主要原因是旅游景区吸引力随季节而变化。由于气候条件的变化,我国大部分地区的景区植被、地表景观等在一年四季呈现出规律性的变化。因此,我国许多以自然资源为依托的室外景区都表现出明显的季节性,有明显的淡季和旺季之分。淡季游客较少,大量设施设备闲置;旺季时人满为患,给景区资源环境带来较大压力。例如,每当冬季来临,由于九寨沟大雪封山,进入旅游景区的公路、山路路面结冰、结霜,汽车难以进入,部分游客对寒冷气候无法适应,冬季九寨沟的游客明显减少,形成淡季;又如由于敦煌特殊的地理与气候条件,游客大多选择在5—10月期间去敦煌旅游,7月、8月、9月三个月敦煌累计接待游客人数约占全年接待量的65%。

影响景区客流季节变化的另一个重要原因是人们的闲暇时间分布具有规律性。对于大多数人而言,由于工作等原因,平时一般没有外出旅游度假的时间,中、远程的旅游往往集中在节假日或长假期间,而周末双休日往往是近程旅游的高峰期,寒暑假是学生、教师出游的集中期。特别是我国实行"黄金周"休假制度以来,每年五一、十一、春节三个黄金周期间,许多旅游景区游客摩肩接踵,人满为患,给景区经营管理带来较大的压力。

在自然条件的季节变化、节假日、居民出游习惯等的综合作用下,每年5—10月是我国大多数室外旅游景区的旺季,11月、3月、4月是平季,12月、1月、2月是淡季。但是由于我国地域广阔,全国各地的旅游景区自然条件变化规律不同,各个景区客流结构复杂多样,同时由于一些景区结合自身条件开展了卓有成效的淡季促销活动,不同旅游景区在一年当中的季节变化会有较大的差异。

2. 景区游客流量的日变化

景区由于与游客集散中心、游客服务基地的距离远近不同,开放时间、活动内容等不同,在一天之中的不同时段,会形成客流的高峰和低谷。高峰时段会形成游客排队等待,低谷时段则游客稀疏。一般而言,在进入景区的高峰期,旅游景区入口处的客流量巨大,会形成游客的排队现象;黄昏时段是游客离开景区的高峰期,景区出口处的客流量较大;在有重大表演活动的景区,在表演活动开始前后,会在表演场地形成大量的客流积聚。例如,云南石林景区的游客多以昆明为集散中心,昆明到石林需要1个多小时的车程,因此石林景区在每天9:00以前几乎没有游客进入。再比如,故宫每年11月1日—3月31日的开放时间是8:30—15:30;4月1日—10月31日的开放时间是8:30—16:00。9:00—10:00是游客进入的高峰,此段时间,午门外的检票处常有排队的长龙。15:00—16:00神武门外会有高强度的离散客流。

(二)景区游客流量的空间特征

旅游景区内游客的空间位移呈现出线性多向流动与节点汇聚的空间特征。

(1)线性多向流动。一般而言,旅游景区大多有一个或多个出入口。进入旅游景区后,游客在导游的带领和导游图或路标系统的导引下,会沿着一定的线路或旅游景区游道进行游览。游客从进入旅游景区到离开旅游景区的空间位移过程是高度流动和发散的。以简单的一日游景区为例,游客要经过"到达—泊车—买票—验票进入—参观游览—午餐—参观游览—出景区—取车—离去"的完整移动过程。这个过程中,游客的空间位移过程是线性的、连续的。从流动节奏看,有时快有时慢,有时甚至是静止的,如欣赏某个景物时、观看节目时、就餐时,游客流动是相对静止的。从流向看,由于旅游景区内部游道布局、宽窄不同,游客对出入口游览线路的选择不同,游览速度不同,游客的流向有时是单向的,有时是双向的,有时是混杂的。例如,张家界的"一线天"景点,两边山石夹道,仅容一人,游人只能单向线性流动上行,另外择道下行;云南石林景区主游道常常有电瓶车、游客交汇,既有双向流动的人流,偶尔又有横向流动的人流,或有在路边座椅上休息、停止不动的人流,客流的流向是混杂的。而在大、小石林内部,游道狭窄,有时是"单行道",有时是"双行道",旅游景区内游客空间位移过程是一个线性多向流动的过程。

(2)节点汇聚。在旅游景区内部游客空间移动过程中,旅游景区出入口、高级别的吸引物、主要游乐设施、表演场所、购物场所、就餐地点,游道的交汇处等节点会形成人流汇聚,特别是在旅游旺季的高峰期,这些节点会承受超负荷的客流量压力,对资源环境、接待设施产生较大的影响,会出现游客排队等待,容易产生各种事故。客流汇聚超过游客的心理容量,会降低游客的体验质量。

第三节 景区饱和与超载管理

一、景区饱和与超载的内涵界定

旅游环境饱和、超载和污染已经成为世界性问题。例如,酸雨的影响使德国黑森林的吸引力降低,意大利亚得里亚湾海藻泛滥等。但是由于发达国家和发展中国家旅游业发展所经历的道路不同,二者经济和社会发展水平存在很大的差异,发展中国家在旅游开发中遇到的旅游景区环境的饱和、超载以及污染问题远比发达国家严重。因此,发展中国家在旅游景区的管理中,应该更加关注旅游容量问题。以中国为例,中国旅游业经历了三十余年的发展,超载、饱和等现象已经成为近十年较突出的问题之一。例如,在云南玉龙雪山景区的白水河,因建造雪山游览观光的基地、中转站,致使人流车流密集,使这一相对低温地带形成了一个高热能的"热岛",造成旅游资源安全隐患。放眼全国,自1999年我国开始实施"三大"长假制度(五一、十一、春节,又称"黄金周"制度)以来,景区饱和与超载就出现了,并一直存在,受到政府和学者及社会的广泛关注,也成为景区经营管理面临的主要矛盾问题。

(一)景区饱和与超载的定义

理论上,当旅游景区接待的旅游流量或活动量达到其极限容量(最大容量)时,称之为景区饱和。而当旅游景区接待的旅游流量或活动量超出极限容量(最大容量)时,称之为景区超载。

（二）景区饱和与超载的原因

景区饱和与超载实质上是景区供需失调的必然结果或产物，可从旅游景区市场的供需两个方面来分析该现象产生的原因。

（1）供给方：景区管理不当，即旅游景区的管理措施不到位，没有实施提前控制导致景区人满为患，或政府游客控制制度不到位导致的景区饱和与超载。

（2）需求方：旅游者决策不当，即旅游者在出游的时间和目的地选择不当导致景区人满为患。

二、景区饱和与超载的类型

（一）时间角度

1. 短期性饱和与超载

短期性饱和与超载包括周期性饱和与超载和偶发性饱和与超载。饱和与超载一般指周期性饱和与超载，这是旅游饱和与超载中最常见的现象。它源于人类具有周期性规律的社会经济生活以及自然气候的周期性变化。例如，每年夏季，大量人口外出度假，欧亚非之交的地中海沿岸和中美洲的加勒比海地区旅游者人如潮涌，许多旅游景区出现饱和与超载。随着滑雪运动的日益普及，欧洲阿尔卑斯山和北美的落基山地区出现越来越多的滑雪爱好者，有的滑雪胜地人满为患。我国在春节前后出现的"两头热"旅游现象（南部的海南和东北的黑龙江）也属于典型的周期性饱和与超载。

偶发性饱和与超载通常是由于旅游景区或其附近发生了非周期性的事件，这些事件在较短的时间内吸引来大量旅游者。例如，2008年北京奥运会为北京带来了大量的旅游者，导致一些旅游景区出现饱和与超载现象。一般情况下，偶发性饱和与超载造成的环境影响易于控制或消除，而周期性的饱和与超载则是一个危险信号：旅游对于环境的影响（在不立即采取相应措施的情况下）可能是无法挽回的、毁灭性的。我国许多著名景区在最近五年内出现的周期性饱和与超载现象已经到了足以引起业界学者、主管部门及全社会关注的地步。

2. 长期连续性饱和与超载

在实践中，长期连续性旅游饱和与超载的情况多发生在热门景区，并且主要发生在热点人文旅游景区（如故宫）或其他新兴的主题乐园。为了保护旅游资源和保持旅游的环境质量，通常的做法是在发生长期连续性旅游饱和与超载的地区，实行严格的预约、分流、限制措施。在目前实际运营的过程中，部分景区基于逐利动机的驱动，饱和与超载问题并未受到重视，而且政府也未进行有效的监管和治理。

（二）空间角度

（1）整体性饱和与超载。整体性饱和与超载意味着区域内人满为患，已无剩余的容纳能力。

（2）局部性饱和与超载。局部性饱和与超载,是指旅游景区内某些区域或承受的旅游活动量已经超出该区域容量,而景区的其他区域并未饱和。在大多数情况下,整个旅游景区承受的旅游活动量都未超出旅游景区的容量值,这是旅游饱和与超载中最常见的现象。由于表面上的旅游流量并未达到旅游景区容量值,因此局部性饱和与超载往往被景区管理人员忽视。

旅游景区的饱和与超载在时间与空间的交织作用下可能达到的最大容量(承载量),也意味着景区内每个区域在开放时间内都是饱和状态,此时旅游景区的空间容量设施容量、生态容量、心理容量、瞬时承载量都已经超过或即将"超限",旅游景区运营管理处于高危状态,如果再不采取相关措施,必将出现安全事故、生态灾难、资源损毁等影响景区持续经营的事件。

第四节　景区容量管理经验与对策

一、景区容量管理的敦煌经验

游客超载,对于景区,尤其是高级别景区,是一个普遍问题。现今每个景区都非常重视对游客超载的问题,并积极探索有效的解决方案,敦煌莫高窟在这方面走在前列,其管理经验值得学习。

敦煌莫高窟,以其超越时空的非凡魅力,成为古丝绸之路上最耀眼的明珠,更是中华民族传统文化的杰出代表,也是展现我国文化自信的重要窗口。正是因为拥有如此辉煌灿烂的文化,景区吸引了大批国内外游客,也曾出现因景区游客超载使得四百年前的石窟遭到严重破坏而无法修复等问题。对此,敦煌莫高窟通过科学研究和长久摸索,形成了一套具有普适性的现代景区超载管理方法,可以将其归纳为"定量、扩容、分流"六个字。

1. 定量:科学测算景区承载量

自2001年开始,在国家文物局的支持下,敦煌研究院与美国盖蒂保护研究所合作进行敦煌莫高窟游客承载量研究,开国内研究之先河。之所以说科学,原因有两点:一是通过精密的科学仪器进行实地测量;二是在长达10年的时间里,对洞窟中游客参观的温度、湿度和二氧化碳的排放数据的跟踪监测,建立起一整套科学的监测预警系统。2013年,研究团队最终将莫高窟单日最大容量(承载量)确定为3000人次,并及时向社会公布,接受大众监督。

2. 扩容:动态调整景区承载量

为了满足日益增长的市场需求,敦煌莫高窟通过数字技术不断拓展景区合理承载量,既保护景区文物,又不打击游客热情。2014年,随着投资3.4亿元的莫高窟数字展示中心投入使用以及"数字+实体"双重参观模式的实施,莫高窟单日游客承载量由3000人次调整到6000人次;到2019年,莫高窟通过优化管理和科技的融入成功地将景区单日游客承载量提升到了18000人次。

3. 分流:实施分类门票措施

门票是解决景区超载问题的关键环节。敦煌莫高窟通过实践摸索和研究,在淡旺两季、联票与单票相结合的基础上继续升级门票管理,在2019年首次推出A、B、C三种票制套餐,便于游客自主选择,满足了不同人群的参观需求。其中,A类参观票每天6000张,包括观看2场数字电影、8个洞窟、4个博物馆;B类参观票每天出售12000张,包括参观4个洞窟、3个博物馆,满足了没有买到A票的游客的需求,同时也缩短了游客在洞窟内停留的时间,有效地保护了洞窟文物。C类参观票则提供2场数字电影,游客无需到实体洞窟中去参观。通过实施分类门票措施,有效缓解了景区游客接待的压力。为了最大限度引导游客错峰参观,景区还创新性地编制了分时段精准预约参观制度,从9:00至15:00划分成6个时段,每时段发售1400—1600张门票。游客可根据参观需要自主选择参观时间来购票。这样就实现了精准预约参观,达到游客错峰参观的目的,缓解了景区的人流压力。

敦煌莫高窟对景区管理的不断创新,为我国现代景区管理提供了宝贵经验。

二、景区容量管理的解决对策

一般来讲,景区可以通过旅游前的控制、旅游中的监控与调整、超载后的定点保护等措施对游客流量进行控制,具体解决对策如下。

(一)旅游前的控制

旅游前的方案主要包括门票预约和营销控制。

(1)门票预约。其中门票预约是用行政管理手段来避免景区超载。借助智慧旅游技术的普及和实施,我国绝大部分景区都开启了门票预约制度,这种技术可以较好地监控游客的人数,一旦超员,系统就会自动关闭预约,停止售票。敦煌莫高窟景区就是使用的这种技术进行预约管理的。

(2)营销控制。景区在旅游旺季减少热门景区宣传,并及时公布景区游客承载量情况、周边交通住宿状况,适时分流热门景区的游客;此外,可以加大对新兴旅游景区的宣传营销来减轻热点景区的超载压力。

(二)旅游中的监控与调整

(1)实时监控。实时监控是指景区推进游客流量监测常态化。采用门禁票务系统、景区一卡通联动系统、景点实时监控系统等技术手段,实现景区流量监测。与此同时,景区可通过公共媒体、景区渠道等,利用多样化的旅游信息平台,及时公布景区游客流量,供游客参考。

(2)相应调整。相应调整主要包括预案有序化和承载量弹性化。预案有序化是指景区通过监测数据,预测景区游客流量趋势,对景区游客流量实行分级管理,为疏导分流工作预案的启动提供依据。承载量弹性化是指在不改变景区硬件条件的情况下,通过管理手段上的调整,在特定时间增加或减少景区承载量。例如,延长景区开放时间,或增加一年中的开放天数;在旅游高峰期开放备用旅游通道,在需求减少时关闭备用通道;合理安排景点工作人员,增派工作人员到瓶颈旅游点疏导游客;设置免票人员专用通道等。例如,桂林乐满地主题乐园就灵活运用了开放时间来调节园区旅游者容量:在7—8月旅游高峰期,开园时间不变,但闭园时间比平常推迟半个小时;平时与周末、节假日营业时间相同,但可视园内游客数量灵活延后清场时间。

(三)超载后的定点保护

在景区超载问题一时难以解决的情况下,为避免因游客践踏、偷盗、乱写、乱刻等行为引起的旅游资源的破坏,可采用定点保护措施。比较常见的定点保护措施是在需要特别保护的地带利用警示性标牌告诉游客"什么可为,什么不可为"。另外,旅游景区可在旅游高峰期指派专人在特定地点疏导、提醒、监督旅游者的行为,也可以采用拉网、拉绳、放置/种植植物墙阻挡的方法保护景区资源免受损坏。例如,在天坛回音壁,为了杜绝游人对墙面的刻画、敲击等破坏行为,回音壁的内外围建设了距墙50厘米左右的护栏,在一定程度上减少了可能给景区资源造成的损害。然而,过多地采用定点保护措施会使游客体验质量降低,满意度下降,这一问题在遗产类旅游景区中特别突出。

本章小结

旅游环境容量是涉及自然环境、社会、经济等多个方面的综合性概念,其大小与旅游地规模、旅游资源质量和数量、自然条件、服务设施、人口构成、传统观念、活动类型等因素有密切关系。本章以《景区最大承载量核定导则》为依据,重点阐释了景区容量(承载量)的概念体系,主要从景区运营管理的实际操作层面介绍容量(承载量)的核定及控制方法,并对景区容量管理中的饱和与超载概念、类型及原因、景区容量管理经验和对策进行介绍。

【核心关键词】

景区容量;景区容量的主要类型;景区容量核定与控制;景区饱和与超载;景区容量管理敦煌经验。

思考与练习

1. 景区容量概念如何界定?
2. 景区不合理容量的消极影响有哪些?
3. 景区容量有哪些主要类型?
4. 景区最大容量核定方法与步骤是什么?
5. 景区游客流量控制有哪些基本流程?
6. 景区容量管理的敦煌经验有哪些?
7. 景区超载问题的一般解决对策是什么?

【拓展学习】

阅读文献：

赵建春、王蓉《蜈支洲岛景区的旅游环境容量测算研究》，《地域研究与开发》，2021年第3期。

【PBL讨论】

以小组为单位，剖析和归纳跟踪景区所采取的容量管理方法与对策。

第七章

景区营销管理

引言

新媒体营销成为景区营销的新技术和新手段,也是景区变"网红景区"的重要途径。在新媒体技术赋能现代景区发展的同时,景区管理者要深入思考如何保持景区"长红"形象和可持续发展。为此,要掌握市场营销、景区营销、景区营销管理的本质内涵和基础知识,要认真分析景区新媒体营销的管理实质,学习新媒体营销的理论知识,发挥新媒体营销的优势,避免景区营销中的盲目和歪曲,更好地创新景区营销管理工作,促进景区高质量发展。

重点和难点

重点:景区营销管理的概念;景区营销的特征;景区新媒体营销的概念;景区新媒体营销的类型;景区新媒体营销的优势。

难点:景区新媒体营销的基础理论;景区营销管理的重要内容;景区新媒体营销的策略。

知识导图

```
                          ┌─ 景区营销的相关概念
          ┌─ 景区营销管理概述 ─┼─ 景区营销的特征
          │                └─ 景区营销管理的重要内容
景区营销管理 ─┤
          │                      ┌─ 景区新媒体营销的概念内涵
          └─ 景区新媒体营销的概念体系 ─┤
                                └─ 景区新媒体营销的基础理论
```

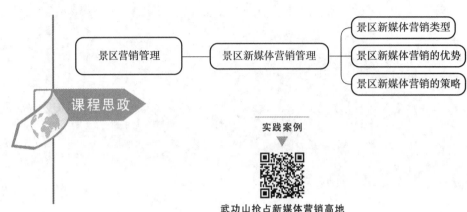

实践案例

武功山抢占新媒体营销高地

第一节 景区营销管理概述

一、景区营销的相关概念

（一）市场营销

市场营销可以看作一种为消费者提供服务的理论，是指在创造、沟通、传播和交换产品的过程中，为顾客、客户、合作伙伴及整个社会带来价值的活动、过程和体系，主要包括营销人员针对市场经营活动、产生销售行为的过程。

（二）景区营销

景区营销是指旅游景区为满足游客的需要并实现自身经营和发展目标，通过创造、沟通和传播景区价值产生吸引力，实现价值交换的一系列有计划、有组织的社会和管理活动。

（三）景区营销管理

景区营销管理是指旅游景区通过对旅游市场的分析、规划、执行和自我控制，为目标市场的游客提供景区产品，使之获得预期或超预期的旅游体验，实现旅游景区产品价值交换的全过程管理。

二、景区营销的特征

旅游景区产品是一种特殊的消费品，其生产和消费的同一性、不可储存性等特点共同决定了景区营销有其自身的特征，景区营销管理与一般企业营销管理类似，需要在营销过程中注重其自身的特征。

（一）形象传播口碑化

景区产品具有一般服务产品的无形性，因此也具有不可检验的特点。一般情况下，游客无法通过有形的景区产品或提前经历来获得对景区质量的整体认知，故游客选择哪个景区旅游的决策更多依赖于二手信息。在二手信息中，游客更愿意相信身边亲朋好友的推荐，以减少决策风险。因此，景区在营销过程中应当切实提高景区产品质量，并注重对现实消费者满意度及忠诚度的培养，发挥口碑效应，借助公众舆论来传播景区的形象和信息。

（二）营销主体多元化

景区的管理者甚至所有员工都是营销主体，即"全员营销"，且行业协会、旅行社、地方政府、中央政府甚至政府官员都有可能成为景区的营销主体。例如，旅行社在设计旅游线路时向旅游景区倾斜，并积极给游客推荐该旅游景区；政府对国内的主要旅游景区进行宣传，以鼓励外国人前往旅游；地方政府和旅游主管部门通常将有代表性的旅游景区融合在城市形象中对外推荐。例如，湖南用"锦绣潇湘"来整体营销；长沙用"山水洲城，快乐长沙"来营销；山东用"好客山东"来整体营销；济南则用"泉甲天下、锦绣济南"来营销。因此，景区营销要突出其独特性和地方性，提高知名度，借助相关主体扩大影响，以招徕更多的游客，使景区营销工作富有成效。

（三）组成要素内生性

内生性是指模型中的一个或多个解释变量与误差项存在相关关系，即模型中某些变量的值由内部决定，故可以理解为该变量具有内生性。旅游景区产品的特性之一是生产和消费的同时性，在景区产品生产的过程中，游客是消费者，旅游景区、员工是旅游产品的提供者，二者交互作用，共同构成了景区产品生产系统，即在景区产品的生产中，游客是生产过程的一部分，员工也是产品的一部分。游客是员工服务的对象，服务过程就是生产过程，他们的态度和行为会影响自己的体验，也会影响其他游客的体验，甚至在口碑传播之后影响潜在游客的行为。而景区员工直接参与产品的生产和销售，与游客接触，他们的服务态度、营销意识等会直接影响到游客对景区产品的评价。因此，游客和员工都是营销的重要组成部分，这在一定程度上反映了其内生性。

（四）时间动态性

景区产品的鲜明特点是季节性。一般而言，旅游景区接待游客量会有淡季、平季和旺季的差异。此时，景区营销需要在产品结构调整的基础上采用多种营销策略来拉动淡季的需求，提高设施利用率，降低成本。而在旺季，景区营销的力度减小，甚至开展"低营销"，让游客"进得来、住得下、出得去"。出于对景区旅游体验质量的保障、景区容量的控制以及旅游吸引力效率的提高，现在的反季节营销也成为景区营销管理的重点工作。

（五）对象属性差异化

景区有资源保护型和开发经营型，也有国有、私营及合资的所有权区分。随着国有景区经营权的转让及私有企业新景区的开发，景区的属性变得更为复杂，且景区之间的竞争日益激烈，竞争程度会因类型不同有所变化，但每个旅游景区都会突出差别营销策略，以塑造自己独特的形象。各景区的营销目的差别很大，这主要取决于景区的属性。国有景区的目的不只是盈利，更能体现文物保护、旅游扶贫、社区休闲、区域振兴等多种功能。而私营景区的目的,通常是追求利润和市场份额,扩大产品销售量或取得满意的投资回报率。因此景区属性的不同,决定了其在营销力度和侧重点等方面的差别。

三、景区营销管理的重要内容

景区营销管理的任务是针对目标市场的需求特征,拟定不同的营销方案,选择合适的传播路径,目标是激发潜在游客的旅游动机,吸引更多的游客前来观光、体验和消费。从本质上来讲,景区营销管理是降低景区供需双方信息的不对称程度、降低游客购买风险、用有效信息说服游客的过程。

景区营销管理主要包括景区营销环境分析、景区营销市场定位、景区营销组合策略三个方面的内容(见表7-1)。目前,景区营销环境分析是指在营销工作之前进行市场调查,其方法主要有宏观层面的PEST分析及微观层面的SWOT分析。景区营销市场定位是指从市场细分、市场选择、市场定位三个方面进行营销人群、营销市场的精准定位工作,最常见的方法是STP理论。景区营销组合策略是指在前期的环境分析、市场定位之后,需要采取一系列手段将景区产品或服务推介出去,所使用的策略是以"4Ps"为核心的营销组合方法,即从产品、价格、渠道、促销四个方面来制定相关的营销策略。

表7-1　景区营销管理的主要内容

景区营销管理的步骤	方法与策略
景区营销环境分析	PEST分析
	SWOT分析
景区营销市场定位(STP理论)	市场细分
	市场选择
	市场定位
景区营销组合策略("4Ps"营销理论)	产品策略
	价格策略
	渠道策略
	促销策略

(一)景区营销环境分析

1. PEST分析

PEST分析是指宏观环境的分析,P是政治(politics),E是经济(economy),S是社会(society),T是技术(technology),即对景区所处地区的政治环境、经济环境、社会环境和技术环境四个方面进行分析,进而得出景区营销宏观层面的环境和市场状况。可以通过研读行业报告、委托专业机构、召开专题讨论会等方式完成PEST分析。

2. SWOT 分析

SWOT 分析是内部与外部相结合的分析，是一种微观层面的分析，其中 S 是优势（strengths）、W 是劣势（weaknesses）、O 是机会（opportunities）、T 是威胁（threats）。其主要是指在区域旅游业发展环境中从景区自身出发，通过分析景区内部的优势和劣势，外部的机遇和威胁来认清旅游景区的环境因素。

（二）景区营销市场定位

市场细分的概念最早由美国学者温尔德·史密斯于 20 世纪 50 年代提出，后来美国学者菲利普·科特勒对其进行了完善，并最终形成了 STP 理论。STP 理论包括三大核心内容，即市场细分（segmentation）、目标市场（targeting）和市场定位（positioning）。它指的是企业通过充分的市场细分来选择自己的目标市场，并最终把企业产品定位于目标市场中的确定位置。

1. 市场细分

在市场调研的基础上，景区根据不同顾客群体的差异化需求，将某一景区产品的游客市场整体区分为若干子市场，从而帮助景区明确目标市场、制定专项营销策略、进行区别定价，最终实现利润最大化。

2. 市场选择

景区需要对细分之后的"子市场"进行综合分析，得出不同的"子市场"的需求、偏好以及价格弹性特点，通过采取无差别的市场策略、差异性市场策略和集中性市场策略，从众多"子市场"中选择一个或多个最有利的目标市场进入。

3. 市场定位

景区根据旅游吸引力优势与市场环境，针对每个潜在消费者的不同偏好进行营销推广，通过营造出本企业及产品独有的形象特点来获得潜在消费者的认同与共鸣。其目的是给游客留下深刻而独特的印象，以此来获取游客的认同。

（三）景区营销组合策略

"4P"营销理论产生于 20 世纪 60 年代，最早由美国学者杰罗姆·麦卡锡教授提出。后菲利普·科特勒进一步确认了以"4Ps"为核心的营销组合方法。"4Ps"，即产品（product）、价格（price）、渠道（place）、促销（promotion）四要素。

1. 产品策略

产品策略是指景区为满足游客需求、实现自身经营目标所提供的各种有形商品与服务。主要是指景区根据选择的目标市场来明确产品定位、确定功能、吸引和满足市场需求，从而达到营销的目的。产品是最基础的核心要素，唯有提供满足市场需求的产品，营销才能顺利开展。

2. 价格策略

价格策略是指景区为实现经营利润最大化而制定的不同定价手段。定价过高，产品或

服务需求减少;定价过低,削弱景区供给的动力。因此在制定和变动价格时既要考虑价格弹性影响,也要考虑景区成本状况。可以通过取脂定价、渗透定价、心理定价等多种定价策略来实现区分定价,从而实现景区经营利润最大化。

3. 渠道策略

渠道策略是指景区产品或服务进入目标市场、被游客接受的各种销售路径,即景区面对不同游客群体,可选择不同的营销渠道来实现营销目标。一般来说,可以将渠道分为直接渠道与间接渠道。直接渠道是景区直接与游客取得沟通与联系并进行销售,如景区官网直销、电视电话销售、景区自媒体平台的直销等;间接渠道是景区与游客通过中介机构来实现沟通与交易。传统间接渠道一般有代理商、批发商、商场或零售店等,如携程等OTA、旅行社门市部、抖音直播平台、小红书等。

4. 促销策略

促销策略是指景区为实现产品或服务而采取的销售促进方式,即景区针对目标市场,综合运用网络、广告、人员以及公共关系等传播手段积极与游客沟通,通过向游客传递带有心理暗示的信息,刺激消费者购买欲望,促使游客做出购买决策的过程。

第二节 景区新媒体营销的概念体系

一、景区新媒体营销的概念内涵

(一)新媒体营销

目前关于新媒体营销的概念,学界观点已大致趋于统一。胡畔(2010)认为新媒体营销是以现代市场营销理论为基础,在电子化、信息化、互联网等环境下进行的一项市场营销活动。它使企业内部和用户的需要得到最大满足,以达到有效开拓市场、增加盈利等目标。陈蕾(2019)认为新媒体营销是依托新媒体平台技术的新型营销手段。翟德宇(2019)认为新媒体营销主要是基于互联网、移动媒体以及数字媒体技术,在网络环境下进行广告传播、产品促销以及企业形象展示等一系列营销活动。

新媒体推广不仅是市场营销策略的一部分,还是企业的经营手段之一。综合以上定义,我们将新媒体营销定义为运用计算机技术和新型媒介特性开展的市场营销活动。针对企业的产品和服务来宣传企业的价值或促销信息,是网络营销新发展阶段的营销手段。与传统媒体营销比较,新媒体营销更强调多样性、沟通性、体验性等方面。

(二)景区新媒体营销

"新媒体营销"成为一种整体性的新概念,对旅游企业发展的影响日益加深。旅游企业新媒体营销的研究重点集中于对旅游目的地与旅游企业市场营销战略的研究上。

景区新媒体营销是指旅游景区为销售旅游产品、提供旅游服务,利用电子信息技术支持下的新媒体平台开展产品宣传和市场推广的活动。旅游景区可以利用新媒体后台数据进行分析,发现游客潜在需求和当前市场的变化趋势;可以利用数据分析结果,对每个消费者做出精细划分,以此来满足旅游者的个性化需求。由最初简单的个人电脑到现在微博、微信App等多媒体移动信息终端,每个新型媒介都有自身的特色和不同的营销方法,迎合各类客户的需要。

二、景区新媒体营销的基础理论

(一)整合营销理论

有效的新媒体营销不是单打独斗,而是需要利用多种营销平台和多种营销方式进行整合营销。在营销预算充足的情况下,旅游景区应构建全方位立体式的新媒体营销体系。

整合营销理论最早是由美国营销学教授舒尔茨提出,他将整合营销定义为一种战略,指制定、改进、实施并评价协调的、可测度的、有说服力的品牌推广计划,这些活动的受众包括消费者、潜在消费者、内外部受众以及其他目标群体。整合营销是20世纪90年代欧美以消费者为主的营销理念在广告传播领域的体现。它基于4CS营销组合(消费者——consumer、成本——cost、便利——convenience和沟通——communication),认为应忘掉"产品",了解消费者的需求才是重中之重;忘掉生产商的"定价",去了解消费者"接受的价格"更能推动市场的发展;忘掉"营销渠道",给消费者提供便利更能提升消费者满意度;忘掉单向式的"促销",与消费者进行双向沟通,并且通过积极的方式去引发消费者的情感共鸣更能培养消费者的忠诚度。

(二)网络整合营销传播的"4I"原则

随着互联网技术的发展和数字经济的兴起,企业的市场营销内容、模式与载体都发生了巨大变化。在新媒体市场环境下,信息传播突破了时间与地域的限制。舒尔茨在整合营销理论的基础上提出了网络整合营销的"4I"原则,即趣味原则、利益原则、互动原则、个性原则。"4I"原则在原有整合营销的基础之上,更加注重在整合营销过程中利用多种互联网营销的方式,其更加密切结合新媒体网络化、个性化和交互式的发展前沿趋势,具有较强的实践性。

1.趣味原则(interesting)

在数字经济时代,如何最大限度地吸引注意力已经成为企业扩展市场的重要课题。社会性媒介平台的发展让注意力成为"稀缺"资源。新媒体社交时代,趣味性高的内容成为市场营销的核心价值。消费者对单一告知性的广告营销几乎免疫,转而主动去搜索、关注并获取自身感兴趣的内容,并且希望能够得到精神上的满足和情感上的共鸣。因此,优质、有趣、娱乐化的内容能够增加新媒体受众的关注度,激发潜在消费者的购买欲望与消费兴趣,提升潜在消费者参与营销活动的主动性。

2. 利益原则(interests)

从经济学角度来说,每个人都是经济人,都有趋利性,因此价值认同才是驱动消费者购买行为的决定性因素。企业应当通过提供给消费者物质上和精神上的利益,使消费者获得心理上的满足感和愉悦感,满足消费者的心理需求,为消费者创造回报和利益,吸引消费者主动参与。

3. 互动原则(interaction)

新媒体较之传统媒体最大的优势在于其高效率的交互模式。恰当的互动能够更加准确地抓住潜在消费者的心理,从而形成注意力关注。企业应当充分地利用互联网新媒体互动平台,通过日常交互性沟通,与消费者建立稳定而持续的联系,了解消费者偏好与个性化需求,从而激发消费者的参与感。

4. 个性原则(individuality)

新媒体平台的发展让企业面向每一名用户进行精准营销。因此在新媒体营销中,个体的地位逐步凸显,"人"这一要素在新媒体营销中愈发重要。企业可以利用新媒体平台实现"投其所好",提供"私人定制"的个性化服务,迎合不同消费个体的需求与偏好,让消费者在心理上产生"焦点关注"的满足感,进而参与互动与购买。

第三节 景区新媒体营销管理

在"互联网+"背景下,越来越多的旅游者选择使用包括微信、微博等社交软件,今日头条、搜狐新闻等新闻资讯APP,携程、去哪儿、阿里旅行等在线旅游平台在内的移动互联网来了解景区,并获得门票预订等相关旅游服务。

移动互联网给营销带来的最大变革就是,将自媒体运营权尽可能交给旅游景区。除了传统的官方网站,自有的微博账号、微信公众号也是营销的重要窗口,是进行旅游大数据分析的保证。

一、景区新媒体营销类型

1. 景区官方网站营销

官方网站是众多政府机构、企业较早接触的新媒体营销渠道之一。政府机构建立自身的官方网站,可以推广当地形象和介绍当地生活服务信息,这也是政府机构最具权威性和公信力的新媒体平台。企业主要通过建立官方网站来打造专属名片,为目标客户群体提供一个方便、快捷的企业信息浏览窗口,传播企业自身的品牌形象。企业在其官方网站上可以设置公司简介、人员架构、公司新闻、产品类型、联系方式等板块,让接收者能够全面而快速地了解企业。旅游景区扩大其影响力,首先需要建立自身的官方网站,在官方网站上设置景区特色、游览路线、近期活动、票价优惠、预约入口等栏目,为目标群体提供权威的信息来源,同时还能以官方网站为基点,推进旅游景区品牌化。

2. 网络直播营销

网络直播营销是企业(或个人)以直播平台为载体,由主播对产品进行多方位展示,并与消费者进行双向互动交流,致力于产品信息传达的全面化、对称化、个性化,从而刺激和引导消费者购买的新型网络营销模式。例如,2020年4月20日,在陕西考察的习近平总书记来到柞水县小岭镇金米村的直播平台前,点赞当地特产柞水木耳,成了"最强带货员"。

景区可借助直播平台来推广近期的优惠活动、主题活动等,如世界之窗等游乐园在万圣节、圣诞夜等特殊节日都会举办相应的主题活动,并通过直播的形式向大家展示。这样一是可以提高传播速度,二是可以清楚地看到园内场景,增添了画面感。

网络直播营销的特点主要包括以下方面:

(1) 具有直观性和即时互动性,代入感强;

(2) 能够与消费者深入沟通,增加与消费者感情沟通的深度;

(3) 拥有强大的话题创造能力,通过直播,消费者可以直接和网络主播进行实时的话题互动,使营销能更好地迎合观众的想法;

(4) 能够让企业直观地看到营销效果。

3. 短视频营销

短视频营销是指以短视频这类新媒体作为载体的所有营销活动的总称,是通过策划、组织和利用具有新闻价值、社会影响以及名人效应的人物或事件,吸引旅游者的兴趣与关注,提高景区的知名度、美誉度,树立良好景区形象,并最终促成旅游产品或服务的销售手段和方式。

例如房琪等旅行博主的视频号,主要是以博主的视角带领观众游览景点、特色风光等,将景区、景点的特色通过唯美的镜头、引人深思的文案展现得淋漓尽致。其中最成功、最具代表性的是2022年火遍全网的厦门"蓝眼泪",其与影视剧《一闪一闪亮星星》进行联动,吸引了无数剧迷前来打卡。短视频营销的特点主要有目标精准、互动性强、传播范围广、营销效果好等。

4. 社交媒体营销

社交媒体营销是指运用社交媒体,如社交书签、共享论坛等,来提升景区的知名度、认可度,以达到直接或间接营销景区的目的。主流的社交媒体平台有微信、微博、小红书、马蜂窝等。

微博平台以新浪微博最具代表性,营销者们可以根据不同的营销目的,随时随地在微博上发布营销信息,实现在较短的时间内用较简短的文字把有效的信息传输给较大范围内的人。同时,微博设有的评论功能能够让接收者直接对所看到的信息进行点评,发表自己的看法,实现与营销者的实时互动。微信平台的营销以微信公众号推送为主,景区可以打造专属自己的微信公众号,利用公众号的群发推送、自动回复、数据分析等功能,在融合发布展现景区特色的文字、图片、音频、视频的同时,进行精准营销。优质的公众号推送内容,往往能够

为公众号带来数量庞大的粉丝群体和广告效益。

社交媒体营销的主要特点是营销成本低、互动性强、关系稳定、营销精准。例如,越来越多的购物型旅游景区利用微博,巧妙地将旅游产品信息包装成能够被网民讨论和交流的互动话题,增强了互动性,并通过网民自发地进行转发、讨论,展现出强大的自发传播性。社交媒体营销使营销成本降低,让旅游信息资讯迅速传播,从而产生良好的营销效果。

5. 网络社群营销

网络社群营销是指利用社交媒体,如微信、微博、在线社区、视频网站或其他互联网协作平台在社群中进行销售,是公共关系和客户服务维护开拓的一种方式。

由于旅游产品主要是一种体验和经历,很难用一定的标准去评估,具有很高的风险,因此旅游者在购买旅游产品前会通过网络渠道搜索相关旅游产品信息,通过参考他人对该旅游产品的评价,来帮助自己制定旅游决策。因此,旅游企业必须十分重视自身旅游产品的网络口碑。

网络社群营销对购物型旅游景区的未来发展具有十分重要的意义。越来越多的购物型旅游景区的销售人员会选择邀请意见领袖来参加景区举行的一些购物活动,并邀请他们撰写自身旅游购物经历,从中宣传景区和购物旅游产品。同时,为了更加直接、便利地获取旅游者的信息反馈,购物型景区可以在知名网络社区论坛上安排专门的营销人员来进行推广和提供售后服务。网络社群营销的特点主要包括社群营销定位更精准,可以增强各群体用户的产品黏性;用户打开频次更高,用户体验更佳,社群管理较为困难。

二、景区新媒体营销的优势

1. 传播形式多样化,受众群体广泛

互联网信息技术的发展已全球化,景区营销的传播方式更加多元,并且受众已扩展为全球消费者。传统的媒体如报纸、杂志、广播、电视具有地域性,而网络传播的地域限制较小,更加具有优势。景区新媒体营销的传播形式多样,官方网站、短视频平台、社交网站等众多平台都是营销景区品牌和传播景区文化的渠道。景区通过构建新媒体双向沟通交流平台来发现旅游者的需求,发布有针对性的旅游景区信息,吸引潜在的旅游消费者,从而达到推广宣传旅游景区的目的。

2. 传播内容多元化,数据更新及时

随着网络和智能手机的普及,互联网越来越深入人们的生活,实现了信息在人群间的高效流通和实时共享。景区新媒体营销的内容是多元的,包括景区的区位概况、历史人文、文旅要闻等。此外,人们可以及时了解景区的相关新闻,了解景区近况。

3. 传播过程互动化,信息反馈及时

新媒体营销的最大优势在于营销传播模式是双向的,传播过程具有互动性。营销的主客体不再有严格的界限,任何新媒体传播节点上的个体都能成为营销的主体。在旅游景区开展新媒体营销的过程中,新媒体可以拉近营销者与旅游者的距离。旅游者的反馈应该得到重视,甚至可以成为旅游景区营销者开展营销活动的主要关注点。旅游景区营销者不仅可以随时随地地查看和回复旅游者反馈的信息,及时对较差评论或危机事件进行回复,降低可能出现的负面影响,而且可以定期对旅游者的反馈信息进行汇总分析,了解旅游者的消费行为特征。

4.传播成本最优化,经济效益显著

在旅游景区传统营销的过程中,报纸杂志的广告版面费、户外广告的费用、知名电视台插播景区宣传片的费用以及撒网式的景区宣传单派发,都需要较为高昂的营销成本来支持。而新媒体的信息传播具有覆盖面广、速度快等特点,再加上新媒体发布信息的门槛低,甚至只要成为注册用户就可以发布信息,所以旅游景区新媒体营销的成本较低,相对经济实惠。

三、景区新媒体营销的策略

景区新媒体营销是景区适应时代媒体变化的营销,能以更丰富的形式与消费者形成互动沟通,传播效果可量化,传播成本更可控,相对于传统媒体营销具有诸多优势。为了更好发挥景区新媒体营销的优势,需要掌握一定策略。

1.定位精准客群,打造网红效应

景区在进行新媒体营销之前需要精准定位自己的目标市场,针对客源需求进行有针对性的营销。有了清晰的受众群体之后,可以建立景区官网、微信公众号、微博超话等自媒体营销平台,提升网友的关注度和参与度,以活动搭台抓营销,强化事件营销,形成"网红"效应。

2.建立游客数据库,贴合游客需求

景区可以创建三类提供用户数据的旅游数据库,分别是基本旅游信息数据库、旅游者需求及来访信息数据库、用于补充其他信息的数据库。不同的数据库能够满足不同对象的需求,完善景区相关配置,有利于更方便地服务游客。

3.促进平台融合,完善营销矩阵

景区在进行新媒体营销时,需要保持官方网站等主流新媒体平台的长期推广,同时要不断尝试新型线上平台媒体的营销,如抖音、小红书、微博等,从而构建能够多渠道触达广泛受众的全媒体营销矩阵,利用旅游景区的热点事件、名人效应等独有资源,联合MCN机构(全称multi-channel network,是一种新型的网络媒体运营模式)策划旅游营销事件,借助热点实现营销宣传,鼓励旅游者来景区后拍视频或写软文,营造与潜在旅游者的良好互动氛围。

4.借力营销优势,助推文创升级

景区应立足自身特色,对原本受众面较窄的历史人文、建筑工艺等进行再次创作,保留其独特韵味的同时注入新时代特色,形成独具魅力的现代景区文化。景区要充分利用新媒体营销在线上购物方面的优势,由官方牵头创建景区的官方旗舰店,在各大电商平台授权售

卖旅游纪念品及多种文创产品,让景区拥有的独特文化走出景区、走向世界,提高景区文创产业收入占比。同时,景区还要联动生产企业与电商平台,构建景区的文化产业链,实现文化营销创收。

5. 提升粉丝黏性,实现精准互动

新媒体营销需要有流量,流量来自景区的粉丝,因此景区需要培育粉丝群并定期与粉丝进行互动,提升粉丝黏性。通过开展各种转发评论赠送门票活动、带话题的有奖征文活动,以及淡季游客拼团优惠活动,鼓励游客在景区旅游过程中拍摄精彩瞬间上传分享,从而增强公众号、微博账号的互动性和活跃度,同时吸引新用户关注,与其建立情感连接,增强粉丝黏性。

6. 增强平台趣味,打造智慧景区

为提升新媒体平台的宣传质量,首先需要提升更新频次和内容种类,确保旅游资讯的及时性和多样性,提升用户忠诚度。其次,要不断创新文章风格和版面设计,使用新潮有趣的标题和语言,促进与用户的沟通互动。最后,要在主页设置景点推荐,其内容涵盖景区攻略、活动指南、交通线路等版块,打造智慧景区,提升旅游便捷性。

本章小结

我国国内旅游资源丰富,面对旅游景区激烈的竞争,如何通过营销,将景区打造成具有影响力的品牌,吸引游客前来旅游尤为重要。景区营销管理是旅游景区整体经营活动的中心环节。旅游景区的成功不仅需要正确的规划、开发和经营决策,还需要通过营销将景区推广出去,文化交流和经济创收并重,进而实现景区的可持续发展。

本章从景区营销的概念体系入手,结合景区产品的特性,探寻景区营销的特征,并围绕景区营销工作的开展,简要阐述其一般程序。在新时代的背景下,移动互联网给景区营销带来了重大变革,多种新媒体平台为景区营销带来了机遇。本章从景区新媒体营销的概念内涵和种类出发,分析景区新媒体营销的优势,进而立足于景区,提出景区应如何利用新媒体进行营销管理工作的几点策略。

【核心关键词】

景区营销;景区营销特征;景区营销管理;景区新媒体营销概念体系;景区新媒体营销理论基础;景区新媒体营销类型和优势;景区新媒体营销策略。

思考与练习

1. 景区营销、景区营销管理、景区新媒体营销的概念内涵是什么?
2. 景区营销的特征有哪些?

3. 网络整合营销传播的"4I"原则分别是什么?
4. 景区新媒体营销有哪些类型或方式?
5. 景区新媒体营销存在哪些优势?
6. 新时代背景下景区应如何利用新媒体营销来扩大自己的品牌影响力?

【拓展学习】

阅读下列文献,思考景区如何利用新媒体营销,实现景区可持续发展。

罗文斌、翁金燕、林婷等《短视频新媒体时代"网红"景区"长红"发展对策思考》,《河北旅游职业学院学报》,2022年第1期。

【PBL讨论】

讨论新媒体技术如何赋能旅游景区高质量发展。以小组为单位,剖析和归纳景区新媒体营销的创新路径或对策。

第八章

景区标准化管理

引言

景区标准化管理是我国景区质量提升的关键保障。推动景区标准化管理既是我国景区发展的实践必然,也是人民追求美好生活需要的必然。面对新时代游客品质景区体验的需求,景区管理者要重视景区标准化管理工作,深刻认识景区标准化的意义,掌握景区标准化的概念、基础理论和标准化体系以及我国景区标准化的政策和实践,在分析我国景区标准化问题的基础上,提出相关对策,借鉴国内外质量标准化体系推动景区的质量转型。

重点和难点

重点:景区标准化管理的概念内涵;景区标准化管理的意义;景区标准化管理的政策要求;景区标准化的类型;我国质量等级划分与评定的标准化体系。

难点:景区标准化管理的主要问题;景区标准化管理的发展对策。

知识导图

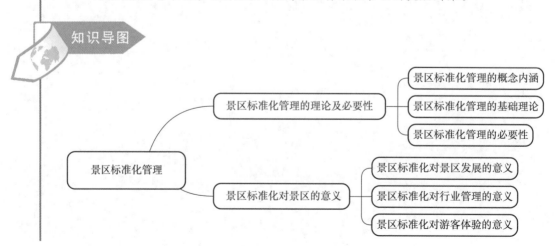

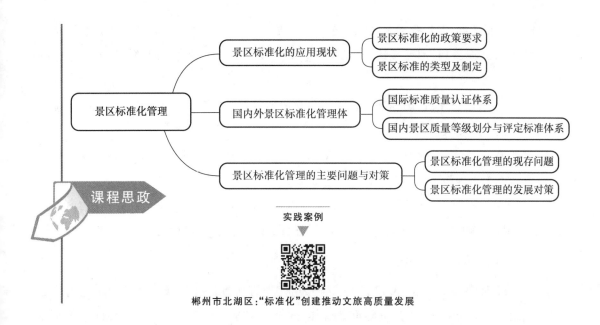

实践案例

郴州市北湖区："标准化"创建推动文旅高质量发展

第一节 景区标准化管理的理论及必要性

一、景区标准化管理的概念内涵

关于景区标准化管理的概念内涵，目前并没有权威的统一观点，我们可以根据标准及标准化的一般定义进行理解。

国际标准化组织（ISO）的标准化原理委员会（STACO）一直致力于标准化概念的研究，先后以"指南"的形式对"标准"的定义作出统一规定："标准，是由一个公认的机构制定和批准的文件。"它对活动或活动的结果规定了规则、导则或特殊值，供共同和反复使用，以实现在预定领域内的最佳秩序效果。标准化，是指为相关活动建立标准体系、实现标准管理的过程。综上所述，景区标准化管理是指景区为经营活动建立标准体系，并实现标准管理的过程。

二、景区标准化管理的基础理论

（一）标准系统理论

我国标准化理论研究拓荒者、标准化教育奠基人李春田在《标准化概论》（第四版）中给出的标准系统的定义："一般是指实现确定的目标，由若干相互依存、相互制约的标准组成的具有特定功能的有机整体。"由于标准系统本身的性质决定了其管理方式必须由人来操作，即管理者必须要通过谋划、组织、部署、监管、调控等方式，将标准系统内所涉及的要素彼此间的关系与外部环境之间的关系进行协调，以最佳的方式处理好标准系统中所遇到的各种问题,发挥系统功能,以保障标准系统的顺利发展。标准系统的宏观原理包括如下内容。

(1)系统效应原理:遵循系统思想,在明确个体效应与系统效应之间的区别和联系的基础上,追求系统总效应。

(2)结构优化原理:强调标准系统结构与功能的关系,主张通过调整和优化标准系统的结构,达到提升系统效应的目的。

(3)有序原理:揭示标准系统发展的动力机制——增加负熵,标准系统稳定才能发挥其功能,但又不能永远稳定,客观环境要求它发展变化。

(4)反馈控制原理:即标准系统演化、发展以及保持结构稳定性和环境适应性的内在及时反馈控制,系统发展的状态取决于系统的适应性和对系统的控制能力。

(二)综合标准化理论

《综合标准化工作指南》(GB/T 12366—2009)对综合标准化进行定义:"为了达到确定的目标,运用系统分析方法,建立标准综合体,并贯彻实施的标准化活动。"综合标准化又被称作"整体标准化"或"全面标准化",它是将不同的标准化所包括的全部要素综合到一起,以形成最优效果为目的的一种标准化管理办法。综合标准化是现代社会将标准化与系统工程结合后产生的结果,它与传统的标准化有着显著的区别,它不是一个标准,而是由一套标准优化构成。

从以上定义可以分析出,综合标准化是对不同的标准进行对象分析、相互关联、统筹协调后获得的最有效的标准,最终形成一套可以解决实际问题的标准,从而促进企业提高生产水平,获得更多的利润。

(三)全面质量管理理论

全面质量管理(total quality management,TQM)的概念是美国学者费根堡姆博士在1961年提出的,他认为全面质量是通过研究、设计、制造以及售后服务等环节,将企业内部各部门关于研制、维持和提高质量的活动,在保证最低的成本和充分满足客户需求的基础上,统一成为一个有机的体系。《质量管理和质量保证术语》中给出的全面质量管理的定义为"一个组织以质量为中心,以全员参与为基础,目的在于通过让顾客满意和本组织所有成员及社会受益而达到长期成功的管理途径"。全面质量管理是在传统质量管理的基础上,随着科学技术的发展和经营管理方面的需求而发展起来的现代质量管理理论,现已发展成为一门系统性很强的科学。

全面质量管理的核心是质量管理,让企业在耗资最低的情况下严格保证产品质量,同时要求企业工作人员有较高的质量意识、大局意识,充分满足顾客的需求,从而促进企业更好更快地发展。

三、景区标准化管理的必要性

1. 景区标准化管理是满足游客高质量体验的需要

人民日益增长的美好生活需要和不平衡不充分的发展之间的矛盾我国新时代社会的主要矛盾,而且社会已经迈入了高质量发展阶段,游客对景区产品和服务的要求也越来越高。景区需要通过实施标准化建设,将景区服务目标分解到景区日常经营的各个部门、各项工作、各个环节,保障景区产品和服务的质量,以满足游客的高品质旅游需要。

2. 景区标准化管理是提升员工规范服务的需要

游客高质量体验需求的满足,建立在一线员工服务的基础上的。如果员工不按照规定流程为游客服务,或有意跳过某些服务环节,则会影响整个景区的服务质量,影响游客体验,降低游客满意度,对景区产生负面影响,最终使景区丧失市场吸引力。

3. 景区标准化管理是提高景区管理效率的需要

标准化管理是现代企业管理的重要内容。面对复杂多变的经营环境,景区需要明确经营计划目标,且为达成目标,编制科学的工作流程和运行规则,最大限度地发挥景区的资源协同功能,这就需要借助标准化管理手段。景区可以引进国内外已有的质量标准体系,按照科学的质量标准体系开展各项工作,做到有章可循,不断提高管理效率。

第二节 景区标准化对景区的意义

一、景区标准化对景区发展的意义

(一) 为景区的开发和管理提供规范指引

标准化工作的开展可以使不同类型的景区明确自身管理要求和质量水准。景区通过设立和执行相关标准,可以实现标准化管理,形成常态化的管理制度以及稳定长远的发展目标,有效地改变景区"随意性"发展的局面。对标准化制度进行规范和约束,能促使景区的各项管理要求符合预期,提高景区管理的效率,同时使景区能在稳定长远的目标下实现可持续发展。

(二) 为景区的高质量发展提供参考标杆

通过对标准化指标体系的分类、分级细化规定,景区能随时进行对标与自查,实现目标导向明确的高质量发展,同时也有利于实现旅游景区服务质量的稳定提升。无论旅游景区的管理人员与工作人员如何更迭,景区都可以在标准化准则的指引下,延续其开发建设及管理服务的目标、内容与水平,从而确保旅游景区服务质量的稳定提升。

（三）为景区的竞争力提升提供有效途径

旅游景区标准化建设，有利于塑造品牌、拓展市场，促进竞争力的提升。景区通过标准化，可规范旅游服务行为、完善旅游接待设施、提升景区品牌形象，进而通过品牌影响力的确立、旅游产品的更新、服务质量的提升、知名度与美誉度的增加，来提高自身在旅游市场的综合竞争力。

二、景区标准化对行业管理的意义

标准化是旅游行业管理的主要手段。景区标准化能够全面提高景区的行业管理水平，提高我国景区的产业素质，并且有利于景区行业素质监督管理工作的实施，为规范、高效的行业管理提供科学依据。

标准化对景区的经营管理者提出了产品和服务两方面的要求。监管部门可以依据相应的标准体系来对景区提供的产品和服务进行检查和监督。景区标准化作为景区、管理者、游客三方面利益相关者的纽带，将其连接起来，形成良性循环的、以结果为导向的持续改进机制，从而使行业素质得到提高。同时，景区标准化能让景区监督管理部门有据可依，以便确立有效的监督管理流程与科学的参考指标，从而实现行业管理的规范化与高效化。

三、景区标准化对游客体验的意义

景区标准化使得景区的服务流程得到确立，服务质量得以稳定提升，可以促进高品质、高标准化景区的建设和发展，有效地提高游客满意度与忠诚度，保障游客安全，并合理规划使用资源，促进资源合理利用，提升游客体验和游客重游率。

第三节　景区标准化的应用现状

一、景区标准化的政策要求

国家高度重视旅游标准化工作，通过各类政策文件推动景区标准化落地。2014年印发的《国务院关于促进旅游业改革发展的若干意见》（国发〔2014〕31号）中，多次提到标准化工作，包括"统一国际国内旅游服务标准""推动旅游服务向优质服务转变，实现标准化和个性化服务的有机统一""制定旅游信息化标准"等内容。

2015年，《国务院办公厅关于进一步促进旅游投资和消费的若干意见》（国办发〔2015〕62号）中指出要建立健全旅游产品和服务质量标准，提升宾馆饭店、景点景区、旅行社等管理服务水平。

2021年10月，中共中央、国务院印发的《国家标准化发展纲要》，明确提出了要"建立健全绿色金融、生态旅游等绿色发展标准"，要"推进度假休闲、乡村旅游、民宿经济、传统村落保护利用等标准化建设",要"提高文化旅游产品与服务、消费保障、公园建设、景区管理等标准化水平"。这不仅将景区标准化建设纳入了国家战略,还具体指明了生态旅游、绿色发展、乡村旅游、传统村落保护、景区管理等领域景区标准化工作的重点方向。

2021年12月国务院印发的《"十四五"旅游业发展规划》(国发〔2021〕32号,以下简称为《规划》)对旅游标准化和景区标准化工作提出了更为明确的要求。《规划》提出要"坚持标准化和个性化相统一,优化旅游产品结构、创新旅游产品体系",在"建设一批世界级旅游景区"相关部分,提出要"完善标准指引,统筹资源利用,强化政策支持,保障要素配置,稳步推进建设,打造具有独特性、代表性和国际影响力的世界级旅游景区"。《规划》特别重视乡村旅游标准和旅游新业态标准,提出要"加强重要农业文化遗产挖掘、保护、传承和利用,建立完善乡村休闲旅游服务标准体系",要"依托森林等自然资源,引导发展森林旅游新业态新产品,加大品牌建设和标准化力度",突出了标准化的引领作用。

二、景区标准的类型及制定

根据国家标准信息公共服务平台,我国景区标准根据起草和负责单位的层级不同通常分为国家标准、行业标准、地方标准、团体标准和企业标准五大类型。

截至2024年7月,根据"全国标准信息公共服务平台""行业标准信息服务平台"的统计,以"景区"为关键词进行检索,可知我国现行旅游景区相关国家标准14项、行业标准13项,这些标准均为推荐性标准,其中《旅游景区公共信息导向系统设置规范》(GB/T 31384—2024)于2024年3月15已发布,同年7月1日开始实施。各省现行的旅游景区地方标准有277项,中国旅游景区协会、中国旅游协会等团体目前现行旅游景区团体标准有59项,部分相关企业也制定了82项旅游景区企业标准。各类标准的相继出台,特别是A级旅游景区等级评定的国标和旅游景区分类的团标,使我国旅游景区标准化得到广泛认同并取得了较好的实效(见表8-1)。

表8-1 各类旅游景区标准制定情况

标准类型	数量	子类	数量
国家标准	14项	无	无
行业标准	13项	LB旅游	8项
		SL水利	2项
		RB认证认可	1项
		QX气象	1项
		GA公共安全	1项
地方标准	277项	各地省标	无
团体标准	59项	中国旅游景区协会	2项
		中国旅游协会	4项
		中国标准化协会	1项

续表

标准类型	数量	子类	数量
团体标准	59项	中国风景名胜区协会	2项
		中国工程建设标准化协会	2项
		其他团体团标	48项
企业标准	82项	无	无

（来源：全国标准信息公共服务平台 https://std.samr.gov.cn/；行业标准信息服务平台 https://hbba.sacinfo.org.cn/；地方标准信息服务平台 https://dbba.sacinfo.org.cn/；全国团体标准信息平台 https://www.ttbz.org.cn/；企业标准信息公共服务平台 https://www.qybz.org.cn/）。

（一）国家层面

国家出台了系列相关或针对旅游景区的国家标准和行业标准：包括旅游资源调查，如《旅游资源分类、调查与评价》(GB/T 18972—2017)；旅游规划编制，如《旅游规划通则》(GB/T 18971—2003)等相关基础、支撑性标准；旅游景区相关类型标准（这里不纳入本研究），如《风景名胜区规划规范》(GB 50298—1999)、《国家湿地公园建设规范》(LY/T 1755—2008)等。其中专门为旅游景区设置的国家标准和行业标准就有27项。而国家层面的旅游景区标准，大致包括以下五个方面。

(1) 景区质量等级标准。如《旅游区（点）质量等级的划分与评定》(GB/T 17775—2003)。

(2) 专类的旅游景区标准。如《游乐园（场）服务质量》(GB/T 16767—2010)、《旅游休闲街区等级划分》(LB/T 082—2021)、《旅游滑雪场质量等级划分》(LB/T 037—2014)、《国家康养旅游示范基地》(LB/T 051-2016)等。

(3) 旅游景区设施与服务标准。如《旅游景区服务指南》(GB/T 26355—2010)、《旅游景区游客中心设置与服务规范》(GB/T 31383—2015)、《旅游景区公共信息导向系统设置规范》(GB/T 31384—2024)等。

(4) 景区生态与环境承载力标准。如《旅游景区可持续发展指南》(GB/T 41011—2021)、《绿色旅游景区》(LB/T 015—2011)、《景区最大承载量核定工作导则》(LB/T 034—2014)等。

(5) 景区信息化建设标准。如《旅游景区数字化应用规范》(GB/T 30225—2013)等。

当前，国家层面还在编制或修订一批标准，如正在修订的《旅游景区质量等级划分》。

（二）行业层面

行业标准是对没有国家标准而又需要在全国某个行业范围内统一的技术要求所制定的标准。截至2024年3月，以"景区"为关键词在"行业标准信息服务平台"上搜索，可知我国与景区相关的行业标准有13项，其中旅游8项、水利2项、认证认可1项、气象1项、公共安全1项。

旅游行业制定的景区标准占比最多,包括2018年实施的《景区游客高峰时段应对规范》(LB/T 068—2017)、2017年实施的《红色旅游经典景区服务规范》(LB/T 055—2017)、2016年实施的《景区最大承载量核定工作导则》(LB/T 034—2014)、2011年实施的《绿色旅游景区》(LB/T 015—2011)等。公共安全行业制定的行业标准有《旅游景区安全防范要求 第1部分:山岳型》(GA/T 1740.1—2020);水利行业有《水利风景区评价规范》(SL/T 300—2023)、《水利风景区规划编制导则》(SL 471—2010);认证认可行业有《旅游自然景区服务认证要求》(RB/T 312—2017)。

（三）地方层面

各地陆续出台了大量的地方标准,用于规范行政区域内的旅游标准化工作。从数量看,地方标准逐渐增多,截至2024年7月,以"景区"为关键词在"地方标准信息服务平台"上搜索,得到现行地方标准277项。

在标准制定内容上,涵盖了景区服务质量、安全管理、交通服务、演艺服务、解说管理、智慧旅游等各方面。部分著名景区推出了自身的旅游服务管理标准,如《三孔名胜景区服务规范》(DB37/T 951—2007)、《长白山景区生态旅游服务质量规范》(DB22/T 456—2020)、《乔家大院景区服务规范》(DB14/T 163—2007)等。

（四）团体层面

根据国务院2015年印发的《深化标准化工作改革方案》(国发〔2015〕13号),团体标准和企业标准为市场自主制定的标准。团体标准是由具备相应专业能力和技术水平的学会、协会、商会等团体制定发布并由社会自愿采用的标准。截止到2024年3月,以"景区"为关键词在"全国团体标准信息平台"进行搜索,得到现行团体标准59项,制定单位包括中国旅游景区协会、中国旅游协会、中国标准化协会、中国风景名胜区协会及各省市旅游协会等。

中国旅游景区协会作为各类旅游景区及相关单位组成的全国景区行业协会,近年来充分利用旅游景区协会景区标准专业委员会这一技术平台,制定团体标准2项,分别为《旅游景区分类》(T/CTAA 0001—2019)、《旅游景区应对重大传染病疫情类突发公共卫生事件的运营指南》(T/CTAA 0003—2020),由此形成了旅游景区分类的基础性标准。同时,中国旅游景区协会结合团体构成单位的需求,编制了景区预约游览、景区应对突发事件、景区职业经理人、景区游客满意度线上评价等提升景区发展质量的团体标准。

（五）企业层面

企业标准是在企业范围内,根据需要自主制定的标准。截至2024年3月,以"旅游景区"为关键词在"企业标准信息服务平台"搜索,可知现行旅游景区相关企业标准有76项。

企业标准的内容涵盖旅游景区服务规范、票务管理规范、安全管理规范、质量管理要求、景区评定规范、应急医疗救助管理规范、质量等级划分与评定等,如山西鹳雀楼旅游集团有限公司现行的《旅游景区票务管理规范》(Q/GQL 003—2023)、郴州龙女温泉有限公司现行的《旅游景区服务指南》(Q/26355—2010)、保德县林涛旅游开发有限公司现行的《故城旅游景区安全管理规范》(Q/140931 BDLT 006—2020)等。

拓展知识
▼

全国文化和旅游标准化示范典型经验名单

第四节　国内外景区标准化管理体系

一、国际标准质量认证体系

1. ISO 9000

ISO 是国际标准化组织(International Organization for Standardization)名称的英文缩写。国际标准化组织是由多国联合组成的非政府性国际标准化机构。该组织1946年成立于瑞士日内瓦,负责制定世界范围内通用的国际标准,以推进国际贸易和科学技术的发展,加强国际经济合作。

ISO 9000质量管理和质量保证系列标准是国际标准化组织质量管理和质量保证委员会于1987年发布的。该系列标准是质量管理和质量保证中的主体标准,共包括标准选用、质量保证和质量管理三大类五项标准,现在已经发展到2000年新版。这套标准具有普遍适用性,已经被包括我国在内的许多国家列为推荐性的国家标准。景区作为提供旅游及相关服务的组织,也适用于这个标准。深圳的"锦绣中华"和"中华民俗文化村"是全国较早通过ISO 9000国际质量体系认证的景区。

旅游景区是劳动密集型行业,景区质量取决于员工提供的服务。ISO 9000标准的实施规范了部门职能,变人治为法治。旅游景区的成功不但依赖于硬件设施、环境及其营造的氛围,更取决于员工提供的服务。ISO 9000的实施,规范了部门职能,确保产品质量不会随人员、地点和时间的不同而改变,提升了游客对各环节服务的满意度。同时,实施 ISO 9000也有助于提高员工的工作效率,调动员工的工作积极性,让员工主动参与景区管理。

2. ISO 14000

ISO 14000是在全球可持续发展问题背景下,由1993年6月成立的国际标准化组织的环境管理技术委员会制定的一份国际标准,以规划企业和社会团体等所有组织的活动、产品和服务的环境行为,支持全球的环境保护工作。

ISO 14000是一个系列的环境管理标准,它包括了环境管理体系、环境审核、环境标志、生命周期分析等国际环境管理领域内的许多焦点问题,旨在指导各类组织(企业、公司)取得和表现正确的环境行为。ISO 14000作为一个多标准组合系统,按标准性质可分为三大类:①基础标准——术语标准;②基本标准——环境管理体系、规范、原理、应用指南;③支持技术类标准(工具)——环境审核、环境标志、环境行为评价、生命周期评估。

3. 绿色环球21标准体系

绿色环球21标准体系是目前全球旅行旅游业唯一公认的可持续旅游标准体系。它是由毛瑞思·斯特朗(Mauris Strong)先生提议,于1994年由世界旅行旅游理事会正式创立。绿色环球21标准体系理念与ISO 14000环境管理体系国际标准有相似性,可以同时贯标、一次审核。

绿色环球21标准体系的内容主要包括:可持续旅游企业标准体系、可持续性旅游社区标准体系、可持续设计建设标准体系、生态旅游标准体系和景区规划设计标准体系。绿色环球可持续旅游标准体系针对旅游业的各个部门,涵盖旅游景区规划设计、景点施工建设和旅游经营管理三个方面。目前已经在应用的标准有可持续旅游企业标准、可持续旅游区标准、生态旅游标准和可持续设计建设标准等。

作为旅游产业的自律机制,绿色环球21标准体系已在全球五大洲的50多个国家开展了认证业务,成员单位涵盖旅行旅游行业各个部门以及城镇社区、旅游学院和政府旅游行政管理部门等。国内已有九寨沟景区、黄龙景区等超过20多家景区(企业)加入绿色环球认证,其中包括国家级风景区、自然保护区、宾馆饭店、度假村及博物馆等。这些企业或景区出色的环境和社会形象吸引着越来越多的国内外游客。

以上三大国际标准质量认证体系为我国景区的标准化体系建设与标准化管理提供了有效参考和认证途径。

二、国内景区质量等级划分与评定标准体系

为了加强对景区的管理,提高景区服务质量,维护旅游景区和旅游者的合法权益,促进我国旅游资源的开发、利用和环境保护,1999年我国颁布了景区质量管理国家标准《旅游景区质量等级的划分与评定》(GB/T 17775—1999)。为了适应现代景区实践发展的需要,国家旅游局对原标准进行了修订,并将原文件中"旅游区(点)"统称为"旅游景区",颁布了2003版,即现在我国A级景区评定的通行标准文件《旅游景区质量等级的划分与评定》(GB/T 17775—2003)。

根据文件规定,旅游景区质量等级划分为五级,从高到低依次为5A、4A、3A、2A、A级旅游景区,旅游景区质量等级的标牌、证书由全国景区等级评定机构统一规定。依照《旅游景区质量等级的划分与评定》国家标准与《旅游景区质量等级管理办法》,3A级及以下等级旅游景区由全国旅游景区质量等级评定委员会授权各省级旅游景区质量等级评定委员会负责评定,省级旅游景区评定委员会可向条件成熟的地市级旅游景区评定委员会再行授权。4A级旅游景区由省级旅游景区质量等级评定委员会推荐,全国旅游景区质量等级评定委员会组织评定。5A级旅游景区从4A级旅游景区中产生。被公告为4A级3年以上的旅游景区

可申报5A级旅游景区。5A级旅游景区由省级旅游景区质量等级评定委员会推荐,全国旅游景区质量等级评定委员会组织评定。

拓展知识
▼

景区质量等级划分与评定标准体系

第五节 景区标准化管理的主要问题与对策

一、景区标准化管理的现存问题

1. 标准化建设经费投入和保障不足

我国大多数自然类和文化类景区是依托其自然景观、文化内涵、环境建设而发展起来的,其地理位置远离城市,有的甚至位于偏远闭塞、经济发展水平落后之地,因此当地的经济发展难以支撑标准化管理所需要的大量配套资金。

2. 标准化体系建设不够完善

标准化体系建设的不完善体现在众多方面:景区基础性标准不够健全,如旅游景区规划建设相关标准有所缺失;标准适用范围单一,缺乏灵活性,如文化遗址类景区相关标准缺失,新兴景区所受关注不足等;现有标准主要针对硬件设施,对游客体验影响明显的服务、解说等软件服务的也关注不足;标准体系基本框架界限模糊且不够完善,主要集中在景区的岗位管理方面,对于景区内部的经营和规划涉及较少;景区标准化体系动态更新不够及时,景区缺乏活力,与旅游市场需求脱节。

3. 标准化建设不符合国家要求

目前我国景区的地方标准多(约291项)、团体标准少(约56项),这与国家现阶段倡导的强化团体或联盟标准的目标要求不一致。国家标准、行业标准、地方标准、团体标准、企业标准等各层级间的标准衔接与传导不畅,出现标准之间的"打架"现象,缺少有效的协同机制和平台。同时,也存在标准命名混乱,国家标准、行业标准、地方标准同名的情况。

4. 标准化建设约束力度不够

尽管我国景区标准化建设取得了一定的进步,各类标准也逐步完善。但存在相当一部分的旅游景区标准指导性、操作性不强、影响力不足,导致景区主体应用标准的积极性不高,执行力不够;目前除一些国家安全方面的强制性标准和质量等级评定标准外,多数标准执行监管力度有待加强,标准缺乏约束力度。

5. 标准化建设的人才队伍缺乏

标准化建设是新兴的学科,当前我国高校开设的标准化建设相关课程较少,所以标准化专业人才培养缓慢,市场上缺乏旅游标准化建设的人才。此外,标准制定过程中相关各方参与不够,标准制定主体代表性、覆盖面不够,地方政府、科研机构、景区企业间缺少有效的合作沟通机制,特别是旅游者参与度不高,标准对企业、消费者利益体现不足,这也使得景区标准化建设工作推进缓慢、专业水平较低。

二、景区标准化管理的发展对策

1. 构建科学合理的景区标准体系

景区标准体系,包括景区基础标准、规划建设标准、要素配置标准、技术应用标准、支持系统标准等类型。景区标准体系应依据内部和外部环境变化及时调整,并制定切合实际的旅游景区标准体系架构,确保旅游景区标准具有全面性、系统性。其中,尤其要强化团体标准的制定,适度增加地方标准的数量。

2. 注重文旅融合和以游客为核心

文化是旅游的灵魂,也是旅游发展的核心要素和动力源泉。在我国文旅深度融合的背景下,景区标准化建设也应该保障文化资源的挖掘、传承、创意与创新,以凸显景区文化内涵和特色,让游客在旅游体验中感受到该景区独特的文化魅力。

以游客为核心,始终是景区可持续发展的关键所在。景区标准化管理中应秉承以服务于游客需求为核心的经营管理理念,倾力实现让每一位游客"撒温情花雨、添人间欢乐""乘兴而来、满意而归"或"乘兴而来,感动而归"的服务与质量标准目标。景区亦需要凭借严谨务实的管理风格、独树一帜的企业文化、优质温馨的人性化服务,严格按照景区行业标准,率先实践,不断创新。通过企业文化的无形影响和管理标准的严格执行,景区员工可以在工作中贯彻"学习、创新、执行、快乐"的企业方针,养成严谨、认真、规范的工作态度,为景区取得一流的成绩打下坚实基础。

3. 加大经费投入与保障

针对我国偏远景区标准化建设经费不足的问题,应从两方面加以解决和保障。一方面,国家和地方政府主管部门要加大景区建设的经费投入力度,统筹各类财政资金,设立景区标准化建设的专项资金支持,以保障那些经济落后、资源优良的景区的开展标准化建设。另一方面,景区管理者应重视景区标准化建设工作,将其作为专项工作纳入景区年度经费预算,以保障标准化建设和管理工作的开展。

4. 促进多元主体共同参与

在以往景区标准的编制、贯彻和认证中,常常缺乏政府等机构之外的相关利益方的参与,尤其缺少景区企业机构和旅游服务的需求方——旅游者的参与,没有平衡好各利益方的诉求。未来多元主体共同参与景区标准化将是大势所趋。因此景区在进行标准化管理的过程中,应注重遵循政府引导,吸引行业协会等民间机构参与标准的具体制定,同时聘请第三方专业机构进行认证和监督,激发旅游者参与景区标准化建设的热情,进而吸引市场主体的参与。

5. 加强景区标准化的可操作性

针对目前较多景区标准可操作性不强的问题,提升未来景区标准的可操作性应成为重要努力方向。未来景区标准可通过定量化要求来实现标准要求的可量化考核。同时,景区可采取图文结合的标准表现形式,通过细化、具体化的实施要求等,以生动、形象、准确的图文来强化景区标准的可操作性。

6. 提升管理的智慧化水平

随着我国信息技术的不断进步,智慧化技术和数字化技术与景区融合将日益普及和深化,景区必须把信息化、智慧化、数字化技术纳入标准化建设之中。一方面,景区要加大对信息服务、智慧服务的建设力度,努力实现景区信息化、智慧化、数字化管理。这是景区标准化建设和管理的重要内容。其中,信息化建设包括网络建设、信息门户建设、客户端软件建设、自动化办公系统、信息监控、电子巡查、电子导览、电子导游、多媒体信息展示和自助查询、实时信息播报、电子商务等,能够为打造智慧化、数字化景区提供标准支持。

另一方面,景区应严格按照智慧景区的建设标准,加强智慧旅游云数据库、旅游公共信息服务平台、移动智能旅游服务系统、导游(领队)带团服务系统、智慧旅游视频监控系统、智慧旅游体验系统、智慧旅游一卡通等智慧旅游项目建设。同时,景区也可以应用智慧旅游建设的相关成果,继续提升旅游标准化管理和公共服务方面的质量,如旅游统计、游客满意度调查、游客流量预报等。

7. 加强宣传力度

景区在推进标准化管理方面,可以从两方面发力。一方面,要综合利用多种形式传播景区标准化准则,景区可以利用官方网站、公众号、内部报纸、宣传栏、会议室等各种宣传载体向员工宣传景区标准化的意义和作用,潜移默化地影响员工,进而营造一种崇尚标准的企业文化。景区也可以通过开办各种活动,如评选标准化能手、微笑大使、服务标兵等,激发员工的上进心。此外,景区还可以在官方网站上以专栏的形式公布所用的标准化准则,以此加强和其他景区的经验交流,也让游客充分了解景区的服务规范及流程,提高游客对景区的期望值。这方面海南呀诺达雨林文化旅游区是行业典范。

另外,还要加强对景区管理者标准化知识的宣传。管理者如果没有真正认识到推进标准化对企业的有利作用,会导致景区标准体系实际建设工作照本宣科,往往将主持推进标准化的工作任务交由某个部门负责,而标准化建设离不开全员的参与,管理者的支持与参与是全员参与的基础,能从源头避免标准体系与景区实际运营管理脱离,出现标准体系与实际运营管理"两张皮"的现象。

8. 加强专业人才的培养

目前景区标准化专业人才普遍缺乏,应根据景区特点,加强景区标准化人才队伍建设。一方面要明确管理人员的素质要求,既要熟悉景区整体管理,又要有景区标准建设专业技能;另一方面要组织面向景区普通工作人员的强化培训,提高他们的景区标准化专业水平,努力培养一支熟悉标准化工作的骨干人才,有效推动旅游景区标准化工作。

本章小结

旅游景区是旅游业发展的重要依托,标准化则是旅游景区高质量发展的支撑和保障。探讨景区标准化管理的内容,搭建景区标准化的知识框架,对逐渐完善旅游景区标准体系、促进旅游产品升级和提升旅游服务品质具有重大作用。

本章首先从景区标准化的概念、基础理论、必要性入手,厘清景区标准化对景区发展、行业标准、游客体验的作用与意义。其次,结合我国旅游景区标准化工作的稳步推进,分析整理了目前我国景区标准化的应用现状,了解了系列旅游景区相关标准,包括国家标准、行业标准、地方标准、团体标准、企业标准等,介绍了多个标准化试点景区,并探讨了景区质量等级标准化管理的相关内容。最后,基于现状梳理了我国景区标准化管理工作所面临的问题,由此提出我国景区标准化管理的方向与对策。

【核心关键词】

景区标准化;景区标准化基础理论;景区标准化意义;景区标准化类型;景区质量等级评定与划分;景区标准化管理对策。

思考与练习

1. 如何理解景区标准化的概念内涵?
2. 景区标准化管理的必要性是什么?
3. 景区标准化管理的作用和意义表现在哪些方面?
4. 我国景区标准化的政策要求是什么?
5. 我国景区标准有哪些主要类型?
6. 我国景区标准化建设过程中存在什么问题?
7. 如何推动我国景区标准化管理?
8. 我国景区质量等级评定与划分标准体系主要由哪些方面构成?
9. 国际上有哪些可以借鉴的质量标准体系?
10. 我国景区有哪些标准化建设的典型案例?主要包括哪些标准化工作?

【拓展学习】

1. 实操练习：请大家登陆全国标准信息公共服务平台 https://std.samr.gov.cn/，并查找各类景区标准文件。

2. 阅读实践新闻报道（人民网《冯俊锋：景区餐饮标准化重构游客评价体系》，http://unn.people.com.cn/n1/2021/0811/c14717-32189872.html。），思考本新闻报道中景区如何实施标准化管理以及产生了哪些意义。

【PBL 讨论】

以组为单位，归纳和整理跟踪景区标准化管理的经验做法或分析其不足。

第九章

景区安全管理

引言

景区安全管理是景区管理的基础内容。传统的景区管理并未将安全放在首位,导致景区日常运行中时常出现安全事故。景区安全事故少部分是由自然因素导致的,大多数都是因为管理的缺位,所以在现今提倡美好生活的时代,景区管理者应该将景区安全视作景区的生命线,要探索景区安全事故的成因、构建景区安全管理体系、完善景区安全事故处理方法与措施,为推动平安景区和美丽景区建设做好基础工作。

重点和难点

重点:景区安全管理的概念内涵;景区安全管理的表现形态;景区安全管理系统的构建;景区安全事故的防范措施;景区常见安全事故的处理方法。

难点:景区安全问题的成因;景区安全问题的管理对策。

知识导图

```
                              ┌── 旅游景区安全管理概念
                              ├── 旅游景区安全问题的表现形态
            ┌── 旅游景区安全管理概述 ──┤
            │                 ├── 旅游景区安全问题的成因
            │                 └── 旅游景区安全问题的对策
旅游景区安全管理 ─┤
            │                      ┌── 外部旅游安全管理系统的构建
            └── 旅游景区安全管理系统的构建 ──┤
                                   └── 内部旅游安全管理系统的构建
```

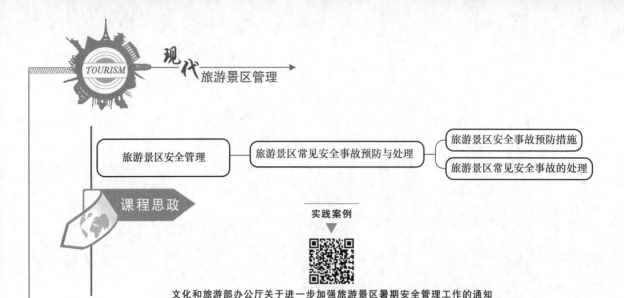

第一节 景区安全管理概述

一、景区安全管理概念

景区安全管理,是指景区管理者根据国家安全工作的方针政策,在接待服务过程中采取多种管理措施与技术手段,解决和消除不安全因素,以实现景区和游客的安全状态的管理活动。旅游景区类型多样,而旅游活动作为一项综合性的活动,涉及吃、住、行、游、购、娱六大要素,因此景区安全管理具有综合性、复杂性和多样性的特点。

二、景区安全问题的表现形态

对于旅游景区来说,可能发生的安全问题主要有两大类:一类是由自然因素引起的突发性安全事故,例如,地震、泥石流、台风等引起的伤害游客的突发性事件;另一类是由人为因素引起的突发性事件,例如,维护或操作不当致使景区设施发生故障而引起的伤害游客事件。

1. 景区自然安全事故

(1) 威胁人类生命及损毁旅游设施的自然灾害。重大自然灾害均会威胁人类生命和旅游设施,如台风、沙尘暴等气象灾害,地震、火山喷发、海啸、雪崩、泥石流等地质及地貌灾害,以及水灾、旱灾、森林大火等其他灾害。

(2) 危及旅游者健康和生命的其他自然因素与现象。例如,高原缺氧、高寒低温、紫外线暴晒等。

(3) 旅游者与野生动植物等接触产生的危险。例如,老虎、狮子等大型动物伤人、危害旅游者生命的事件,有毒昆虫叮咬游客导致其皮肤乃至身体产生伤害的事件等。

2. 景区公共安全事故

景区公共安全事故是指非自然因素引起的、伤害游客数量较多、影响恶劣的突发事件。这些事件不仅直接危及旅游者的人身安全,而且会对景区形象产生负面影响,进而导致旅游景区游客数量锐减甚至停业整顿。景区的公共安全事故包括但不限于以下四类。

(1) 火灾。

景区火灾的原因主要包括人为纵火、演艺活动火源失控、电路设备老化或者过载等。由于景区运营面积大、管理人员数量有限等原因,一旦发生火灾,很难第一时间控制,将会对游客和旅游资源造成难以挽回的损失和伤害。近年来,景区火灾的发生频率呈上升趋势,主要发生在森林景区、景区宾馆、酒店及其他各类公共场所内。

(2) 犯罪。

犯罪是旅游景区安全中极其引人关注的表现形态之一。旅游活动中存在的犯罪现象大体分为盗窃、欺诈、暴力型犯罪三大类型。此外,毒品、赌博等也是威胁旅游安全的潜在因素。旅游犯罪是旅游业发展中负面影响极为严重的事故之一。就一般旅游景区而言,其地形、气候复杂多变,同时景区面积较大,客观上给景区的安全管理带来了很大困难;再者,景区的游客流动性大而且较为分散,旅游者的无组织、无秩序的游览活动常为犯罪分子提供可乘之机。尽管旅游犯罪在景区发生的可能性较小、时间较短,但对景区经营的直接影响是不容忽视的。例如,在国内的一些景区,常常是多名嫌疑人以卖中药材、土特产、工艺品为"道具",通过"角色扮演""联合作战""假戏真做"等手段,诱骗游客主动上钩或者使用武力胁迫游客消费,甚至实施欺诈、抢劫,游客势单力薄,往往掏钱就范。这种涉嫌犯罪的行为已经成为中国旅游景区发展的毒瘤。

(3) 食物中毒。

景区食物中毒是指景区餐饮单位向旅游者提供不合格的食物或者水,致使旅游者出现群体性中毒现象。食物中毒发病快、来源点难以判断,处理起来相当棘手,事故影响极其恶劣。因此,无论是景区自营的餐饮企业还是招商租赁的餐饮主体(摊点),景区运营管理部门都应该担负起监督和检查的责任。例如,2023年3月,四川九寨沟景区发生过一起一家酒店提供的白酒致使1人死亡、1人失明、2人神经受损入院的甲醇中毒事件。

(4) 交通事故。

旅游交通事故是经常出现的旅游安全问题,其事发突然、伤亡率高的特点也让景区运营管理者头痛不已。景区的交通事故中,常见的有以下四种类型。

①景区内路面交通事故。

在一些面积较大的景区,景区内巴士是一种常见的交通方式。虽然景区内车速并不高,但是,由于人车混行、弯多路陡、雨雪天气等因素,很可能发生倾覆、碰撞等交通事故。

②景区水难事故。

景区水难事故指的是在景区水体中游览时,包括在景区内游泳、漂流、水上游船等过程中出现的安全事故。近年来,此类安全事故出现的频率呈上升趋势。

③缆车等景区交通事故。

缆车索道等设施为游客参观游览提供了方便,但如果管理缺失,或操作人员责任心不强、设备超负荷运行、检修不当、机械或电力故障等都会引起安全事故,轻则游客被长时间滞留空中,重则出现伤亡事件。

④踩踏事故。

景区的踩踏事故,是指在景区容量饱和或超载,或举办大型活动等过程中,游人聚集在狭小的空间,特别是在整个队伍产生拥挤移动致人意外跌倒后,后面不明险情的人群依然在前行,对跌倒的人产生踩踏或叠压,惊慌的情绪又会加剧拥挤,从而产生新的跌倒和踩踏并恶性循环的群体伤害的意外事件。例如,2022年韩国梨泰院发生的拥挤踩踏事件,造成了158人死亡、196人受伤的严重后果。

三、旅游安全问题的成因

旅游安全事故主要由涉及游客的不安全行为和旅游场地、旅游设施、交通工具等的不安全状态引起,其背后的深层次原因是旅游管理的失误。如图9-1所示,旅游事故主要由人的不安全行为、物的不安全状态和管理因素共同作用造成。

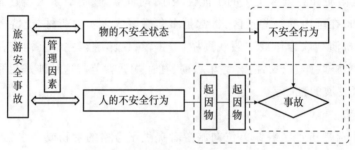

图9-1 旅游安全事故致因模型

1. 人的不安全行为

游客的不安全行为会直接引起安全事故的发生,如在景区随意扔弃烟头、对景区娱乐设备操作不当、违反旅游纪律、在野外进行野营露宿引发山林火灾等。有的游客为追求刺激,体验超越身心承受能力的高风险旅游项目,也会直接导致安全事故的发生。

2. 物的不安全状态

旅游景区涉及的物主要指景区的各种机械设施,包括交通设施、娱乐设施、消防应急设施和其他设施。由于旅游设施陈旧老化,检修和保养不到位,存在旅游设施尖端锋利、结构不稳固等隐患,容易造成机械伤害。如佛山某娱乐中心"2·8"游乐设施事故。

3. 管理因素

管理部门的监管包括编制安全生产制度、旅游保险制度、安全预警机制、应急救援机制,进行安全宣传教育、安全监督检查等。监管不力或管理失误会加重旅游环境的不安全状态,放任甚至加剧游客的不安全行为。例如,2017年2月3日14时17分,重庆市某公园大型游乐设施"遨游太空"在运行过程中,一乘坐者从座舱内甩出,不幸坠亡。经专家现场勘验,此次事故的直接原因是游乐场操作人员未按规范操作。

四、景区安全问题的对策

1. 强化安全管理意识

景区安全事故往往是突然发生的,但导致景区安全事故发生的隐患或潜在危险是早就存在的,只是未被发现或未受到重视而已。很多旅游景区之所以出现重大安全事故,就是因为景区的管理层在思想上不重视安全管理工作,存在侥幸心理。有些景区管理者甚至对景区的安全隐患报告置之不理,等到安全事故发生后才追悔莫及。因此,旅游景区管理者要做好安全风险管理工作,增强旅游景区安全风险管理意识,时时、处处重视安全管理工作,只有这样才能从根本上解决问题。

2. 提升安全管理技术

旅游安全管理是通过持续的风险识别,采取科学的方法和措施,将旅游系统中人的伤害风险和物的损失风险保持在可接受的范围内的一系列计划、组织、协调和控制活动。随着新技术的应用,景区不能再仅仅依靠传统的管理方式,而要引进新技术,创新安全管理模式。景区应通过建设智慧景区安全监测预警系统,对景区环境可能存在的不安全状态进行实时监测,发布预警信息,排除安全隐患;对游客流量和游客行为进行实时监测,第一时间发现安全问题,及时到达现场,快速开展应急救援;同时,通过建设智慧管理系统,及时协调指挥景区各部门工作人员,共同应对景区安全问题。

3. 完善安全管理制度

旅游安全是旅游活动正常开展的前提和基础,完善安全管理制度是促使景区在安全管理工作中实行法治、避免人治的重要举措。旅游景区在进行安全管理时,应针对安全管理工作的第一个环节开始制定相关规章制度,如制定定期检查安全风险源制度、景区安全风险评估制度、景区安全风险预警制度、景区安全风险应对措施制度、景区安全事故救援制度、景区员工安全知识培训制度、景区安全企业文化建设制度等。通过制度建设,加强景区工作人员安全培训,规范工作人员安全作业行为,强化对游客的安全宣传教育,定期排查景区设施设备安全故障等。

第二节 景区安全管理系统的构建

一、外部旅游安全管理系统的构建

1. 建立旅游景区安全管理的法规体系

依法管理是旅游景区安全管理的根本途径。我国目前景区安全管理相关的法规主要有《风景名胜区条例》《漂流旅游安全管理暂行办法》《游乐园(场)安全和服务质量》《旅行社安全规范》等,《中华人民共和国旅游法》《中华人民共和国安全生产法》《中华人民共和国突发

事件应对法》及《生产安全事故报告和调查处理条例》等有关法律、行政法规都是重要的法律依据。当然,相关部门应该进一步完善和细化旅游景区安全管理法律体系,使法律理论超前于旅游实践,这样才能够对实践起到积极引导作用,进而提高安全管理的运作效率。

2. 建立旅游景区安全社会联动系统

旅游安全涉及旅游业各部门和社会各环节。在区域旅游安全管理中,各相关主体应协同共建一个由旅游行政管理部门牵头,旅游地居民、旅游从业人员、旅游管理、治安管理、社区医院、消防、保险、交通等多部门、多人员参与的旅游安全联动系统,并和社会安全系统衔接,形成资源共享、全社会关注旅游安全的局面。

3. 建立旅游景区安全宣传教育体系

政府、景区企业、旅游者、社区居民、社会团体等相关参与者应配合旅游景区发挥好旅游安全宣传、旅游事故事实澄清和发布旅游安全信息等各项公共职能。

4. 建立自上而下的安全监管执法体系

旅游行政管理部门对旅游景区的监督检查方式有日常监督、专项监督、个案监督、年度监督等。应贯彻从高层宏观指导和管理到基层日常监督和严格执法,通过建立完善的监管和执法体系,确保旅游安全管理工作落到实处。

二、内部旅游安全管理系统的构建

1. 加强旅游安全宣传、教育与培训

景区应依托旅游景区安全组织或人员向游客、旅游目的地社区及旅游从业人员进行旅游安全宣传教育工作。对于游客可通过各种告示及解说系统和旅游从业人员的安全建议等进行宣传。对社区居民和旅游从业人员的安全宣传教育包括两部分:一是加强安全教育与培训,二是严肃处理旅游安全事故责任人。旅游从业人员的安全意识和安全技能直接关系到安全事故的发生概率,培养具有较高安全管理素质的旅游从业人员,可以减少安全事故的发生。

2. 完善旅游景区安全管理的组织系统

旅游景区安全管理组织是确保旅游安全的基础。大型旅游景区应建立包括旅游安全宣传组织、旅游安全过程管理组织、旅游安全预警组织、旅游安全救助组织等在内的组织体系;小型旅游景区应设置专人专职负责安全管理工作,并落实责任。

3. 完善旅游安全救助应急系统

旅游景区内应组建一支健全的抢救和医疗应急反应队伍,开展一系列安全服务活动。如运送紧急药品,现场紧急救援,就地紧急处理,及时将游客送往医院并安排其入院,提供入院后的追踪服务,尽快与游客亲友联系等。这不仅关系到游客的旅游体验,而且直接关系到游客的人身安全。

4. 建立旅游安全预警系统

景区应依托旅游安全预警组织或人员建立旅游景区安全监测网络,将高新科技运用到旅游景区安全监测中,如在森林旅游景区和山岳景区运用全球定位技术进行安全监测,建立安全报警系统等。另外,设立完备的旅游景区安全标志也可以对游客的行为起到预先警告和提示的作用。

第三节　景区常见安全事故预防与处理

景区安全事故多为游客人身伤亡和财产损失,这会直接冲击旅游企业和脆弱的地区旅游经济,还可能对旅游目的地形象产生影响。正因如此,采取各种措施进行防范和控制,将旅游景区安全事故消弭在萌芽状态显得格外重要。

一、景区安全事故预防措施

(一)建立景区安全预警系统

景区安全预警系统由旅游景区信息系统、安保部门、市场营销部门等构成,主要任务是发布景区安全管理法规、制度,教育、培养旅游景区从业人员、游客、社区居民的安全知识和意识,提高游客的安全防范能力。具体的工作内容包括以下几个方面。

1. 加强安全宣传

针对景区内游客流动性大的特点,当地旅游管理部门可以配合治安管理机构在车站、码头、旅馆等游客集散地设置安全宣传栏和发放安全宣传手册,通过网络平台进行安全宣传;在景区事故频发、易发的偏僻地段设置安全宣传橱窗与告示牌,告知游客在旅游过程中的注意事项及突发情况下的应急措施;也可在导游图等旅游宣传手册上介绍旅游景区的安全保障措施和游览注意事项,以提高游客的安全意识和自我保护能力。

2. 加强普法教育

旅游管理部门对景区的居民进行深入的普法教育,提高他们的法制观念和守法意识。

3. 加强旺季的反营销

在景区旅游旺季到来之前,景区应进行有针对性的反营销宣传活动,从减少旅游需求方面着眼,着力降低景区旅游旺季的高峰流量,将游客数量控制在景区所能承受的饱和范围之内,以此减轻旅游景区的环境保护和安全保障压力。

4. 加强部门合作

景区的信息部门、旅游宣传机构应与当地治安管理部门加强在执法与安全信息发布方面的合作,同时争取景区内各部门的理解、支持和参与。

（二）建立景区安全控制系统

旅游景区安全控制系统是由旅游景区安全管理队伍及其相应的一系列防控、管理活动组成，包括旅游景区旅游警察及其工作、旅游景区联合治安执法队伍及其工作。具体的工作内容如下。

1. 加强监督管理

旅游景区管理部门应对各种经营活动进行监督与管理，加强对旅游景区内业主特别是个体业主的安全防控与管理，杜绝出现强行兜售商品、欺客、宰客等现象。

2. 完善机构及配套专业人员

旅游景区应设置景区治安管理机构，配备专业人员，加强旅游景区的治安管理，防止旅游景区内盗窃、酗酒闹事、聚众斗殴、赌博、卖淫嫖娼、吸毒、传播或观看淫秽物品等违法事件的发生，保证游客的人身财产安全。

（三）建立景区安全保障系统

景区安全保障系统由旅游景区安全管理的政策及相关法规条例、旅游景区安全救援系统、旅游景区安全资料与档案、旅游保险等部分构成。

1. 旅游景区安全管理政策及相关法规条例

景区安全管理的政策及相关法规条例，包括国家、地方颁布的安全管理法规和条例、景区自己的相关制度与规定等。

2. 景区安全救援系统

景区应设置能快速反应的景区安全救援系统。景区安全救援系统由景区和社区的医院、消防、公安部门等组成。

3. 景区安全资料与档案

景区管理部门要对景区安全事故的类型、发生规律进行研究和总结，并形成资料，这是景区安全管理的事实依据，可用于指导景区安全管理工作；要对旅游景区的资源安全、环境安全、卫生安全、食物安全、商业经营安全进行调查与统计，以便进行防控与管理；要对景区内的设施设备安全运行进行跟踪与记录，以便维护和保养设施设备，保证设施设备能安全工作。

4. 旅游保险

景区要在其内部实施保险制度，建立健全游客人身财产保险制度，加强旅游保险的宣传教育。引导和提倡游客购买旅游保险，提高游客自身安全防范和安全保险的意识。

二、景区常见安全事故的处理

（一）火灾事故的处理

火灾是旅游景区比较常见也是危害较大的安全事故之一，旅游景区发生火灾事故可按以下方法处理。

1. 组织灭火

发生火灾的单位或发现火情的人员应立即向报警中心报告,讲清失火的准确位置、火情性质、火势大小等。报警中心接到报告后,应立即上报景区总经理或总负责人,并根据总经理或总负责人的指示呼叫消防队并拉响警铃。报警中心应指示总机开始广播,告知火势情况,稳定游客情绪,指挥游客撤离现场。总经理或总负责人、安全部经理、工程部、消防队、医务人员等应立即赶赴火灾现场组织救火,迅速查明起火的准确部位和发生火灾的主要原因,采取有效的灭火措施,并积极组织抢救伤病员和安置老弱病幼游客。

2. 保护火灾现场

注意发现和保护起火点现场。清理残火时,不要轻易拆除和移动物体,要尽可能地保持燃烧时的状态。火扑灭后,应立即划出警戒区域,设置警卫,禁止无关人员进入,在公安消防部门参与或同意后再进行现场勘察并清理火灾现场。勘察人员进入现场后,不要随意走动,对进入重点勘察区域的人员应有所限制。

3. 查清火灾原因

旅游景区火灾发生的原因基本上可以分成两类:①自然起火,如自燃、雷击等;②人为纵火,如思想麻痹、违规操作引发的火灾。2021年2月14日,曾被《国家地理》杂志誉为"中国最后一个原始部落"的翁丁老寨,被一场大火烧毁,经调查,原因系"8岁小孩在古寨玩火",仅仅几个小时,400多年的原始部落就消失了,让人痛心。

查明人为纵火原因,主要采用调查访问、现场勘察和技术鉴定等方法。

(1) 调查访问。主要调查对象包括最先发现火灾的人、报警的人、最后离开起火点的人、熟悉起火点周围情况的人、最先到达起火点的人、火灾受害人等,调查内容包括火灾发生的准确时间、起火的准确部位、火灾前后现场的情况等。

(2) 现场勘察。勘察内容包括对火灾周围环境的勘察,对着火建筑物和火灾区域的初步勘察,对物证、痕迹的详细勘察和对证人的详细询问等。

(3) 技术鉴定。借助科学技术手段如化学分析实验、电工原理鉴定、物理鉴定和模拟试验等手段进行技术鉴定。

(二) 重大盗窃事故的处理

旅游景区重大盗窃事故是指发生在旅游景区内的游客或企业的大笔现金、贵重物品被盗事件或旅游景区贵重设施设备被盗事件。旅游景区安全部门接到报案后,应迅速反应并及时处理。

当旅游景区发生重大偷窃事故的时候,要做到以下几点。

(1) 了解情况,保护现场。

查明事故发生的经过,了解情况,采取切实有效的措施保护现场。

(2) 向警方报案,划定勘察范围,确定勘察顺序。

盗窃现场勘察重点主要包括：第一，对现场进出口的勘察。因现场进出口是犯罪分子必经之地。第二，对被盗窃财物场所的勘察。被盗财物场所是犯罪分子活动中心部位，往往会留下犯罪痕迹。第三，对现场周围的勘察。主要是为了发现犯罪分子的经由线路和作案前后停留的场所有无痕迹、有无遗留物及交通工具痕迹等。

（3）分析判断案情，确定嫌疑人。

经过勘察分析，判断案情，如果不是外来人员作案，即可在划定范围内，通过调查走访发现嫌疑人。

（三）人身安全事故的处理

用爆炸、暗杀、凶杀、抢劫、绑架等暴力手段造成人身伤害的案件发生后的应对措施：①安保人员应火速赶赴现场，组织人员对伤员进行抢救；②保护现场，收集整理遗留物和可疑物品；③及时组织力量，力争当场抓获犯罪分子；④警方到来后，协助警方破案及处理相关事项。

（四）游客病危、死亡事故的处理

旅游景区内游客病危、死亡事故的处理应注意三个环节。

（1）游客病危情形。

当发现旅客突然患病，应立即报告旅游景区负责人或值班经理，在领导安排下组织抢救。在抢救病危旅客的过程中，必须有患者家属、领队或亲朋好友在场。

（2）游客死亡情形。

一经发现游客在旅游景区内死亡，应立即报告当地公安机关，并通知死者所属的旅游团、组负责人或死者单位、家属。如属正常死亡，善后处理工作由接待单位负责，没有接待单位的，由公安机关会同有关部门共同处理。经公安机关同意后，景区工作人员清点死者遗物并妥善保管，交由公安机关或死者单位、家属处理，或由死者家属自行清点遗物。如属非正常死亡，应保护好现场及死者遗体，由公安机关取证调查，景区应协助公安机关或死者单位、家属处理好有关事宜。

（3）其他注意事项。

游客死亡善后处理结束后，应由其生前所在单位或接待单位写出"死亡善后处理情况报告"交主管领导单位、公安局等相关部门。报告内容包括死亡原因、抢救措施、诊断结果、善后处理情况等。对于在华死亡的外国人，要严格按照国家规定的相关处理程序处理。

本章小结

景区安全问题的表现形态主要包括景区自然安全事故和景区公共安全事故。旅游事故主要由人的不安全行为、物的不安全状态和管理因素共同作用造成。解决旅游景区安全问题的对策主要有强化安全管理意识、完善安全管理制度、提升安全管理技术等。

旅游景区安全管理系统的构建包括外部旅游安全管理系统的构建：建立旅游景区安全管理的法规体系，建立自上至下的监管和执法体系，建立旅游景区安全宣传教育体系，建立旅游景区安全社会联动系统等；内部旅游安全管理系统的构建：完善旅游景区安全的组织系统，加强旅游安全宣传、教育与培训，完善安全救助应急系统，建立旅游安全预警系统，完善旅游保险服务等。

旅游景区常见安全事故预防与处理包括：旅游景区安全防范、旅游景区常见安全事故的处理等。

【核心关键词】

景区安全；景区安全事故成因；景区安全管理系统；景区安全事故的预防和处理。

思考与练习

1. 什么是景区安全管理？
2. 旅游景区安全问题的成因有哪些？
3. 旅游景区安全管理系统的构建包括哪些内容？
4. 旅游景区常见安全事故有哪些？如何加以预防和处理？

【拓展学习】

查找政府关于旅游安全管理的制度文件，阅读并从中找到景区安全管理的方向指引和有效措施。

《旅游安全管理办法》（国家旅游局令第41号），https://www.gov.cn/gongbao/content/2017/content_5183508.htm。

【PBL讨论】

以组为单位，归纳和整理跟踪景区安全管理的经验或不足。

第十章

景区体验管理

引言

游客购买景区产品和服务的本质是获得高质量的旅游体验，注重游客体验设计是景区经营成功的关键环节，这也是现代景区管理的重要内容和现实挑战。本章我们着重介绍景区体验管理的背景、概念、特征、主要内容，以及体验设计和体验塑造的基础知识，以探索现代景区管理的新方法、新理念。

重点和难点

重点：体验经济的概念；景区体验管理的概念内涵；景区体验管理的基本特征；景区体验管理的主要方法；景区体验设计的概念内涵；景区项目设计的主要原则；景区文化体验空间设计的主要方法。

难点：旅游发展与体验的关系；景区旅游者体验的塑造。

知识导图

- 景区体验管理
  - 景区体验管理背景
    - 旅游的本质
    - 旅游发展的体验化趋势
  - 景区体验管理
    - 景区体验管理的概念界定
    - 景区体验管理的基本特征
    - 景区体验管理的主要内容
    - 景区体验管理的主要方法

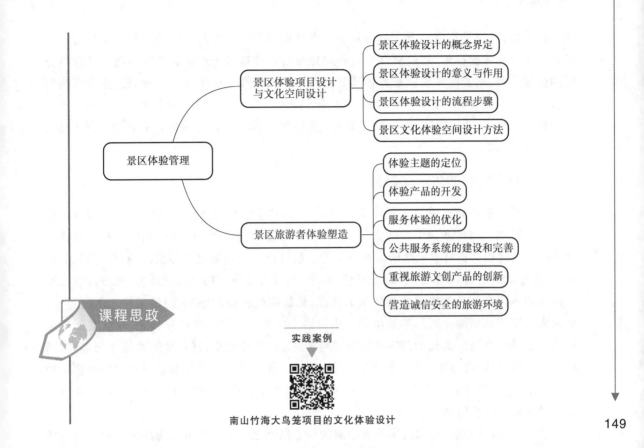

南山竹海大鸟笼项目的文化体验设计

第一节　景区体验管理背景

景区体验源自旅游发展的体验化,要对景区体验实施管理,首先要弄清楚旅游发展与体验及体验经济的关系,可以从旅游的本质、旅游体验化趋势来理解。

一、旅游的本质

旅游的本质是什么？这是一个众说纷纭、未有定论的问题。对本质的认识,将决定着构建有关该事物的一整套知识体系的基本纲领,知识的整体化和自洽性无不建立在对事物本质认识的基础之上。迄今为止,许多学者从不同的视角出发,对旅游的本质究竟为何进行了探索。谢彦君(2010)从旅游知识共同体(学科)构建的角度出发,针对旅游定义所存在的过于宽泛的问题,认为：旅游是人们利用余暇在异地获得的一次休闲体验。换言之,旅游的本质就是一种体验,而余暇和异地将这种体验与其他体验分离出来赋予其独有的特征。张凌云(2008)借鉴了胡塞尔的现象学哲学方法,从两个层面重新定义了旅游：从第一层次看,旅游是人们一种短暂的生活方式和生存状态,是人们对于惯常的生活和工作环境或熟悉的人地关系和人际关系的异化体验,是对惯常生存状态和境遇的一种否定；从第二层次看,旅游是由于人的这种与生俱来的需要和行为得到满足和释放时所产生的社会关系和现象的总和。简言之,张凌云将旅游看作一种基于人自身的需要而产生的一种普适的人文现象。龙江智(2005)从体验视角,通过理性分析和比较分析两种途径来理解旅游的本质。从理性分析的途径来看,旅游的本质就是各种形式旅游的共同属性。旅游行为之所以发生是因为潜在游客存在心理失衡。各种旅游形式的体验活动正是为了满足自己的心理欲望调整自己的心理状态。因此,龙江智认为,旅游是个人以旅游场①为剧场,旨在满足各种心理欲求所进行的短暂休闲体验活动。

二、旅游发展的体验化趋势

虽然旅游就本质来说是一种体验或经历,但体验经济赋予了旅游新的含义。随着近年来人们旅游观念的转变,"上车睡觉、下车看庙、走到景点拍拍照、回到家里什么都不知道",这样的旅游体验已被日益成熟的游客所厌烦。游客已不仅仅满足于传统的"有物可看,有话可说"的旅游经历,而希望通过视觉、味觉、嗅觉、听觉等全方位的参与或体验,充分理解旅游目的地的内涵和特色。旅游需要休闲的状态,旅游需要自由的感受,旅游需要艺术的想象,旅游需要审美的情趣。阿尔卑斯山的上山公路上立着一块提示牌:"慢慢走,请欣赏",这正道出了旅游的真谛。真正的游客不应该是浮光掠影、走马观花、直奔目的地的匆匆过客,而应该是玩物适情、情与物游、品味全过程的体验者。体验式旅游是体验经济时代旅游消费的必然需求,它强调游客对文化的、生活的、历史的体验,强调参与性与融入性。因此,体验化是旅游发展的必然趋势。

首先,从旅游的本质来看,体验是旅游的核心属性之一。有学者认为旅游根本上是一种主要以获得心理快感为目的的审美过程和自娱过程,其本质在于审美和愉悦;旅游的基本出发点、整个过程和最终效应都是以获得精神享受为指向。游客最终将会在一种文化和环境的差异中获得享受,旅游不仅仅源于这种差异性,而且是对这种差异性的经历或者体验。文化和环境在此是一种较为泛化的概念:文化是对人类在"物质——行为制度——心理精神"三层面观念形态的一个动态表述,而环境则是对分布在特定时间、地域上的自然生态状况、社会物质生活等实体形态的一种静态描绘。旅游就是在时间和地域的跨越中,从对那种与自己习惯的文化和环境存在差异的别样文化和环境的体验中,寻求审美和愉悦等精神享受的活动。而诸如美食、康体、探险等,其实也是一种差异化体验,体验的结果也许是生理或心理的满足,但当离开那种特定时间和地域之后,留下的最终还是一种精神上的享受。所以,旅游的本质属性就在于差异化体验中的精神享受。

其次,从体验的内容来看,旅游是体验的大舞台。体验是一种参与经历,它能为参与者提供身心享受,留下难以忘怀的回忆。它包括娱乐(entertainment)、教育(education)、逃避(escape)和审美(estheticism)四个领域,简称"4E"。娱乐体验是通过主动的感觉经历而得到愉悦;教育体验是游客在积极参与的同时,吸收在他面前展开的事件信息,让他有所得、有价

---

①旅游场:系旅游的独有属性在本质上的表现,即为寻求异于日常生活环境和氛围能够满足愉悦、寻求刺激、好奇、求知和审美等心理需要的体验剧场。

值满足感;逃避体验者是想积极进入一种浸入式的、与现实习惯不同的环境中,得到一种摆脱束缚后的飘逸感觉;而审美体验者是想到达现场,在自然或人工营造的体验中得到真实的审美刺激,进而融入其中获得愉悦。这些体验内容与旅游的本质是一致的,甚至是融合于一体的,在旅游的大舞台上将得到充分的展示。有学者更进一步指出,在未来以"经济和文化为圆心"所构成的"椭圆的时代",在进入包括娱乐消费、旅游消费在内的"体验消费"时期,旅游所给人带来的,主要是以精神愉悦为主要特征的心理满足。因此,为游客服务的旅游业,顺理成章地成为体验经济的大舞台。旅游本身就是体验的一种主要方式,包含了体验经济的诸多精神要点,两者在同一快车道上发展,但作为体验展示的主要舞台,旅游应领先于其他体验舞台而走在体验经济的最前列。在这里,作为旅游核心的旅游景区无疑是充分展示体验经济魅力的最佳场所。

最后,从核心理念上来看,旅游业与体验经济是紧紧联系在一起的。在发展和繁荣旅游业的时候,以顾客的体验需求为出发点,以满足这种需求为旅游业开展业务、开发项目的基础,往往能够收到事半功倍的效果。从事旅游开发与经营的企业,向游客提供满足他们体验需求的环境、条件,而旅游企业则往往扮演这种旅游体验的组织者与引导者的角色,帮助游客寻找到他们渴望体验到的那种生活内容与生活方式,找到游客可以进入角色的"规定情境"。体验经济时代的生活更加人本化和人文化,人们在生活中无论是创造还是享受,都十分强调"体验"的满足程度。这种认知对旅游业的启示在于:用一种全新的理念来运作旅游全过程,在提供优质的食宿条件之外,更要着眼于充分满足游客多种多样的、健康的体验需求。这里有一个根本的转变,即游客从一般意义上的观光者转化为体验一种特殊生活、经历一场特殊仪式、感受一次特殊经历、参加一次有惊无险项目的体验者。因此,对于旅游业来说,体验经济的引入,是经营理念上的创新。它可以引导旅游产业的经营管理者,以更明确的思路来开发旅游新产品。

第二节 景区体验管理

一、景区体验管理的概念界定

景区体验管理在旅游研究中还未有标准的界定,但将景区体验管理细分出来加以界定以及对其内容进行探讨,这对于景区管理者来说十分重要。景区体验管理能够针对管理过程中所面临的现存问题以及潜在问题给予一个切实可行的解决方向和路径,规避潜在的管理风险。本节从对旅游景区的游客体验进行管理的角度出发,尝试对景区体验管理的含义、界定以及特征进行探讨,以期为景区游客体验管理研究添砖添瓦。

作为一种管理理念,游客管理已被西方的旅游目的地和景区广泛应用。游客管理这一概念的提出是源于西方国家的公共公园的游客量增加,管理者为了改善公园环境与游客游览之间的矛盾而进行的研究。游客管理多用于旅游目的地管理和景区管理,在生态旅游、城

市旅游和遗产旅游研究中都同样受到重视。

游客管理指的是景区经营者以游客为管理对象,对游客在景区内的活动全过程的组织管理,以保证景区的旅游活动能长期稳定的发展。从景区尤其是保护地游客管理的实践活动来看,人们对游客管理通常有三种理解:第一,游客管理就是游客责任管理,其实质内容是游客行为管理,目的是规范与引导游客行为以减少对旅游目的地环境资源的破坏;第二,游客管理是游客体验管理,其目的是提高旅游体验质量,提升景区吸引力,增加游客满意度;第三,游客管理是游客协同管理,协调环境保护与游客需求关系的管理。权衡景区资源环境保护与游客景区体验需求矛盾是景区高质量发展的关键环节和重要手段。这里主要是指游客体验管理。

本书对景区体验管理做出以下界定:景区体验管理是在原有的人力、物力、财力等资源的基础上,以景区管理者、工作人员等为行为主体,更好地、有效地合理配置这些资源,以发挥其价值来满足游客需求为目的的全方位、综合性的管理活动。

体现游客体验的载体(旅游产品和旅游服务)的价值是旅游体验管理的核心。因此,在现有资源的基础上,通过一系列的产品策划和设计,完善各方面的管理,来提供游客满意的旅游体验是实现旅游景区可持续发展的关键。

二、景区体验管理的基本特征

1. 多元性

景区体验管理的目的是给游客提供更为完善的服务,以此来增强游客的体验感。要实现这一目的,需要不同主体的共同配合,不但包括起到引导作用的景区管理者,也需要各个岗位的工作人员参与,因此体验管理的主体具有多元性。

对于景区管理者来说,其在体验管理中起着支持者、协调者的作用:不但要维护工作人员的利益,保护他们服务的积极性;同时,在游客面前需要秉承着"服务至上"的工作准则,管理者要协调好工作人员与游客之间以及工作人员与工作人员之间的关系。

对于景区工作人员来说,这要求其具备丰富的业务知识和专业的服务意识;也需要具备良好的沟通能力,能够清晰地向游客传达景区的相关信息,让游客了解景区的文化、管理方式和设施使用方法;还需要提高自身责任感和服务意识,要认真负责地对待每个游客,尊重游客的权利,细致认真地提供优质的服务。同时,培养良好的危机处理能力,能够积极有效地应对游客遇到的突发事件,确保游客的安全,只有这样才能保障游客在景区得到最佳体验。

2. 异质性

这里的异质性主要指的是体验管理内容上的差异。由于游客的旅游动机不同,他们所追求的旅游体验也不同,那么对于体验管理的内容也不尽相同。作为景区体验管理者,我们的思维是求异。只有在内容上实现高度差异化、贴合游客需求才能具备竞争力,只有深度思考游客和市场需求,才能做好旅游景区体验管理。

3. 灵活性

景区运行中的人、财、物、信息等都是在一种动态的环境中流动,所以在体验管理实施的过程中需要适应各种动态环境。景区内部每一个具体的管理对象很难用固定模式来进行管理,面对一些环境的变化,需要我们适时、主动地调整自身的服务思维和状态,对变动中的组织资源进行有效配置。而旅游景区的管理更是需要在供需不断变化时对管理内容、方法和模式进行优化。

4. 创新性

景区的特定时效性要求管理必须与时俱进,不断赋予景区吸引物新的诉求点和创意点,对游客体验行为的管理和服务更应呼唤人本关怀的创新、便捷服务的创新。例如,将大数据处理技术引入智慧景区,对于景区的各分区、道路、停车场、饭店、食宿等及其他基础设施实施物联网联结,使得各种数据信息在加工完成之后能够实现互联共通,提高效率。再如,采用互联网技术,将景区中各种资源和服务整合到一起,为游客提供更多便捷的选择,或者与各类旅游门户网站实现数据链接共享,游客可以享受一条龙服务,轻松获取旅行前,旅行中和旅行后的信息,包括旅行计划、订票、住宿安排和消费支出清单等,通过以上种种方式,为游客提供更有人情味、更便捷的服务体验。

三、景区体验管理的主要内容

(一)景区体验资源类型分析

游客体验需要依托景区核心旅游资源,为此,首先要弄清楚景区具有哪些可依赖的体验资源。根据一般的旅游资源分类,景区主要包括以下两大类体验资源。

1. 自然旅游资源

自然旅游资源又称自然风景旅游资源,是指能使人们产生美感或兴趣的、由各种地理环境或生物构成的自然景观。它们通常是在某种因素的主导和其他因素的参与下,经长期的发育演变而形成的。

自然旅游资源按其形态特征和成因归纳为以下几类:①地貌景观旅游资源,如山地景观、喀斯特景观、丹霞景观、砂岩峰林景观、风成地貌景观、火山景观、冰川景观、海岸景观等。②水体景观旅游资源,如海洋、河流、湖泊、瀑布和各类泉水等。③生物景观旅游资源。如森林、草原和各种野生动植物、海洋生物等。④自然地带性景观旅游资源,如热带景观等。⑤气候旅游资源,如避暑、避寒胜地和四季宜人的暖温带与副热带游览地等。⑥天气气象类,如极光、云海等。⑦其他自然旅游资源,如特殊自然现象等。在众多的自然风景旅游资源中,那些分别以水光山色、奇石异洞、流泉飞瀑、阳光海滩、宜人气候和珍禽异兽、琼花瑶草为特色的景象组合,往往形成不同风格的景区,成为人们观光览胜、避暑消夏、度假疗养和开展各种体育活动的旅游胜地。

2. 人文旅游资源

人文旅游资源是指以社会文化事物为吸引力本源的旅游资源,是古今中外人类生活、生产活动的艺术成就和文化结晶。人文旅游资源有时也被称作人造(man-made)旅游资源,特别是在欧美国家的旅游研究中更是如此。人文旅游资源的内容丰富,既有有形的人文旅游资源,也有无形的人文旅游资源。在有形的人文旅游资源中,既有历史的人造资源,也有当代人新建的旅游资源。其具有历史性、民族性、艺术性、宗教性的特征。

关于人文旅游资源的分类,由于目的和分类依据不同,所划分的类型也就不同。如依据资源的内容属性可划分为以下几类:①历史古迹旅游资源,如人类历史文化遗址(名人故居和活动遗址、革命遗址和革命纪念地等)、古代宫殿、楼阁水利工程建筑等。②宗教旅游资源,如宗教建筑、宗教艺术(绘画、雕塑、石窟等)。③民风民俗旅游资源,如节庆、服饰、饮食、民居、婚娶等。④园林建筑旅游资源,如北方园林、江南园林、私人园林、皇家园林等。⑤城镇类,如历史文化名城(北京、西安、洛阳等)、现代化都市等。⑥其他人文旅游资源,如博物馆和人造景观(如主题公园)等。

在明确了景区体验的资源基础后,景区管理者要对景区两大类型旅游资源特征进行调查整理,结合景区市场游客体验需求对资源进行分类,形成特定的景区体验资源类型,为体验产品设计奠定基础。

(二)景区体验主体的类型划分

游客的旅游动机不同,他们所追求的旅游体验也不同。派恩和吉尔摩在《体验经济》中把体验分为四种:娱乐、教育、逃避和审美,简称"4E"。根据旅游活动的本质及游客心理需求的特点,我们可以将体验游客的类型大致分为五类,即娱乐体验型游客、教育体验型游客、逃避(超脱现实)体验型游客、审美体验型游客和移情体验型游客。

1. 娱乐体验型游客

现代社会是高度竞争的社会,城市化的进程也在不断加快,促使人们通过参与工作以外的休闲活动来保持身心健康。娱乐是人们较早使用的愉悦身心的方法之一,也是主要的旅游体验之一。

这一类型的游客以松弛精神、享受临时变换环境所带来的欢娱为主要目的。游客通过旅游活动获得的娱乐体验能够调节人们的生活节奏,摆脱日常紧张工作带来的烦恼,从而使自己工作中的紧张神经得以松弛,抚慰心灵累积的种种不快,从而达到愉悦身心、放松自我、缓解人们压力和疲劳的目的,提高人们的生活质量。娱乐体验渗透到游客体验的整体过程中,无论是景区动物一个滑稽的动作还是美丽景观带给人的视觉冲击,都会起到娱乐身心的作用。

2. 教育体验型游客

旅游是修身养性之道,中华民族自古就把旅游和读书结合在一起,崇尚"读万卷书,行万里路"。教育体验型游客主动参与、吸收信息开展访问参观、户外教学、感性旅行等以获取知识、技术。教育体验型游客在旅游中见所未见、闻所未闻、尝所未尝,每一次旅游都会有新的收获。无论是自然风光,还是人文类景点,总会令游客耳目一新,而游客通过参观学习进而将求新求知的体验融入旅游的全过程中。

以研学旅行为例,研学旅行是对古代游学的传承与创新,是以"研"为基础、"学"为目的、"游"为载体的行走的课堂。在研学课堂中,旅行这一体验教育方式让游客能够深入感受"纸上得来终觉浅,绝知此事要躬行"的成长密码,达到播下科学种子、培养批判精神、提升个人心智的目的。

因此,随着全生命周期研学和终身学习理念的不断普及,研学旅行正助力提升全民素质和科学素养。

3. 逃避(超脱现实)体验型游客

在工作、生活等繁重的压力下,许多人希望通过旅游活动暂时摆脱自己在生活中扮演的各种角色。或在优美、轻松、异于日常生活的旅游环境中获得一种宁静、温馨的体验,寻找生活中另一个摆脱压力的真实自我;或在冒险、刺激的旅游中挖掘自身潜能,通过不断挑战自我、不断超越目标以获得极大的心理满足,在活动的过程中体验舒畅、愉悦、忘我的感觉。这样的游客往往更愿意主动参与、更能融入情境。

4. 审美体验型游客

传统观光游客参与旅游活动获得的体验可能只是"过眼云烟",而追求审美体验的游客有所不同,其对美的体验贯穿于整个活动中。在此类体验中,游客沉浸在事件或活动中但并不对其产生影响,而是任由环境自然变化,有点我自岿然不动的意思。

审美体验型游客包括在大峡谷悬崖上站立,在茂密森林中漫步,或在画廊或博物馆凝视艺术作品,以及坐在茶馆里欣赏老城风光等。游客在旅游活动中的审美体验首先是视觉和听觉愉悦,景区的资源和环境如繁花、绿地、溪水、瀑布、林木、鸟鸣、动物、蓝天等给人带来极大的视觉和听觉愉悦。同时,在与自然的亲密接触中,由于精神的不设防,人们可以把对美的体验发挥到淋漓尽致,从而达到赏心悦目的境界。

如果说教育体验型游客是想学习,逃避体验型游客是想远离和投入,娱乐体验型游客是想寻求愉悦感受,那审美体验型游客就可以说是想体会身临其境之感了。美好的事物可以令人心情舒畅、精神愉悦,使感受者获得从身体到精神的放松、通畅和忘我。在审美体验中,游客虽主动参与少,但深度融入情境,个性的感受却更多。

5. 移情体验型游客

移情体验(empathize experience)是指游客将自己内在的某种情感外射或迁移到他人或他物身上,在移情过程中体验旅游的快乐。这类体验型游客在旅游中可以暂时摆脱在日常生活中自己所扮演的诸多角色,如父亲、儿子、职员等,投入到一个自己想要扮演的角色之中。

把工作中的种种压力、人际交往中的各种冲突、生活中的琐碎事情抛到脑后,在陌生的旅游环境中扮演另一个自我。追寻"理想的自我",逃离"现实的自我",从而逃离现实,获得情感上的补偿。旅游活动中游客的角色扮演就是最典型的移情体验,例如,游客在故宫模仿着电视剧情节,扮演"贵妃""皇帝"等;在迪士尼乐园中扮演"公主"等,体验城堡一日游。

(三)景区体验项目的设计

景区体验项目设计是景区体验管理的重要内容。体验项目设计作为一种新的设计方法,将会给传统景区项目设计带来新的活力。从生活与情境出发,加强传统景区项目设计中的情感化和体验关注,塑造感官体验及思维认同,提升产品价值,并以此抓住游客的注意力,改变游客消费行为,并为景区找到新的生存价值。本章的第三节将详细介绍其概念内涵、意义作用以及流程步骤。

(四)景区文化体验空间设计

景区文化体验空间设计是文旅深度融合背景下景区体验管理的重要内容,主要是指以景区文化资源保护为前提,以文化元素挖掘为手段,以文旅融合为理念,对景区空间进行设计,呈现、传承和创新景区文化,为游客提供文化体验产品和服务。文化旅游景区实际上是一种特定类型的文化空间。文旅景区的规划、设计和管理实现了从文旅资源到文旅体验的转变,同时实现了精神价值和生活方式从传统到当代的传承。实施景区文化空间设计可以从三个问题着手:一是展示怎样的优秀传统文化;二是提供怎样的文化旅游体验;三是怎样实现文化传承和延续。

四、景区体验管理的主要方法

成功的旅游景区必须能为游客提供快乐的体验,同时要实现景区的资源、环境与文化的完整统一。正如地中海俱乐部提出的经营信条那样,"我们的工作就是创造快乐"。地中海俱乐部的"完全无忧无虑的度假、全包的假期与一次性付费"经营理念就是要让游客真正享受快乐。从本质上说,旅游景区就是一个快乐剧场,游客与居民、员工共同演出一场欢乐剧。总的来看,在体验经济时代的景区管理要体现以下几个方面。

(一)明确景区体验主题

旅游体验是一种以超功利性体验为主的综合性体验。派恩(B.Joseph Pine)与吉尔摩(James H.Gilmore)根据游客参与的主动性与投入程度,将旅游体验主题划分为娱乐型体验、教育型体验、逃避型体验和审美型体验四种类型,认为每个游客的旅游经历都是以上四类体验不同程度的结合。旅游景区应该根据自身的资源禀赋和文脉特征选择适合的体验主题。

1. 营造娱乐型体验主题

消遣是人们较早使用的愉悦身心的方法之一,也是主要的旅游体验之一。例如,大型主题娱乐公园深圳欢乐谷,用不同的娱乐主题满足游客多样化、个性化的旅游需求,使游客感受到不同的娱乐经历:过山车让人体会穿越矿区的惊险与刺激,四维影院让人感受全方位的视觉冲击,卡通城让人沉迷于童年的回忆,魔术晚会则让人在瞠目结舌中体验超凡的感受。

不同的娱乐主题让不同年龄的游客拥有了属于自己的娱乐经历。

2. 策划教育型体验主题

"读万卷书,行万里路",旅游就是在"行万里路",也是一种学习方式。尤其是人文类景观,如博物馆、历史遗迹、古建筑等,其深厚的文化底蕴、悠久的历史传统、高超的建筑技术都会令游客有耳目一新之感,学习因此融入游客旅游的全过程。近年来在我国各地兴起的"农家乐"项目,也成为许多父母教育子女的方式,让孩子自己种植蔬菜、水果,体会种植的辛劳和收获的快乐,在潜移默化中将节约、勤劳的教育理念融入孩子的意识之中。2013年国务院办公厅发布的《国民旅游休闲纲要(2013—2020年)》(国办发〔2013〕10号)倡导的研学旅行必将对教育型体验旅游项目提出更多和更高的要求。

3. 设计逃避型体验主题

工作的压力、烦琐的日常生活、复杂的人际交往令现代人在生活中很少有时间审视自己内心的真正需求。因此,他们更渴望通过旅游活动,暂时摆脱自己在生活中扮演的各种角色,在优美、轻松、异于日常生活的旅游环境中获得一份宁静、温馨的体验,寻找生活中摆脱束缚和压力后的真实自我。例如,到农家体验田园生活,可以使游客在相对淳朴的人际关系中放松自我,在恬淡的、与平常生活相隔绝的田园世界中把自己从日常的紧张状态中解脱出来,从而获得解脱后的舒畅、愉悦;探险旅游、极限运动则使游客在极度的刺激中、在不断地超越中冲破心理障碍,跨越心理极限,在获得巨大的成就感和舒畅感的同时,忘却生活中的种种琐碎、压力和不快,进而使自身的精神舒畅。

4. 整合审美型体验主题

对美的体验贯穿于游客的整个旅游活动中。游客首先通过感觉和知觉捕捉美好景物的声、色、形,获得感官的愉悦,继而通过理性思维和丰富的想象深入领会景物的精髓,从而获得由外及内的舒畅感觉。自然景物中的繁花、绿地、溪水、瀑布、林木、鸟鸣、动物、蓝天等,人文景物中的雕塑、建筑、岩绘、石刻等都是游客获得美感体验的源泉。此外,景区合理布局营造出的天人合一的整体环境氛围,以及旅游从业人员、景区居民的友好、和善、热情也是游客获得审美体验的途径。例如,碧峰峡景区融幽谷、飞瀑、清溪、珍禽于一体,森林覆盖率达95%,游客在景区中可以享受与野生动物零距离接触的乐趣,也可以在晚上租一顶帐篷,体会野营的乐趣。

(二)实施景区容量管理

景区容量管理既是旅游景区可持续发展的保障,也是塑造游客良好体验的管理工具。一方面,最大承载量、日承载量、瞬时承载量、生态承载量等容量管理可以保证游客体验对象的存续和完整;另一方面,心理承载量、社会承载量、空间承载量等容量管理又可以促进游客体验水平的提高。为此,各旅游景区应该根据自身的资源特点,确定相应的容量管理体系,并应用于日常的景区经营管理工作中。

(三) 鼓励社区居民参与

社区是塑造游客体验的重要节点,社区参与的原因主要有两个:一是社区居民对景区开发的影响感受最深;二是社区居民本身是构成游客体验友好气氛的必要组成部分。社区为游客新鲜感以及亲切感的形成提供必要的基础。景区开发要带动社区发展,提高地方就业、居民收入与人民生活水平。但是现实中往往是社区居民承担了旅游开发过程中的各种隐性成本,如环境、社会成本等,而得不到旅游开发带来的好处,由此产生抵触情绪甚至对抗行为。因此,需要大力推进旅游扶贫和旅游富民工作,强化社区居民旅游参与意识、形象意识和责任意识。

(四) 强化景区服务管理

旅游体验中同样存在"100－1＝0"的效应,服务质量只有好坏之分,不存在较好或较差的比较等级,好就是全部,不好就是零。旅游景区服务无小事,旅游过程中的任何瑕疵和过错都会破坏游客的体验。在共同营造景区氛围中,景区员工起着主导作用。这表现在对游客的服务行为上,包括微笑、眼神交流、令人愉悦的行为、特定角色的表演,以及与游客接触的每一细节。例如,黄石公园在低垂的树枝上挂上"小心划伤"的提示语,杭州西湖等景区提供自助式的直饮水服务设施等。目前,我国景区服务的精细化管理首先强调的应该是以人为本的景区服务的标准化。

第三节 景区体验项目设计与文化空间设计

一、景区体验设计的概念界定

按心理学的术语解释,体验就是通过多种感觉器官,如视觉、听觉、味觉、嗅觉、触觉等对体验物进行感觉、知觉、记忆、思维、想象,在人的大脑中留下痕迹的过程。

游客要获得全身心的体验,就需要规划设计者进行全方位的创造。从景区的质量角度,要求是"可进入、可停留、可欣赏、可享受、可回味"。提出可欣赏而不是可观赏,因为观赏只是看,欣赏必须有精神参与;可享受达到了一个比较高的境界,目前只是可感受,很多东西不可享受,甚至我们很少从享受这个角度来研究游客的体验。只有方方面面设计到位了,才能让游客真正可享受。最后是可回味,达到可回味是最高的境界,游客回去一想,觉得这个地方很好,还能和大家吹嘘一番,买的纪念品还要摆在案头。

内森·谢佐夫(Nathan Shedroff)在《体验设计》(*Experience Design*)中给出了体验设计的定义:体验设计是将消费者的参与融入设计中,是企业把服务作为"舞台",把设计作为"道具",环境作为"布景",使消费者在过程中感受美好体验的设计。体验设计是设计概念在信息时代及体验经济形态下的一种升华,是在一种新的经济形态背景中萌生出来的新的设计观与新的设计方法和设计理念,更强调设计能够给使用者带来情感上的交融,引发深刻的体验。

基于以上,引用体验设计的定义,我们对景区体验设计做出以下界定:景区体验设计是指围绕游客身心体验和全方位感受,以"可进入、可停留、可欣赏、可享受、可回味"为目标,进一步完善景点、景区项目的建设,提升景区主题形象和吸引力,从而更好地满足体验经济时代游客的消费需求,迎接体验经济所带来的机遇与挑战。

二、景区体验设计的意义与作用

党的十九大报告指出,我国经济已由高速增长阶段转向高质量发展阶段。旅游业作为我国五大幸福产业之一,与人民美好生活新期待密切相关,自然就更加需要注重高质量发展、提升游客体验。为了满足广大游客在景区游玩过程中的体验和品质要求,打造高品质景区服务,有必要在景区体验项目设计方面做足文章。

从服务对象来讲,游客的需求促使景区更新景区体验设计。随着主力游客群体日益年轻化,游客群体从以"60后""70后"为主,逐步转变为以"80后""90后"甚至"00后"为主,原来扁平化、低互动的单向供给型(如单向灌输文化、知识)景区项目已经无法激起主流游客群体的参与热情和兴趣。以数字互动体验项目为例,其科技性、互动性,改变了原有的体验和参与形式,在数字化科技体验潮流的引领下,为游客带来超视觉的感受,在"沉浸式"体验营造的空间里,通过全息投影、混合数字交互技术、裸眼LED成像、声光电氛围等,把游客带入到一个全新的时空,极大地调动起游客的好奇心,在视听的震撼中,释放自我,甚至造成"梦想成真"的错觉。

从设计上来讲,景区项目设计的重心逐渐向体验项目转移。体验经济是一种新的经济形态并已经成为发展趋势。设计体验项目能够淡化游客与场景项目之间的固有边界,极大地提升游客的参与度和热情,有助于打造叫好又叫座的"网红"体验项目,创造持续经营的经济效益。例如,最初的"沉浸式体验"仅仅体现在景区大型表演项目上,随着技术的不断升级,舞台的边界被自然而然地打破了,表演的形式由平面转化为立体,即观众不仅是观众,而表演者也不再是表演者。观众作为沉浸式体验的受众,已经融入剧情中,参与到了故事发展的脉络中,并作为故事的一部分存在。景区旅游体验的效果直接决定着游客整体旅游的质量。因此,景区体验设计必然要转向以体验为中心。

从价值上来讲,景区体验项目能够实现景区文化价值的提升。旅游景区所提供的文化产品项目不仅有娱乐的作用,更承担着弘扬中华文化、展现东方魅力的时代责任。旅游文化必须体现地方民俗特色,而有些景区仍然在大力打造欧美文化旅游项目,甚至以邀请外国舞蹈团体载歌载舞作为卖点。这种不符合时代潮流的项目一经推出,短期内虽然能吸引眼球,实则难以为继,其根本原因就是项目很难在传统文化土壤中健康生存,缺乏文化的深度,也缺乏艺术的渲染力。

当传统展厅、博物馆基本都还停留在文字展板和导游讲解的时代之时,互动体验馆的出现,打破了已有的认知,让游客眼前一亮。如《国家宝藏》沉浸式文化体验馆、《红楼梦》沉浸式艺术馆、《红色征程》革命教育主题沉浸式体验馆、《军工记忆》红色军工主题沉浸式体验馆等,都是结合景区独有的历史文化IP、红色文化IP,根植于传统文化的土壤之中,将不同历史时期的丰富文化资源通过技术的形式进行更加立体的表现,拉近了游客与文化之间的距离,让游客在沉浸式的氛围中,成为参与者和见证者。这样的形式,不仅让游客直观地接受更多深层次的知识和信息,更能生动有趣地还原历史的全貌,为游客带来视觉和知觉上的震撼,从而引发游客的文化共鸣,起到文旅消费提质升级的作用。

三、景区体验设计的流程步骤

(一)景区体验项目设计的要求

景区体验项目与过去扁平化、低互动的单向供给型(如单向灌输文化、知识)项目不同,主要体现在:第一,景区体验项目要求我们围绕游客身心体验和全方位感受,不断调动游客的视觉、听觉、味觉、嗅觉、触觉等感觉器官;第二,景区体验项目向游客展示的是更为立体的、高互动性的双向供给,游客不但是景区项目的体验者同时也是参与者;第三,景区体验项目需要更多地结合现代化的手段和技术来丰富游客的体验。

(二)景区体验项目设计的原则

景区体验项目为了给游客提供全方位的旅游感受,在设计之初就要遵循一些基本的原则,概括起来主要包括以下四个方面。

1. 独特差异性

旅游项目的核心设计理念通常可以概括为"人无我有""人有我新""人新我特""人特我精"。这表明旅游项目必须有独特性和创新性,并体现其差异化。个性化的旅游项目可以满足目标旅游市场的需求,也是推动现代景区发展的不竭动力。全球最著名的主题公园——迪士尼乐园,就是依靠每年30%的旅游项目更新率不断为游客制造惊喜而获得了游客的长期青睐。

总的来讲,景区体验项目可以从以下三个途径实现独特差异性:第一,突出景区主题,将主题的核心点融入设计思路中,体现其鲜明特色;第二,注入文化内涵,将地区文脉的挖掘和提炼作为延续景区旅游项目生命力的主要支撑点,使文化内涵见之于项目的内容、形式和实施过程的细节,而不能只停留在泛泛而论的局部层面;第三,塑造旅游品牌,旅游项目集合成的旅游产品表现出很强的品牌导向性,项目设计就更应该为游客营造一种物质和精神的双重享受以完成旅游品牌的塑造。

2. 市场适应性

现代旅游的发展依靠准确把握目标客源市场的需求而取得成功,游客的旅游取向很大程度上作用于旅游景区项目的设计方向。由于这种关系的存在,项目在设计时就应该具有适应性,根据景区市场定位和客源地的选择提出相匹配的项目设计方案。这就要求项目设计需从客观的市场调查出发,以真实的需求信息作为设计的主要参考依据。

3. 持续发展性

旅游景区总体规划的期限一般为10年至20年,持续发展性应该是其主线之一。景区项目的设计应该与景区长远发展的方向保持一致,并逐渐形成景区的特色吸引力。而且在设计中应该保持适度灵活性,为项目本身的长远发展铺路。除此之外,项目持续发展原则还体现在对三大效益的兼顾上,即设计理念的形成必须兼顾经济、社会和生态三大效益,从而获得持续发展的"三赢格局",这也是延续项目生命力的关键所在。

4. 真实体验性

随着世界各地旅游设施的建立健全、世界性预订服务网络的普及完善,追求真实体验的散客旅游越来越方便。可以预见,未来散客旅游特别是中短距离区域内的家庭旅游份额将逐步增加,"真实体验"将会成为游客在旅游中追求的核心目标。例如,现在国际上较为流行的探险旅游项目,为游客提供了较为震撼和神奇的感受。无论是秘鲁的盆地探险、亚马孙河顺流而下还是法国的浪漫岛屿穿梭与打猎,这样的经历都让人觉得真实刺激。探险类项目因为符合游客挑战自我潜力的需求、营造出真实可感的氛围而使游客获得了激发能量的体验空间而大受欢迎。这些成功案例给我们的启示是,游客需求的发展将倾向于真实的感受,倾向于体验景区营造的、超乎现实生活但却可以亲身经历的景区项目。

（三）景区体验项目设计的程序

景区体验项目设计是一个有特定过程的有序思维体系,辅之以实际的操作,从而为项目的现实可行性奠定基础。了解项目的设计程序将有助于指导实践,我们总结项目设计的一般程序如下。

1. 形成项目的初步构想

景区在建成之初或者面临产品升级时,往往需要设计旅游项目,当景区管理方确认景区确有建设旅游项目的必要性时,那么就需要先整合人力资源,寻找旅游项目的规划设计人员及市场调查人员,征询专家的初步意见,对景区项目建设前景进行初步的感性评估,形成粗线条的构想。

2. 调查景区体验项目的相关信息

这是设计的调查阶段,以获得完全、真实的信息支持为目的,整理后的有价值的信息将对形成旅游项目的专门化设计提供帮助。

与项目紧密相关的信息主要包括:

（1）景区的资源现状。

经过了前期资源普查工作的景区,对本身资源所具有的优势应该有一个盘点,在进行调查时就应该将重点放在这些特色资源上,了解它们的分布以及与景区发展主题的关联点,以此确定旅游项目的可用资源和发展基调。

（2）客源市场信息。

景区发展需要明确目标客源市场,重新定位时也应该准确把握目标客源市场的变化。

只有这样才能在项目设计中针对市场需求注入吸引力因素,才能确定景区究竟能为需要争取的客源市场提供些什么,从而能够做好后期的精准营销工作。若景区关于这方面的信息尚未明确,那么在项目设计推出时就要先做好系统的市场调查工作,对市场特征进行摸底,了解潜在旅游者自身的一些信息,如职业、年龄、喜好等社会学特征,以及市场构成信息和潜在客源的消费偏好等。此类工作完成后,需要更进一步了解的是目标市场对景区服务和设施的具体细节要求,这将成为旅游者最基本体验点的来源。

(3) 景区外部环境。

这是指景区所在区域的文化、历史、自然等相关资源的富集度,对外部环境进行考察能够使景区明确旅游项目的替代性和竞争优势究竟有多大。另外,这也是对项目发展的社会、经济和人文环境条件的考量,以获得对项目发展外部支持条件的准确把握。

(4) 相似景区旅游项目的有关信息。

资源不可复制,但景区发展总有相似的支持条件,特别是参考同类型成功景区的项目经验,将有助于本景区项目的设计。然而必须明确,项目虽然可以复制或者借鉴,但只有"引领时尚"的做法才能获得丰厚的回报。了解相关信息是为了更好地创新,而不是盲目地跟随,只有做到"人有我新,人新我特",站在巨人的肩膀上才能获得更强的特色吸引力。

3. 创意设计成型阶段

根据以上信息分析结果,就可以进入项目创意设计成型阶段,我们将创意形成的过程分为以下五个步骤。

(1) 项目概念整合。

这是对适宜目标市场和资源的项目理念进行呈现,主要是陈述如"项目应该具有……,让游人感受到……"这种特征描述的句子,特征点立足于需求方的要求,力求创新,从中可以得到项目名称和主题的最初灵感。这是确定创意方向的关键一步。

(2) 明确项目功能。

这个环节需要明确景区项目能为旅游者提供什么,是美景资源的展示还是人文内涵的内心享受,是跨越时空的挑战体验还是放松身心的现代娱乐,景区从而能在设计细节时将项目需要的特征整合其中,实现旅游供给与旅游需求特征的统一。

(3) 赋予项目内涵。

这是项目实现吸引力突破的重要一步。要赋予游客感兴趣的异地文化内涵、景致差异或全新的放松体验,关键是要与设计的实物表现结合,形成可触摸和感受的空间。景区要从全局观看项目关联的各种要素,用发现的眼光挖掘具有潜力的人文、民俗、历史等资源,使项目获得较长的生命周期。但不是说将玄且深的文化强加给项目就能获得所谓的文脉,任何内涵的赋予必须要与目标市场需求相匹配。如果缺失真正打动人心的核心设计理念,景区项目将会早早夭折。

(4) 选址论证。

宏观上看,景区体验项目开发在什么位置既关系到整个旅游景区的合理布局,又关系到景区能否综合协调发展的问题;微观上看,体验项目开发不仅影响项目的建设投资的速度,还影响项目建成后的经营成本、利润和服务质量,以及旅游者的游览体验等。因此选址要放置于景区整体规划中考虑,也要配合景区内部旅游线路的配套设计,还要兼顾资源的利用便利以节约成本。如主题乐园选址应以大城市周边为最佳,大数据表明大城市周边的旅游消费增长速度最快。

(5)形象设计。

完成项目核心内涵和布局设计后,就需要将体验项目以一个整体的形象推向市场,因此项目形象设计要努力做到特色鲜明、令人过目不忘。必要时可以引入CIS(企业识别)体系,以MI(理念识别)、BI(行为识别)、VI(视觉识别)打造景区的识别系统,强化宣传力度,正向影响旅游者决策行为。

4.项目设计再完善

在项目设计的过程完成后,景区项目设计者要与行业专家、技术人员、旅游者代表等相关各方不断地沟通、碰撞。要从景区运营的实际出发,既要考虑技术的可能性与先进性,又要注重经济效益、竞争能力和运营的难易程度,应不断修改,使项目落地更加完善、合理,更有效率。

5.项目设计策划书的撰写

在跟景区管理层沟通后,就可以着手编写项目策划书。项目设计策划书的构件主要有以下几项。

(1)封面。封面主要包括设计的主办单位、设计组人员、日期、编号等。

(2)序文。序文主要阐述项目设计的背景、目的、主要构想、设计的主体层次等。

(3)目录。目录包括策划书内容的层次安排。各级标题应清晰、简洁、准确。

(4)内容。策划书内容指设计创意的具体内容。描述创意力求清楚、数字准确无误、运用科学方法、层次清晰。

(5)预算。为了更好地指导项目活动的开展,需要把项目预算作为单独一部分在策划书中体现出来。

6.项目进度表的编写

项目进度表包括项目实施的时间安排和项目活动进展的时间安排,时间安排在制定时要留有余地,在后续操作上具有弹性。

7.策划书的相关参考资料

编写项目设计策划书要注意以下几个要求:①文字简明扼要;②逻辑性强,时序合理;③主题鲜明;④运用图表、照片、模型来增强项目的主体效果;⑤有可操作性。

四、景区文化体验空间设计方法

1. 提炼文化主题

提炼文化主体的重要思路是从文化因子到文化主题,即从精神价值和生活方式中去梳理相关文化因子,从而准确定位景区的文化主题。首先,我们需要梳理景区的文化因子,文化层次的划分可以作为文化因子梳理的主线,以此来识别和遴选可深化探索的文化因子。文化层次划分如下。

一是物质文化,是指凝聚着一个民族精神文化的生产活动与物化产品的总和;二是制度文化,是指一个民族在生产与生活过程中形成的各种规章制度,包括法律、道德规范和行为准则等内容;三是精神文化,是指一个民族共有的意识活动,包括人们的价值观念、思维方式等内容。如果用一个三层的同心圆(见图10-1)来表示文化的结构,那么物质文化是最表层的,看得见,摸得着,也最容易发生变化;制度文化是文化的中间层,它已经不像物质文化那么有形,但具有一定的稳定性;精神文化是最深层的那部分文化,具有相当的稳定性,一旦形成就很难发生改变。这部分内容看不见,摸不着,却深刻地影响着一个民族的行为方式。通过吸纳、融塑各个文化因子,最终形成景区文化主题。

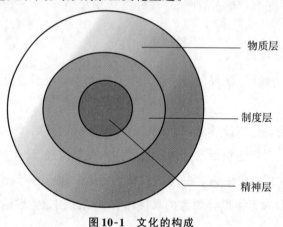

图10-1 文化的构成

2. 利用文化遗产构建文化空间

文化旅游的体验载体是文化空间和文化场景。在规划和设计过程中,景区利用非物质或物质的文化遗产,共同营造有体验性、可感知性的文化空间和文化场景。作为一个以"文化"为主题的旅游景区,游客并不希望仅从中获得浅层的感官体验,如晦涩的石刻、沉寂的遗址和缥缈的传说,而是希望能够身临其境,领悟其情。

因此,景区可以从三个层次来构建文化空间,提供可感知、有活力的文旅体验:在情景交融层次上,展现具有地域风情的主题景观风貌,提供和谐统一的景区全景图卷;在意随景迁层次上,着眼于景区内重要文化场景和文化线路构造,以其作为景区最核心的吸引物;在情景相照层次上,着眼于文化节点的刻画。换句话说,当我们拿到一幅中国山水画时会发现,无论图幅多大,在万顷碧波间一定会有一叶扁舟,在连绵青山之中一定会有一座亭子,这就是天人合一的点睛之笔。因此,文化节点的刻画最能够唤起游客的内心共鸣。通过这三个层次,景区能够唤起游客对于传统文化的记忆,并实现文化在当代的体验与传承。

3. 活化文化遗产资源

景区文化的传承和延续,其核心就在于文化创新与活化。也就是说,在静态的保护之余,还需要做一些活态的创新。文化的活化创新,其动力机制在于"融合"发展,即"文化+"的发展模式。对于文旅景区来说,贯穿始终的是"文旅融合"的理念。以下为四种"文化+"的发展模式。

第一,"文化+互联网",打造数字化景区。该模式强调对原有的文化旅游资源进行数字化的改造,通过AI识物、小程序预约购票、智慧厕所、景区(点)语音讲解服务、智慧停车场等智慧服务,给游客带来更新、更现代、更智能的全新体验。例如,浙江选择曹娥江沿线的老啤酒厂进行厂房改造,建设"数字诗路e站",构建云游诗路的数字化体验。

第二,"文化+科技",打造全沉浸式交互体验馆。在北京首钢园的改造中,利用新科技实现文旅融合、进行文博交互展示的案例十分突出。

第三,"文创+研学",即"文化创意产业+研学现场基地"。该发展模式强调充分利用景区内文化因子,同时依托周边资源打造研学、文创、休闲的服务基地。

第四,"文化+休闲度假",与文化景区周边自然资源(山、江、湖泊等)相结合,打造文化与休闲一体的文化旅游项目。例如,东山—曹娥江景区围绕东山湖打造了集东山隐居生活美学体验和新江南休闲文娱度假结合的休闲度假消费综合项目。

第四节 景区旅游者体验塑造

一、体验主题的定位

景区体验主题是景区的灵魂,没有体验主题的景区只是散乱的旅游项目的堆积,旅游者游览后无法留下难忘的经历。体验主题定位成功的关键在于明确景区中什么是真正令人瞩目和兴奋的。一般而言,创意好的旅游目的地体验主题包括以下四个特点。

1. 调整人们的现实感受是体验主题的出发点

游客到某一景区游览,是为了放松自己或者寻求平常生活中缺乏的特殊体验。景区体验必须提供或是强化游客所欠缺的现实感受。迪士尼乐园的观光人数之所以如此众多,就是因为"人们发现快乐和知识的地方"这样一个简单而美妙的主题。

2. 空间、时间、事物等多维度的巧妙组合是体验主题的实现手段

景区通过空间、时间、事物等三维甚至多维度的巧妙组合,彻底改变旅游者对现实的感

觉，使之获得非比寻常的感受。比如，"美国的荒野体验"融真（动物）、假（人造树林）、虚（电影特技）于一体，创造了"在广阔的户外漫步"的后现代旋律。而无锡的三国水浒景区，通过人造景观静态展示与影视剧情节模拟动态表演相结合，生动再现了当时的风貌和市井风俗，使旅游者仿佛置身于古代传奇之中，获得了极大的成功。旅游者的体验是完整的，包含了空间、时间和事物的整合，因此要做到让旅游者"在适当的地方、适当的时间做适当的事"。因此，任何一个景区必须根据自身特性，寻找关联的主题，并契合不同时间点旅游者的心理预期，才能真正有吸引力。

3. 多景点布局是体验主题的表现形式

景区是一个立体的景点的集合，景区体验主题应能够让旅游者对景区开展深入立体的体验。美国荒野体验的五个生物群落区，从红木林、高山、沙漠、海滨、到山谷的风景变化，囊括了影视故事，调动了旅游者积极性；占地998亩（1亩≈666.67平方米），投资13亿的西安大唐芙蓉园通过多景点布局和各类表演让旅游者体验盛唐文化。全园12个景观区域分别演绎着12个文化主题，紫云楼、仕女馆、御宴宫、芳林苑、凤鸣九天剧院、杏园、陆羽茶社、唐市、曲江流饮等众多景点，全景式、多角度地展示了盛唐文化的博大气势、繁荣和尊贵。同时，该景区通过五感主题公园、《梦回大唐》水幕电影、皇苑盛装巡游等活动提升了旅游者的体验。

4. 特色是体验主题的生命线

景区推出的体验活动，必须能够与景区本身拥有的自然、人文、历史资源相吻合，才能够强化旅游者的体验。目前，在主题选择方面比较成功的景区主要是一些主题公园，例如迪士尼乐园、深圳的中国民俗文化村和欢乐谷等，其主题创意的思路值得其他类型景区借鉴。

二、体验产品的开发

体验旅游产品属于旅游者的核心体验点，即在一定时间中，特定地域内，围绕审美和愉悦等精神享受这个核心，为旅游者差异化体验而提供的价值综合体。开发体验旅游产品的主要方法包括以下几方面。

1. 外延式开发新产品

菲利普·科特勒（Philip Kotler）提出了产品开发的八个阶段：创意产生、创意筛选、概念发展和测试、营销战略、商业分析、产品开发、市场试销和商品化。由于旅游产品的特殊性，八大阶段中的市场试销和商品化往往被旅游市场调查和各种形式的广告宣传替代。

景区进行新产品开发时，要把握景区自身的资源条件和市场需求条件，逐次进行。广东肇庆的鼎湖山生物保护区在开发之初，"在飞水潭照一张相，到庆云寺烧一炷香"一度成为旅游者对鼎湖山的刻板印象。景区管理者适时地推出鼎湖泛舟、原始森林探险、"品氧谷"养生保健游等旅游体验产品，丰富了旅游者体验，延长了旅游者的停留时间。

新产品开发的关键在于创意，创意的途径通常包括：文化移植、文化嫁接和本土文化再现三种。囊括中国各少数民族风情和建筑特色的锦绣中华主题公园就属于文化移植；而迪士尼乐园在项目设计时就进行了文化移植的创意，既突出了迪士尼自身的特色，又充分考虑了当地的文化特色。例如香港迪士尼乐园在设计园区自然景观时,参考了中国景观设计中的风水学原则,不管是地点的选择还是乐园入口处的设置都讲究风水学。另外,香港迪士尼乐园的另一特色是配合中国节日,如在农历新年和中秋节举办各种活动,给旅游者带来不同的体验。以大宋文化为主题的开封清明上河园则是本土文化再现的最好例证。以张择端的《清明上河图》为蓝本建设,通过《杨志卖刀》《包拯巡游》《开封盘鼓》等有较强参与性的故事的表演,以及工作人员的角色扮演等使旅游者仿若置身于一千多年前的宋朝的市井之中。

2. 内涵式升华原产品

内涵式升华是对景区现有产品进行深层次开发,实现产品升级。变出售资源为出售产品、变被动服务为主动设计、变参观型为参与型。文化是内涵式升华的主要切入点。例如,颐和园恢复"耕织图"、天坛修缮神乐署、香山复建勤政殿、丽江古城再现纳西古乐等都是对原有景区文化的深度挖掘。概括起来说,以自然资源为主要构成因素的旅游景区应重视自然文化的导向,深掘其科学、美学内涵,以科普教育、原始风光、生态考察为主题增加体验旅游产品;以人文旅游资源为主要构成因素的旅游景区应以历史文化为主导,以民族性、艺术性、神秘性、地域性为特色设计旅游体验产品。

三、服务体验的优化

任何经济时代都需要服务,无非表现形式和人们的关注点不同而已。为满足人民日益增长的美好生活需要,服务也要"水涨船高"。

旅游体验实际上是一个旅游者的综合感受。旅游者从打算出行和制订旅行计划,到目的地旅游的过程,包括旅游交通、旅游公共服务、旅游景区、社区居民等,都会形成旅游的体验印象。2018年,《国务院办公厅关于促进全域旅游发展的指导意见》(国办发〔2018〕15号)发布,要求各行业积极融入其中,各部门齐抓共管,全域居民参与,为前来旅游的游客提供全过程、全时空的体验产品,从而全面地满足游客的全方位体验需求。

在旅游景区,提供亲切、专业化、富有特色的服务是增强旅游者旅游体验的主要途径之一。这些服务主要由与旅游者直接接触的景区服务人员提供,而这些景区服务人员广泛分布于旅游者接待的各个环节中,包括闸口问询和检票服务、旅游者物品(行李和车辆)保管、导游服务及有关表演、安全、景区交通、环境等协同服务。提升服务的主要方法为,以标准化提升服务品质,以品牌化提高满意度,推进服务智能化,推行旅游志愿服务,提升导游服务质量。

四、公共服务系统的建设和完善

旅游体验虽然强调旅游者的个人感受、强调针对旅游者个体的经历,但是旅游景区的体验化设计不排斥景区内的公共服务系统的体验化设计,如解说系统、生活服务系统、安全保障系统、引景空间系统等。这些公共服务系统是旅游体验的支持系统,一方面保障了旅游过程"畅"的要求,另一方面也形成了旅游者深度体验的环境。如果说景区服务管理水平是塑

造旅游体验的"软件"的话,那么,旅游服务设施就是塑造旅游体验的"硬件"。

目前,我国旅游景区中过多的不协调的建筑和不完善的景区设施(较突出的是旅游厕所)是影响旅游者体验的两个主要问题。

1. 建筑设施

无论是自然类旅游景区还是人文类旅游景区,任何人为的建筑设施相对于旅游资源来说都只能处于从属地位,不可危及旅游资源的整体性、安全性和美学价值,不可危及旅游者良好的旅游体验。

近几年,我国旅游景区已经开始注重景区建筑设施与景区环境的协调,拆除了一些不协调的建筑设施。这样做一方面有力地保护了旅游资源,另一方面提升了旅游者在旅游景区的体验水平。例如,2003年以来,九寨沟景区大规模拆除景区内经营性房屋和违章建筑12万平方米,恢复植被2万余平方米;2005年,洛阳市和龙门石窟景区共投入6亿多元,对景区内外进行大规模整治和建设,拆除中华龙宫等周边不协调建筑物及附属物。

2. 景区内的交通系统

交通系统一般由燃油汽车、电瓶车、高空轨道车、人力车、畜力车、水上交通船(艇)、自行车(双踏自行车)等构成。燃油汽车因其噪声和污染破坏了旅游者体验而逐渐被舍弃;其他的交通工具在各个景区都有存在。但从旅游者体验的角度来看,富有特色、机动性好、视野开阔的交通工具更受欢迎,如滑竿、老式三轮车、人抬轿、双踏自行车等。

3. 建设完善的景区解说系统

有效的解说系统不仅对为旅游者提供良好的旅游体验发挥着积极作用,而且也为旅游景区提供了一种有效的管理工具,有助于减少一些负面影响。景区解说系统分为向导式解说服务(personal or attended service)和自导式解说服务(non-personal or unattended service)两类。

目前,我国大多数旅游景区已经有景区解说员来承担解说工作。但解说员大多只能背诵编排好的解说词,不能提供更详细、准确的旅游信息,因而向导式解说服务提升的思路为,提高景区解说员的素质,将"移动式录音机"转化为"移动式问答机",为旅游者提供个性化服务。因此,景区在吸引高素质人才的同时,应该强化培训学习,提高解说员的职业素养和文化素养。

另外,我国景区的自导式解说系统在完善度、规范度和智能化水平方面还存在很大提升空间,优化该系统的基本思路是接轨国际、完善系统、文化赋能。

五、重视旅游文创产品的创新

文创产品不只是旅游纪念品,凡是旅游者喜闻乐见、乐意购买的旅游纪念品都是旅游文创产品。旅游文创产品是指以旅游目的地或者景区的"文脉"特征为基础,通过美术、文学、音乐等艺术方式,进行"文脉"特征再解读或者创意转化,而形成的行为过程与相关产物。

从"吃、住、行、游、购、娱"到"商、养、学、闲、情、奇",旅游者对于景区的文化内涵与文化体验需求不断提升。由此,设计感十足、独具特色、承载了景区文化内涵的特色文创产品日渐走俏,并在旅游者心中占据越来越重要的地位。旅游者到一个地方旅游,通常会购买一些富有特色的旅游文创产品,正如瑞士达沃斯世界经济论坛在线策略主席布诺努·吉乌沙尼所说:"纪念品是一种使体验社会化的方法,人们通过它把体验的一部分与他人分享。"对体验经济来说,消费者的口头传播十分重要。这部分消费者体验过后,对"impression"(印象)进行咀嚼和品味,他们是最能对这种体验把握到位的、最有发言权的,也是最容易被他人信赖的人。可见,一个优秀的旅游文创产品,不仅具有产品实用功能性,更重要的是其中蕴含的精神文化能够带给人生活的便利与文化的认同归属感。因而,景区文创产品设计也逐步成为景区营销中重要的载体,作为体验经济一部分的旅游文创商品则成为一种无声的广告、一种默示。

体验经济时代,景区文创产品的开发应该注意以下六大原则。

1. 一把手主抓,全盘布局

近年来,尽管国内许多景区已逐渐意识到旅游文化创意产品的重要性,但最终都是"雷声大,雨点小",始终不见起色。主要原因在于景区"一把手"仅仅将文化创意产品落地工作布置给景区某一个部门去完成,并没有给予其足够的重视。其实,景区文化创意产品开发的关键在于外部"借脑"设计生产、内部多部门协同作战。所以,景区文化创意产品的成功必须一手主抓,充分调动景区内外的人力、财力、渠道、营销等资源,才可能实现产业创新、文化变现、提升产品附加价值的目标。

2. 以人为本,需求导向

旅游文化创意产品开发的目的在于销售,要想卖得火爆,必须摸透景区旅游者的需求。当前,旅游购物市场形势在变,消费者群体也在变,而景区旅游商品销售却一成不变:很多景区将旅游者像羊群一样"赶进"精心设计的"迷宫"购物商场,销售低质高价、千篇一律的传统旅游商品,木梳、披肩、帽子、手串、玉器、中药材、挂件成为多数景区的标配型"地方特产","同质化""低端化"甚至"地摊化"成为旅游纪念品的尴尬标签。这些商品远远脱离了景区旅游者追求美好生活的需求,更无法让"80后""90后"买单。所以,景区文化创意产品的开发最终必须回归旅游者潜在的个性需求,将需求与产品巧妙结合,让产品和旅游者的社会生活环境发生"勾连",这样的景区的文化创意产品想不"火"都难。

3. 景区文创专属品牌构建

旅游者市场正在进入品质消费的理性阶段。品牌其实就是品质的承诺,所以构建景区文创产品专属品牌是景区旅游文创发展的基本方向,只有这样才有可能形成本景区文化创意产品的核心竞争力。没有品牌的景区文化创意产品,市场吸引力很小,加之国内旅游市场监管机制尚未健全,失败是迟早的事情。因此景区首先必须通过构建景区专属品牌初步赢得旅游者的信任,以品牌的力量推动市场规范化、诚信化,再通过创意制胜、制作精良、质价相符等策略赢得口碑,使景区文创产品成为"爆品"。

4. 文化IP重塑及孵化

未来景区文创产品的发展趋势是"得IP者得天下",忌讳千篇一律的多主题、全品类的开发模式,精而特才是发展之道。从旅游者消费的心理角度来看,旅游者最希望买到的往往是景区最具地域文化特色且其他地方无法购买的商品,品种越多、主题越多意味着越缺乏特色。所以景区文化创意产品的开发必须回归最核心的文化元素,这个文化元素需要具备广泛认知度及差异性,然后在此基础上进行景区的文化IP重塑。IP重塑之后再逐步开发具有知识产权的多元化内容矩阵,同时进行景区产品开发、景区游线开发、景区品牌重塑等,实现从单一到多元的孵化过程。

5. 创意为王,单品引爆

创意为王是产品设计、营销推广等众多领域不变的法则,景区文创产品开发同样如此。当前全国的景区都或多或少地存在着文化元素提取、审美趣味同步的问题。这正是"旅游商品文创化"存在的主要原因——让"文化"变现成市场买单的产品。好的旅游文化创意产品需要兼备以下特性:文化性、故事性、趣味性、创新性和实用性。景区文创商品开始推出时,应先围绕景区核心的IP内容策划推出一个系列爆款产品,根据市场反馈再慢慢扩张畅销商品的产品线,一方面积累自主产品的设计经营经验,另一方面借此降低过快发展自主产品产生的成本风险,形成以文化IP为核心、创新单品引爆市场、横向延伸产品线的文化创意产品开发模式。

6. 主题空间,一站体验

景区文化创意产品销售与传统零售的最大区别在于体验式购物。景区店铺空间应注重景区文化与文化创意产品的融合,提升旅游者在精神层面的体验感受,强调旅游者对景区历史、文化、生活的体验和参与感,让旅游者对景区的文化有了全面的认识和较高的认同感,最终提高旅游者文创产品购买的转化率。国内很多景区纪念品商店的基本特征是商品杂、售货员多、叫卖声音大、空间布局简单粗暴,除了售货员急于销售心态下反复推销的行为和质次价高的商品"伺候",没有别的服务,于是旅游者只能担惊受怕地捂紧钱包。考虑到游览体验的整体性,景区旅游商品店铺空间应该集主题鲜明、宽松舒适、文化气息浓厚、产品制作精良、富有创意等特点于一体,从而激发旅游者的文化认同、情感认同,使他们欣然购买文创产品。

六、营造诚信安全的旅游环境

普伦蒂斯(Prentice)和威特(Witt)在《提供体验的旅游》(*Tourism as Experience*)一文中综合多家观点,归纳出体验的五种等级模式:享受自然、摆脱紧张、学习、价值共享和创造。这五种等级模式存在的基本前提是诚信、安全的旅游环境。在我国的旅游景区管理中,安全问题已经基本得到解决,不再赘述。目前比较突出的问题是诚信的旅游环境还远未完全建立,"坑蒙拐骗"现象在很多旅游景区还时有发生。在一些旅游景区,"回回都上当,当当不一样"已经成为旅游者心头挥不去的阴影。一方面,旅游者在旅游景区处处小心、不敢消费,更谈不上获得良好的旅游体验;另一方面,旅游景区管理者感叹旅游者在景区不停留、不花钱,景区收入途径有限。营造诚信的旅游环境是解决该问题有效途径之一,具体解决的途径如下。

1. 政府管理层面

政府主导和政府监管是旅游景区发展的两大抓手。为了营造诚信安全的旅游环境,政府应该充分发挥主导作用,制定旅游业发展整体规划,同时在日常监管的基础上再建立快捷高效的旅游投诉处理机制,对旅游景区的规范经营和诚信水平进行监督,始终以维护旅游者的利益为第一要义。例如,香港旅游局一直坚持的授牌经营和高效投诉处理机制成就了香港"购物天堂"的美誉,诚信和安全成为香港旅游发展的助推器。

2. 景区管理层面

景区在发展过程中要注重理顺内部的经营机制,尽量避免以简单的承包制代替整体经营管理,避免出现"各自为政、舍大利取小利、杀鸡取卵"的现象。中小型旅游景区可以在旅游纪念品售卖、餐饮服务、内部交通服务等过程中,实行统一采购、统一价格、统一管理;大型旅游景区可以实行基于量化考核"准入和退出"机制,将规范经营、诚信经营、旅游者满意等指标纳入日常管理,将坑蒙拐骗旅游者的企业清除出场,杜绝"劣币逐良币"现象的发生。

本章小结

本章首先分析了景区体验管理的旅游背景;其次,介绍了景区体验管理的概念、特征、内容等知识点;再次,重点介绍了景区项目设计和文化空间设计概念、意义、流程步骤和方法;最后,详细介绍了景区旅游者体验的塑造手段。

【核心关键词】

旅游发展的体验化;景区体验管理;景区体验主体的类型;景区体验项目设计;景区文化体验空间设计;景区体验塑造。

思考与练习

1. 体验经济与传统经济有何区别?
2. 景区体验管理的主要内容有哪些?
3. 景区体验管理的主要方法有哪些?
4. 景区体验设计原则有哪些?
5. 景区文化体验空间设计的方法有哪些?
6. 在景区体验管理中,旅游者体验塑造包括哪六个步骤?

【拓展学习】

阅读新闻报道《非遗＋景区"水韵江苏"更有魅力》(https://www.mct.gov.cn/preview/whzx/qgwhxxlb/js/202311/t20231107_949552.htm),分析景区体验设计的方法与途径。

【PBL讨论】

要求：以小组为单位，归纳总结所跟踪景区体验管理的经验和不足(包括体验项目设计或景区文化空间设计等)。

第十一章

景区游客管理

引言

虽然常言道："顾客是上帝"，但有时候顾客的行为却不代表上帝的意思。虽然游客享有在景区参观游览和体验的消费权利，但有时候其行为却对景区自然生态环境产生了极大的破坏作用。面对这种情况，景区管理者要从游客个性特征和旅游行为的关系分析入手，探索正确引导游客行为的有效措施，着重学习游客环境责任行为相关知识，致力于促成游客环境保护行为的发生、持续和升华。

重点和难点

重点：游客个性特征与旅游行为；景区游客行为管理的概念；景区游客行为引导的重要性；景区游客环境保护行为的定义；景区游客环境保护行为的基本特点；景区游客环境保护行为的主要类型。

难点：景区游客环境破坏行为产生的原因；景区游客环境保护行为管理措施。

知识导图

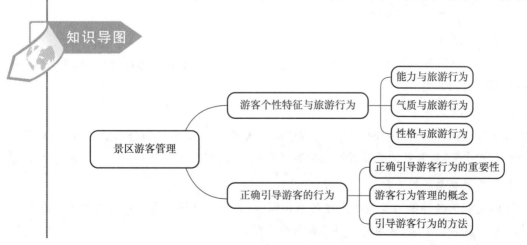

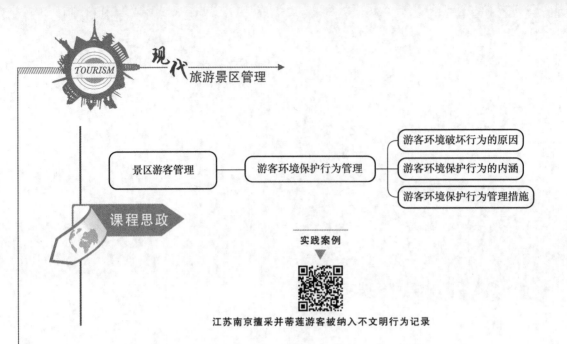

江苏南京擅采并蒂莲游客被纳入不文明行为记录

第一节 游客个性特征与旅游行为

一、能力与旅游行为

（一）能力概述

能力是指人们顺利完成某一活动所必备的个性心理条件。

人的能力多种多样，可以从不同的角度做出不同的分类。心理学对能力的分类，通常分为一般能力和特殊能力。一般能力是完成一切活动所必需的基本能力，通常叫智力。特殊能力是指顺利完成某些专业活动所必备的能力。任何一个正常人都既具备一定的一般能力，又具备一定的特殊能力。一般能力与特殊能力在活动中的关系是辩证统一。一方面，一般能力的发展为特殊能力的发展创造了有利条件；另一方面，特殊能力得到发展的同时，也发展了一般能力。在顺利地完成某种活动时，既需要一般能力，又需要特殊能力，两种能力相互促进，协调发挥作用。

（二）能力的个别差异

1. 能力的类型差异

同一能力在不同人身上会表现出一些相似的特点，把这些特点加以分析、归类，就出现了各种不同的能力类型。

2. 能力发展水平的差异

各种能力都有发展水平的不同。心理学研究表明，全人类的智力分布呈常态，即大部分人处于正常水平，超常者和低能者均占少数，约占千分之三。

3. 能力表现早晚的差异

个体之间的各种能力发展的速度各不相同，能力表现有早有晚。有些人的优异能力早在儿童时期就表现出来，这叫能力早期表现或早慧。

（三）能力与旅游行为

在旅游消费活动中,游客的能力主要表现为对旅游产品和服务的识别能力、挑选能力、评价能力、鉴赏能力和决策能力等,这些能力统称为购买能力。游客的购买能力是有个别差异的。从能力水平上看,有人购买能力水平高,有人购买能力水平低;从能力类型上看,完成同一种旅游活动取得同样的成绩,不同的人采取不同的能力的结合;从能力发展上看,有人购买能力发展较早,有人购买能力发展较晚。研究表明,在旅游活动性质与游客的购买能力发展水平之间存在着一个"镶嵌"现象,每一种活动都有一个能力阈限,它既不需要超过这个阈限,也不能低于这个阈限,即执行某种性质的旅游活动,只需要恰当的购买能力。能力过高的人,从事一项比较容易的活动往往会对活动感到乏味,不能对该项活动保持兴趣,会影响活动效果;反之,如果一个人的能力较低,而去从事一项比较复杂或比较精细的活动任务,往往会感到力不从心,产生焦虑心理,严重的还会感到群体压力,出现人格异常,甚至出现事故。另外,游客的购买能力发挥程度和主观心理环境也有密切的关系,在感兴趣、心境好的时候,可能会使能力发挥最佳水平、取得最大成就,而在相反的主观心理环境下就可能一事无成。由这些研究可见,游客的购买能力与旅游消费行为之间有着密切的联系。

二、气质与旅游行为

（一）气质概述

1. 气质及类型

气质是指个人的心理活动和行为在动力学方面的特征,特别是在情感与动作中的特征。一个人的气质,具有极大的稳定性,它与先天因素有关。具体地说,是与人的神经系统的类型有关。但也不能一概而论,人可以培养好的个性去弥补气质的不足。

2. 气质类型及其行为特征

在心理学中将高级神经活动的三个基本特性加以不同形式的联合或结合,可以形成四种基本的气质类型。这四种气质类型的人有着各不相同的行为特征(见表11-1)。

表11-1 心理学四种气质类型人格的行为特征

神经类型	气质类型	行为特征
强、不平衡型	胆汁质	直率,热情,精力充沛,情绪易冲动,心境变化激烈,外倾
强、平衡、灵活型	多血质	活泼好动,敏感,反应迅速,爱与人交往,注意易转移,兴趣易改变换,外倾
强、平衡、不灵活型	黏液质	安静,稳定,反应迟缓,沉默寡言,情不外露,注意稳定,善于忍耐,内倾
弱型	抑郁质	孤僻,行动迟缓,情绪体验深刻,善于觉察细小事物,内倾

在生活中大多数人的气质类型表现为"混合型"。人的气质由于受先天因素和后天的生活实践及教育的影响,是很复杂的。在生活中,我们可以遇到以上四种气质的典型代表人物,但这只是少数。多数人往往以一种气质为主,兼有其他类型气质的特点。气质类型本身没有好坏之分,各种气质类型都有积极和消极的一面,具有两重性。我们要注意发展气质积极的一面,而抑制其消极的一面。

（二）气质与旅游行为

分析游客不同气质的表现,对进一步了解游客并在工作中照顾到他们的不同气质特点是有帮助的。

1. 急躁型游客的旅游行为

急躁型相当于胆汁质。这种类型的游客由于感情外露,碰到问题容易发火,一旦被激怒,就不易平静下来。在接待服务工作中,旅游从业人员应当注意不要激怒他们,不要计较他们有时不顾后果的冲动言语,万一出现矛盾应当避其锋芒。

2. 活泼型游客的旅游行为

活泼型相当于多血质。活泼型的游客表现活泼好动,喜欢参与变化大、刺激性强、花样多的活动。接待活泼型的游客应当在可能的情况下同他们交谈,以满足他们爱交际的特点,不能不理睬他们,同时在与他们谈话中不应有过多的重复,否则他们会不耐烦。

3. 稳重型游客的旅游行为

稳重型相当于黏液质。稳重型的游客平时表现安静,喜欢清静的环境。在接待他们的过程中应当注意在安排住房时尽量选择一些较为安静的地方,不要安排靠近电梯旁和附近有很多青年人或有小孩吵闹的地方,以满足他们爱清静的特点。

4. 忧郁型游客的旅游行为

忧郁型相当于抑郁质。忧郁型的游客感情很少向外流露,心里有事情一般不向外人讲,宁愿自己待着,性情表现羞涩、忸怩、孤僻、不合群,很少到热闹的场所去。

三、性格与旅游行为

（一）性格概述

1. 性格的含义

性格是一个人个性中最重要、最显著的心理特征,是指个人对现实态度及行为方式方面的比较稳定而且具有核心意义的个性心理特征。对此定义我们可以从以下三个方面加以理解。

首先,性格表现在一个人对现实的态度和行为方式之中,人对现实的态度和与之相应的行为方式的独特结合,就构成了其区别于他人的独特性格。

其次,性格是一个人独特的、稳定的个性特征,并在人的行为中留下痕迹,打上烙印。

最后,性格是一个人具有核心意义的个性特征。性格由于具有社会评价的意义,在个性中占据核心的地位。

2.性格特征的分析

性格特征就是指性格各个不同方面的特征。主要有以下四个方面。

(1)性格的态度特征。指人在处理各种社会关系方面的性格特征,包括对社会、集体和他人的态度的特征,对工作和学习的态度的特征,对自己的态度的特征等。

(2)性格的意志特征。指人在对自己行为的自觉调节方式和水平方面的性格特征,包括对行为目的明确程度的特征,对行为的自觉控制水平的特征,在长期工作中表现出来的特征等。

(3)性格的情绪特征。指人在情绪活动时在强度、稳定性、持续性、和主导心境等方面表现出来的性格特征,包括情绪强度特征,情绪稳定性特征,情绪持久性特征,主导心境特征等。

(4)性格的理智特征。指人在认知过程中的性格特征,包括感知方面的性格特征,记忆方面的性格特征,想象方面的性格特征,思维方面的性格特征等。

在以上四个方面的性格特征中,最主要的是性格的态度特征和性格的意志特征,其中又以性格的态度特征更为重要。

性格的上述各个方面的特征并不是孤立的,而是相互联系着的,在个体身上结合为独特的统一体,从而形成一个人不同他人的性格。这正是"性格"一词的本来的含义。

(二)性格与旅游行为

性格是个性中最核心的内容,它是决定旅游行为倾向最重要的心理特征。对性格的分析研究有助于我们揭示和掌握旅游者旅游活动的规律和特点。

1.性格特征与旅游行为

对一个人性格的了解,不仅有助于解释和掌握他现在的行为,而且还可以预见他未来的行为。由此可见,了解游客的性格特征与旅游服务工作的相互关系的意义主要体现在两个方面:一方面,有助于引导、控制游客的行为;另一方面,有助于创造适宜的活动环境,使之与游客的性格倾向尽量吻合,尽量避免在服务工作中产生不和谐乃至对立的局面。

2.性格类型与旅游行为

(1)理智型和情绪型。这是按照游客是理智还是情绪占优势来划分的。理智型的人,常以理智来评价一切,并用理智来控制自己的行为,遇到问题总与人讲事实、讲道理。情绪型的人,情绪体验深刻,不善于进行理性的思考,言行易受情绪的支配,处理问题喜欢感情用事。

(2)独立型和顺从型。这是按照游客的独立性的程度来划分的。独立型的人,其独立性强,不易受外界的干扰,善于独立地发现问题,并能独立地解决问题,在紧急情况下表现出沉着、冷静。顺从型的人,其独立性较差,容易不加批判地接受别人的意见,人云亦云,缺乏

个人主见,在紧张的情况下,常常表现为惊慌失措。

(3) 外向型和内向型。这是按照游客生活适应方式来划分的。外向型的人,性格外向,情感容易流露,活泼开朗,好交际,对外界事物比较关心。内向型的人,性格内向,比较沉静,不爱交际,适应环境也比较困难。

游客的个性特征与旅游行为密切相关,不同个性游客的旅游行为表现不同,有些个性心理和行为是游客在景区产生不文明或破坏行为的心理根源,给景区管理带来较大挑战。景区管理者只有清楚了解游客的个性特征,才能够有效管控不当的旅游行为,保护旅游资源和旅游环境,促进景区的可持续发展。

第二节 正确引导游客的行为

中国游客境外消费屡创新高,已成为世界最大的旅游客源国。然而,中国人在为世界各国贡献GDP的同时,却背上了"最差游客"的骂名。全球最大的在线旅游公司Expedia曾对1.5万名欧洲旅馆老板进行调查。结果显示,中国人和印度人被认为是"最差劲的游客"。虽然这个调查不能完全反映客观现实,也不能作为预测未来发展趋势的基础,但足以让国人更加规范自己的旅游行为,也让景区管理者意识到管理游客行为管理的重要性。

一、正确引导游客行为的重要性

一个国家的综合国力,不仅体现在经济、科技等"硬实力"上,也表现在文化、社会风尚和国民素质等"软实力"上。

很多游客存在不文明行为,这些不文明行为从根本危害性上看,可能导致旅游景区环境污染、景观质量下降甚至寿命缩短,其最终结果必然是造成旅游景区整体吸引力下降,旅游价值降低,严重影响和直接威胁着景区的可持续发展。更有甚者,还可能给景区带来灾难性影响,如违规抽烟、燃放爆竹、野炊等行为很容易引起火灾,一旦发生,后果不堪设想。

从直接的影响来看,游客的不文明旅游行为给景区的环境管理、经营管理带来极大的困难。游客不文明行为本身往往成为其他游客游览活动中的视觉污染,影响兴致,破坏环境气氛,进而影响其他游客的游览质量。游客不文明行为往往会给自己的人身安全带来隐患,如到一些未开放的景区游览、违规露营、随意给动物喂食、袭击动物、不按规定操作游艺器械等行为,都可能给游客自身带来意外伤害。近年来,已有不少景区出现类似的安全事故,但很多游客还意识不到这一点,因此正确引导游客行为至关重要。

上述不同人格特征、不同出游方式和旅游行为的分析,给景区运营管理者提供了游客管理的方向,有助于拟定有针对性的措施。此外,景区还要拟定并实施游客管理的一般方案。

二、游客行为管理的概念

游客管理是指旅游景区管理者为了实现景区自然和文化资源保护,强化旅游资源和环境的吸引力,提升景区服务体验、游客满意度而实施的对游客行为的管理活动。

完整意义上的游客管理至少包括三种理解:一是游客行为管理,主要是针对游客的责任行为管理,目的是规范与引导游客正确行为,以减少对游客自身的伤害以及对景区环境和资源的破坏;二是游客体验管理,目的是提高旅游体验质量,提升游客满意度;三是游客需求管理,目的是在景区供给基础上满足游客的市场消费需求,促进供给与需求关系的协调。

三、引导游客行为的方法

(一)服务型管理方法

服务型管理方法是一种软性的管理方法。由于游客与管理者关系的特殊性,游客既是管理者的管理对象,又是管理者的服务对象,因而需要管理者在为游客提供服务和帮助的过程中提醒游客哪些该做、哪些不该做。

1. 印制门票、导游图或旅游指南:让游客明白自己的责任

旅游景点可以在门票、导游图或者旅游指南上加印提醒游客文明行为的提示语句,使游客一进入景区就开始接受旅游文明提示和教育。以常见的旅游指南为例,其印制和发放应达到如下要求。

(1)排版合理,重点突出,色彩鲜艳,有吸引力。

(2)在游客进入景区前后及时免费发放(或自取)。

(3)指南中除了介绍景区资源特征、旅游活动的时间和地点之外,应特别提醒在景区中被禁止的旅游行为。

2. 设施引导:建立旅游警示或提示标志

(1)警示标志。梳理景区内有可能给游客带来伤害的因素,以警示标志的方式郑重提醒,告知游客需要注意的事项,以及禁止的危险行为。为达到醒目的目的,警示标志多采用红色和黄色,例如,游园须知、请勿进入、请勿吸烟、请勿拍照、高压危险、进入猛兽区请勿下车等。

(2)提示标志。为了方便游客游览,让游客在景区内快捷获取信息、全面了解景区、避免游客迷路及不当行为的发生,用柔性善意的语言设立提示标志。主要包括全景指示牌、道路指示牌、景点指示牌、服务指示牌、观赏提示牌等。

另外,旅游景区还可设置引人注目的宣传画和公益广告,使旅游文明行为深入人心。

3. 导游引导:适时提醒、监督引导

组团出游之前,旅行社要对游客进行文明旅游行为教育,说明目的地的风俗习惯、礼仪

规范、民族禁忌及行为方式等,必要时可组织文明旅游考试,签订"文明旅游承诺书";在旅游活动中,导游要及时提醒和制止游客的不文明行为。另外,旅游管理部门在导游考评、导游词设计等方面可适当增加有关游客行为管理和景观保护常识等内容,鼓励和引导导游负责任地履行好游客行为管理和保护资源的职责。

（二）控制型管理方法

服务型管理方法通过引导游客的行为来实现管理的目的。但是,不是所有的游客都有这样的心理特征,对于那些我行我素、任性骄横、不守规矩的游客应该采取控制型管理方法。旅游景区管理方应该在遵守政府相关部门法律法规的基础上,制定必要的景区管理规则及惩罚措施,并配备必要的人员保证实施。

除了指派专人在景区制止不当行为（事中控制）之外,常见的控制型管理办法（事后）包括批评、罚款、报警、上旅游黑名单等。其中旅游黑名单制度是目前较为有效的控制型管理方法。2016年,国家旅游局将《旅行社条例》和《中国公民出国旅游管理办法》两部行政法规进行了合并修订,形成了《旅行社条例（修订草案送审稿）》。在该次公开的修订意见中规定,在保障游客权益的同时,规定如果游客因不文明行为被记入黑名单,其相关信息将被纳入不文明行为记录,向社会公布,并向公安、海关、检验检疫、边检、交通、金融等部门和机构、行业组织及有关经营者通报。有关部门和机构、行业组织、经营者可以根据职责权限在征信系统中记录,采取在一定期限内限制出境旅游、边境旅游、参加团队旅游、乘坐航班等惩戒措施。例如,陕西游客李某某（男）在吴起县胜利山景区内,攀爬红军雕塑照相,被其他游客拍照记录后在网上传出,引起公众广泛谴责,造成严重的社会不良影响,被列入全国游客不文明旅游名单,其不良记录保留期限为10年。

（三）示范型管理方法

景区员工在履行其正常职责的过程中,可以随时与游客交流沟通,提供游客所需要的信息,向游客阐明注意事项,并听取他们的反映。同时,要以自己的实际行动教育游客遵守规章、保护环境。例如,国内不少景区组织工作人员与青年志愿者一起开展环保活动.这既可以强化工作人员的环保意识,又可以对公众进行宣传教育。黄山之所以卫生保持得很好,除随处可见石砌的垃圾箱外,游客还能看到清洁人员不辞劳累、默默无闻地捡拾游客留下的垃圾,还有哪个游客会忍心乱扔乱丢垃圾给他们添麻烦呢？此外,带队导游也要注意自己的一言一行,为游客树立好榜样。

服务型与控制型管理方法属于直接管理,示范型管理方法属于间接管理。以上阐述的是景区运营过程中引导游客行为的方法。另外,政府相关部门也必须采取相关措施引导游客行为。主要措施包括:加强宣传教育、制定相关规范、加强监督管理、建立奖惩制度等。

第三节　游客环境保护行为管理

一、游客环境破坏行为的原因

1. 社会教育

社会对游客文明旅游知识教育不到位是导致游客产生破坏环境行为的重要原因。游客没有受到文明旅游教育，缺乏文明旅游知识，把不文明行为认为是正常行为，根本意识不到"错"，因此不断地在犯错，甚至通过种种不文明行为来留下自己旅游的"印记"。已有研究表明，生态环境冲击感知对责任环境行为能起到直接正向影响作用。因此，在景区游客行为管理中，景区首先要重视并加大对游憩利用中的生态环境破坏行为和现象的宣传，通过建立景区环境教育中心或开设环境参与教育项目向游客全方位集中展示土壤板结、水资源减少及污染、植被破坏等城市自然景区常见的游憩环境破坏行为和现象，激发其环境保护责任行为。

2. 景区监督

景区缺乏监督也是导致游客不文明行为的原因之一。多数景区没有设置足够的文明导游员，而专业的文明导游员能够起到引导游客遵守公共秩序、制止游客不文明行为的作用。"掉线"的管理给了游客实施不良行为的"勇气"，让他们即便是在大庭广众下对景区进行破坏，也不惧怕受到严重处罚，因此不文明问题屡屡出现。除此之外，景区在发现游客不文明行为后，对不文明游客后续惩罚较轻。尽管国家旅游主管部门曾出台相关规范性文件，设置对不文明行为实施相应惩戒的机制，但大多数还没能做到"一次违规、处处受限"，因而对游客的震慑力不大，也无法让有不文明行为记录的游客长记性，因而其不断地超越道德与文明的界限。

3. 个人意识

游客不负责任行为背后常常伴随着社会责任意识淡薄的普遍现象，主要表现如下：①游客无意识破坏行为，对自身行为危害性的认知不强；②游客缺乏规则意识，缺乏主人翁精神，认为景区环境保护与自己无关，也影响不到自己的利益；③失范行为的博弈，由于遵守规则的益处不能立竿见影，不遵守规则的益处却非常明显，因此，在遵守规则和自身利益之间往往选择自身利益；④"消费者就是上帝"的认知使游客把自身利益放在凌驾一切的位置上，认为在消费过程中可以做任何自己想做的事；⑤从众心理使然，认为他人不遵守规则，自己也可以不遵守，即使遵守也不能改变什么。

二、游客环境保护行为的内涵

（一）游客环境保护行为的定义

游客环境保护行为，是指游客在景区旅游中具有环境保护意识的行为。这种环境保护行为贯穿景区旅游的全要素和全过程，强调旅游与保护的协调统一。

（二）游客环境保护行为的基本特点

1. 规范性

规范性是指游客环境保护这种行为一般要遵循严格的行为规范，在旅游过程中必须受到严格的行为限制。出于保护景观的目的，很多景区通常会对游客的参观行为进行限制，如通过制定游客行为规范对游客行为加以约束等。

2. 让渡性

让渡性是指游客在旅游过程中必须让渡部分或全部的享受性消费权利。消费是游客旅游过程中的权利，享受性消费也是根据自己的经济实力做出的自由选择，但是往往会以牺牲环境为代价。比如，同样是景区住宿，游客可以选择住在景区里面的五星级酒店，也可以选择简单的露营地。两者都是相互替代的住宿产品，两者相比较，后者更加生态环保，但需要游客做出享受性消费权利的让渡。而环境保护行为的游客通常会理性选择后者来达到保护环境的目的。

3. 知识性

知识性是指旅游者在旅游过程中必须学习和储备一定的生态或文化保护的专业知识和旅游法律法规知识。这是与一般的旅游行为不同的地方，具有强制性的学习要求。

（三）游客环境保护行为的主要类型

1. 遵守型环境保护行为

遵守型环境保护行为是指游客遵守规定，约束自我行为，即对自己的行为负责，不做损害环境的行为，从而达到保护环境的目的。如不乱扔垃圾、遵守旅游地规章制度、绿色消费等。遵守型环境保护行为是浅层次的环境保护行为。

2. 促进型环境保护行为

促进型环境保护行为是指游客不仅约束自己的破坏行为，还要制止他人的破坏行为，即积极主动地采取措施保护环境不受他人损害，从而达到保护环境的目的。例如：劝阻他人的不负责任行为、向管理部门检举破坏行为、参与政治与法律活动推动环保行为、主动清扫垃圾等。促进型环境保护行为是深层次的环境保护行为。

三、游客环境保护行为管理措施

1. 编制行为指南

行为指南是对游客环境保护行为要求的具体说明。很多游客环境保护意识淡薄源自认识的不足或者是不知道如何去做出正确的行为。因此,景区可以通过编写具体的、有针对性的保护行为要求条款来指导游客的旅游行为,让游客更加清楚如何去操作,避免游客无意识犯错。

2. 建立激励机制

景区可以实施一些行为奖励措施,对于那些确实阻止了破坏行为的游客可以进行奖励(如设立奖金、免门票和礼品等物质奖励),鼓励游客积极参与景区文明引导,对员工文明服务和游客文明行为予以表扬或奖励,以更好地促发、保持和强化这种行为,营造一种积极的景区保护的风气。

3. 加强部门合作

在保护旅游资源不受损害的工作中,景区本身担当着最直接的责任,虽没有执法权,但应按照现行管理体制安排工作。如一些重要的世界自然遗产所在景区,可以请求当地执法机关设立一些专门的派出机构,或请求政府组织当地行业主管部门联合执法。

4. 加大处罚力度

落实《旅游不文明行为记录管理暂行办法》,将违反法律法规或违背公序良俗,受到刑事处罚、行政处罚,或被司法机关、仲裁机构判决或裁决承担民事责任,或造成严重社会不良影响的行为,纳入"旅游不文明行为记录";采取适当方式,对旅游不文明行为依法依规予以曝光;提高游客环境破坏行为的违法成本。

本章小结

本章主要介绍了旅游景区游客管理的相关知识点,主要包括游客个性特征与旅游行为、引导游客正确行为的方法以及游客环境保护行为基本内涵、特点、类型以及管理措施。

【核心关键词】

游客个性与旅游行为;景区游客行为管理;不文明旅游行为;游客环境保护行为。

思考与练习

1. 游客有哪些个性特征与旅游行为?
2. 景区游客管理概念如何界定?

3. 景区如何引导游客行为,其主要方法有哪些?

4. 景区游客环境保护行为的内涵如何界定?

5. 如何理解景区游客环境保护行为的主要特点和类型?

6. 景区可以实施哪些游客环境保护行为的管理措施?

【拓展学习】

1. 查找和学习政府文件《国家旅游局关于旅游不文明行为记录管理暂行办法》(旅办发〔2015〕117号),思考政府为何要实施游客不文明行为管理?

2. 查找并下载以下学术论文,谈谈你对环境责任行为影响因素的看法。

罗文斌、张小花、钟诚等《城市自然景区游客环境责任行为影响因素研究》,《中国人口·资源与环境》,2017年第5期。

【PBL讨论】

1. 我国自2006年颁布《中国公民国内旅游文明行为公约》以来,还发布了哪些文件来约束游客的不文明行为?

2. 要求:以小组为单位,讨论所跟踪景区如何进行游客行为管理,归纳总结其先进的做法。

第十二章

景区智慧管理

引言

智慧技术赋能景区管理和发展是全球科技发展的必然结果。随着智慧技术与景区融合的深化，我国智慧景区建设越来越完善，在游客体验和景区管理两大方面发挥着重要作用，如何建立更加健全的智慧系统，更好地应用智慧技术提升景区品质，这些都是需要继续探讨的话题。景区管理者需要掌握智慧景区发展的时代背景，了解智慧景区的概念、核心内涵及基本特征，学习智慧景区系统构成，理解智慧景区管理的意义、作用和内容，了解我国智慧景区实践案例。

重点和难点

重点：智慧景区的概念；智慧景区的基本特征；智慧景区系统的总体架构；智慧景区系统的特征；智慧景区管理的定义与特点；智慧景区管理的作用；智慧景区管理的内容。

难点：智慧景区的内涵理解；智慧景区管理的意义与内涵；智慧景区管理的作用。

知识导图

景区智慧管理 — 智慧景区概述
- 智慧景区的时代背景
- 智慧景区的概念内涵
- 智慧景区的基本特征

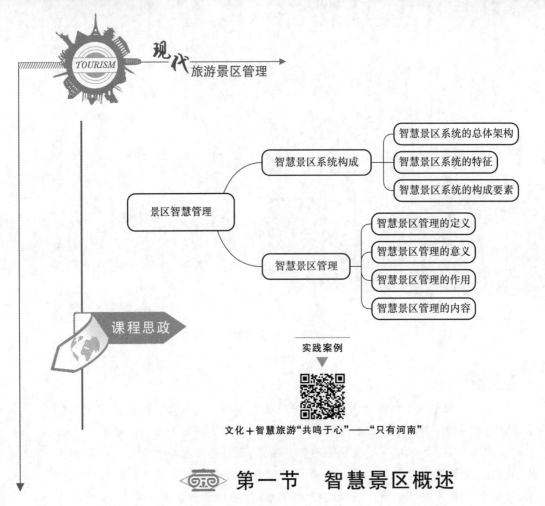

文化＋智慧旅游"共鸣于心"——"只有河南"

第一节 智慧景区概述

一、智慧景区的时代背景

国务院于2021年12月印发的《"十四五"旅游业发展规划》明确指出要推进智慧旅游发展，打造一批智慧旅游城市、旅游景区、度假区、旅游街区，培育一批智慧旅游创新企业和重点项目，开发数字化体验产品，发展沉浸式互动体验、虚拟展示、智慧导览等新型旅游服务，推进以"互联网＋"为代表的旅游场景化建设，提升旅游景区、度假区等各类旅游重点区域5G网络覆盖水平。

随着旅游信息化的升级和智慧城市建设的兴起，智慧旅游成为我国各地旅游高质量发展的重点和理论研究的前沿问题。智慧旅游不仅能够升级游客的旅游体验，也为旅游监管、服务创造了更加便利的条件，已经逐渐成为促进我国旅游业高质量发展的新动能。鉴于智慧景区是智慧旅游现实应用的一部分，各地政府出台了相关政策引导智慧旅游行业的发展并且鼓励智慧景区的建设，各大景区陆续开设官方服务网站，提供线上购票、二维码验票、人工智能导航等智慧旅游服务。

（一）国外智慧旅游研究现状

2000年，加拿大旅游业协会戈登·菲利普斯首次提出智慧旅游（smart tourism）的概念，他认为智慧旅游是可持续地进行规划、开发、营销旅游产品和经营旅游业务。智慧旅游（smart tourism）来源于"智慧地球（smarter planet）"及其在中国实践的"智慧城市"（smarter cities)。2008年,美国IBM集团提出了"智慧地球"发展战略构思,指出智慧地球的核心是以一种更智慧的方法通过利用新一代信息技术来改变政府、公司和人们相互交互的方式,以便提高交互的明确性、效率、灵活性和响应速度。而"智慧城市"是"智慧地球"从理念到实际、落地城市的举措。严格来说,国外并无"智慧旅游"这一专业术语,但是相较于国内,国外较早将信息技术应用于旅游业的研究和实践。

国外对于智慧旅游的研究可大致分为三个阶段,分别是起步探索阶段(2000—2014年)、逐渐发展阶段(2014—2018年)、爆发增长阶段(2018至今)。国外智慧旅游的研究方法主要包括定性与定量研究相结合、理论研究、算法研究等,研究的领域主要包括文化遗产与科技融合研究、智慧酒店现状及发展研究、旅游推荐系统应用及提升研究、智慧旅游目的地管理及影响研究、游客隐私与安全保护及提升研究等方面。

（二）国内智慧旅游研究现状

2010年,"智慧旅游"概念首度在江苏省镇江市明确提出;2014年,国家旅游局推出"智慧旅游年",标志着国内智慧旅游研究工作步入了一个全新的发展阶段。目前国内对于智慧旅游研究可大致分为三个阶段:起步探索阶段(2009—2014年)、快速发展阶段(2015—2018年)、深度发展阶段(2019年至今)。研究的内容主要可以分为智慧旅游概念研究、智慧旅游技术支撑研究以及智慧旅游现实应用研究。

概念研究主要包括定义和框架结构。马勇、叶铁伟、黄超、张凌云等学者从技术应用、管理,以及旅游产业等角度对智慧旅游给出了不同的定义。根据张凌云等学者的定义,智慧旅游是基于新一代信息技术(也称信息与通信技术,简称ICT),为满足游客个性化需求,提供高品质、高满意度服务,而实现旅游资源及社会资源的共享与有效利用的系统化、集约化的管理变革。信息技术贯穿旅游活动的始末,信息技术的发展与升级改变了旅游者获得与使用信息的方式,引发了旅游业内管理的深刻变革,由此促生了智慧旅游的诞生;在智慧旅游支撑技术中,研究一般集中于大数据、物联网与云计算三方面。智慧旅游的现实应用研究主要包括智慧城市和智慧景区。2013年,住房和城乡建设部公布了90个首批国家智慧城市试点名单,截至2017年底,国内超过500个城市提出或者正在建设智慧城市。智慧城市研究中,较多学者关注智慧城市建设与智慧城市竞争力两方面。智慧城市的实证研究大多集中于智慧建设水平较高的城市,如北京、南京等。2015年9月,国家旅游局发布《"旅游＋互联网"行动计划》明确指出,将推进5A级景区在2018年建设成为"智慧旅游景区"。到2020年,要求全国所有4A级景区具备免费Wi-Fi、电子讲解、在线预订等功能。可见,"智慧旅游"与"智慧景区"是旅游业未来发展的一个趋势。

（三）智慧旅游与智慧景区

1. 智慧旅游是未来旅游业发展趋势

随着经济社会的发展,越来越多人外出旅游,游客对旅游的要求也越来越高。加之自驾游、自助游等新型旅游方式的出现,游客普遍希望能随时随地获取旅游信息。智慧旅游建设能够解决当前旅游发展中人流拥挤、观光车等候时间过长、旅游产品同质化等问题,同时能满足游客个性化、多样化的旅游需要。智慧旅游是旅游行业与信息化产业融合的新产物,其目标在于为游客提供高满意度、高质量的个性化服务。智慧旅游是未来旅游业发展趋势,也是实现旅游高质量发展的主要途径。我国智慧旅游的建设几乎涵盖了旅游产业的所有环节,智慧旅游的项目建设包括了"智慧城市""智慧景区""智慧饭店""智慧乡村""智慧旅行社""智慧度假区""智慧博物馆"等。"景区"是旅游目的地的重要组成部分,同时也是国内智慧旅游建设的重点区域。

2. 智慧景区是智慧旅游的重要载体

为打破传统景区建设的瓶颈、顺应信息化发展的要求、促进景区的可持续发展,在全国建设智慧城市、发展智慧旅游的背景下,"智慧景区"应运而生。智慧景区是智慧旅游的主要构成部分。

2019年发布的《国务院办公厅关于进一步激发文化和旅游消费潜力的意见》(国办发〔2019〕41号)指出,各大景区要强化智慧化建设,实行门票预约制度,实施实时监控制度等,并到2022年全面实行5A级国有景区门票预约制度。《"十四五"文化和旅游发展规划》(文旅政法发〔2021〕40号)中提出,支持一批智慧旅游景区建设,发展新一代沉浸式体验型旅游产品,推出一批具有代表性的智慧旅游景区。借助科技赋能景区转型升级,全面提升景区智慧化管理、服务和营销水平,高标准建设一批智慧旅游景区,能助推我国旅游产业高质量发展。

3. 智慧旅游景区促进旅游产业高质量发展

智慧旅游景区建设可以充分地利用现代化的信息技术来实现旅游景区管理以及服务工作的信息化发展,依赖于现代的信息技术以及网络通信技术,及时地对景区各个辖区以及分管部门的工作进行协调和规划,进而提升旅游景区的旅游资源的调配能力。依托于现代化的信息技术和旅游产业的深度融合式发展,旅游景区可以充分利用现代化的信息技术以及网络平台来实现自身营运模式的创新性发展。这不仅进一步增加了旅游景区自身在多媒体平台的宣传以及曝光,同时也有利于景区自身运营,以及经济效益的有效提升。

二、智慧景区的概念内涵

(一)智慧景区概念界定

目前,我国智慧景区发展已处于快速发展阶段,但关于智慧景区内涵的认识尚未形成共识。学者大多都是从自身研究背景出发,从不同的视角对其进行探讨,有以下几种具有代表性的界定。

邵振峰等(2010)认为,智慧景区是指景区在全面数字化基础之上建立可视化的智能管理和运营,包括建设景区的信息、数据基础设施以及在此基础上建立的智能化管理平台与决策支撑平台。该定义被多数旅游景区管理者和旅游企业所采用。

葛军莲(2012)等提出,智慧景区就是用智能技术和科学管理理论的高度集成来取代传统的某些需要人工判别和决断的任务,达到各项工作业务的最优化,营造出一个运作规范、高效的智慧景区。

湛研等(2019)指出,智慧景区是基于新一代信息通信技术赋能景区智慧洞察和管理,驱动游客体验升级,改变智慧旅游目的地运营思路,为游客出行提供更好体验、更智能服务和更优质产品的全新旅游目的地。

周志利等(2022)认为,智慧景区是以云计算、物联网技术、互联网为核心引擎,辅以其他新一代智能技术,对旅游主客体进行全方位、多层次、宽领域的感知和精准化管理,创新旅游地供给,革新服务意识,实现景区全面可持续发展。

本书基于以上界定,从概念简化的视角,认为智慧景区就是指通过融入现代信息、传感、网络等技术,实现景区高效化管理和游客智能化服务的景区,其内涵包括两大部分:科技融入和功能强化。

(二)智慧景区核心内涵

1. 科技融入

智慧景区的运行离不开数据的收集、分析和处理。以两网技术(物联网、互联网)融合,辅以射频识别技术(radio frequency identification, RFID)、遥感技术(remote sensing, RS)、地理信息系统(geographic information systems, GIS)和全球定位系统(global positioning systems, GPS)统称的3S技术,外加个人通信设备等其他信息系统技术,是挖掘景区数据和预测潜在旅游者市场的重要途径。不管是从理论层面还是实际操作层面来说,智慧旅游几大关键支撑技术之间的关系都不是独立的,而是相互之间紧密相连,共同构建整个技术框架。其中,物联网主要发挥渠道供给的作用,而云计算主要是对信息数据进行处理,移动智能终端技术等主要扮演着信息载体的角色。

(1)智能物联网。

通过智能传感网构成智慧网络,将旅游景点、文物古迹、景区基础设施和服务建设成物联网,对景区地理环境、自然灾害、游客行为、社区居民、景区工作人员行迹和景区基础设施、服务设施进行全面、透彻、及时的感知。

(2)云计算。

云计算是在分布式计算、并行计算、网格计算的基础上提出的一种新型计算模型。景区运用云计算,搭建旅游信息平台,可以将大量甚至海量的旅游信息存放于数据中心,即云计算中心。数据中心即是智慧景区的云端,将服务端和使用端联系起来。通过数据整合建设,使数据中心支持智能化决策和智慧旅游服务,实现整个景区、景点、酒店、交通等设施的物联网与互联网系统的完全连接和融合。海量的旅游信息处理、查询等计算问题由数据中心自动完成,形成了智慧景区的云计算。

(3)移动智能终端技术。

移动通信是物与物通信模式中的一种,主要是指移动设备之间以及移动设备与固定设备之间的无线通信,在远程设备间实现实时数据的无线连接。在智慧旅游中,移动通信是非

常关键的技术,物联网所谓核心基础设备便是移动通信技术。同时,在智慧旅游的应用过程中,人工智能成为一种非常重要、有效的信息处理应用工具,除了被应用于预测旅游需求,还发挥着旅游质量评价、突发事件预警、服务质量评价等多种作用。毫无疑问,对比云计算、物联网、移动通信技术这些构架技术,人工智能发挥着内核技术的重要作用。

2. 功能强化

智慧景区建设要求以新一代宽带网络、云计算、物联网、大数据、人工智能等新兴信息技术为支撑,以海量的物联数据为基础,通过景区信息、数据资源的共建共享,实现景区的资产保护、智慧运营、服务以及营销的跨平台、跨网络、跨终端综合应用,不断优化景区管理运营效率,提升游客旅游体验品质。功能强化是指通过科技手段对景区管理和游客服务的强化,主要包括景区管理智慧化和游客服务智慧化。

(1) 景区管理智慧化。

当前智慧景区主要是应用物联网、互联网、云计算、大数据、人工智能等技术以及设施设备建设智慧管理平台来实现景区的资源管理、票务管理、游客管理、营销管理、项目管理、安全管理等功能,其中监测预警、游客分析、应急指挥等是当前景区管理的重要智慧功能。

(2) 游客服务智慧化。

游客服务智慧化主要是通过开发建设门户网站、微信小程序、App和移动感应等技术实现游客在景区旅游前(如门票预约、路线规划等)、旅游中(如扫码入园、语音讲解、在线购物等)、后期(如信息反馈等)各方面的智能化服务体验。

三、智慧景区的基本特征

2023年4月6日发布的《工业和信息化部 文化和旅游部关于加强5G+智慧旅游协同创新发展的通知》(工信部联通信〔2023〕42号)中指出,要打造一批5G+5A级智慧旅游标杆景区,充分利用5G等技术适配更多应用场景,打造复合型公共服务平台,提供个性化、品质化、交互化、沉浸化旅游服务。

区别于传统景区与数字景区,智慧景区主要有以下特点。

1. 智能化

智慧景区在计算机技术的基础之上,应用物联网、云计算、人工智能等前沿高新技术,使传统景区在基础设施建设、管理模式、管理理念以及游客的服务质量上都进行了智能化的升级,极大地提高了景区自身的治理水平以及游客的满意度。

2. 人性化

智慧景区相比传统景区而言,可以通过大数据精准定位游客市场,依据游客的个性化需求建立起符合游客需求的旅游服务系统,提升游客的满意度。在管理方式上,管理人员利用人工智能技术对物联网收集到的海量信息进行实时处理和分析,根据信息分析结果形成旅游预测、预警,提高管理者决策的科学性。

3. 综合化

智慧景区的提升不单单只是信息技术的提升，也是对景区的管理水平的提升。智慧景区可以加快传统的被动式管理向主动式管理的转变。智慧景区依托物联网、互联网、云计算、人工智能这四大核心技术，实现景区内基础设施、旅游景点、游客行为、景区管理人员、社区居民行迹等多方位的信息采集和感知，使智慧化的管理理念与前沿技术相互融合，使景区主动化和精细化管理变成可能。

4. 系统化

数据库是智慧景区建设中的重要组成部分，数据库的建设可以实现景区部门之间、景区与景区之间、景区与政府之间的信息传递与沟通交流，打破传统景区部门治理的条块化和孤立化现状，加强景区内外部之间的联系，克服信息的不对称，实现旅游行业产业链的系统化建设。

第二节　智慧景区系统构成

一、智慧景区系统的总体架构

根据2022年8月全国旅游标准化技术委员会发布的《旅游景区智慧化建设指南》（征求意见稿）（以下简称《指南》）指出：在横向层面，智慧景区总体架构由基础设施、云平台、大数据平台、中台和智慧应用层五个技术要素组成；在纵向层面，智慧景区总体架构包括安全保障体系和技术规范体系两个方面的支撑体系（智慧景区总体框架图见图12-1）。

（一）横向层面要素

（1）基础设施层。以景区为主体，面向景区内部核心业务、机房、网络监控、办公、消防、调度、智能化设施的规划设计，主要包括机房、网络、监控、调度中心、智能化、办公、安防和消防等基础设施。

（2）云平台。为智慧景区提供数据存储、计算和相关软件运行环境资源，保障上层对于数据的相关需求。

（3）大数据平台。将传统概念的大数据平台细化分层为大数据平台层和中台层，大数据平台层就是目前景区已经初步实现的，基于物理层面的大数据统一采集、存储和数据处理，通过数据融合支撑，承载智慧应用层中的相关应用，提供应用所需的数据资源，为构建上层各类应用服务提供支撑。

（4）中台。介于应用前台与计算存储后台之间的概念。中台层包括数据中台和业务中台：①数据中台是指将景区数据业务化，为业务和组织创新提供数据支撑，其核心价值主要体现在消除数据孤岛、全面梳理数据资产；②业务中台是指将景区的核心能力以数字化形式沉淀为各种服务中心，实现通用业务数据化、服务化，降低创新成本，提高工作效率。

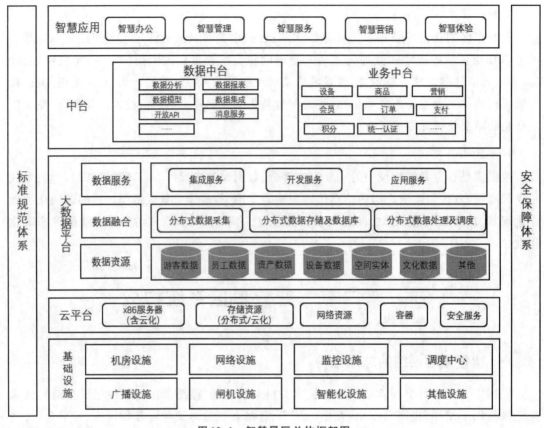

图12-1 智慧景区总体框架图

（来源：《旅游景区智慧化建设指南》征求意见稿）

(5) 智慧应用层。在基础设施层、云平台、大数据平台、数据业务双中台的基础上建立的各种智慧景区应用和服务。

（二）纵向支撑体系

(1) 智慧景区安全保障体系。包括智慧景区相关安全机制、安全平台，涉及各横向层次。

(2) 智慧景区技术规范体系。包括数据、业务、技术、项目、安全等要素的关键标准规范及计划表。

二、智慧景区系统的特征

（一）管理智能化

智慧景区系统的管理智能化体现在多个方面，旨在提高景区运营效率、优化资源配置、增强安全管理，并为决策者提供更多数据支持。

在决策方面，智慧景区系统通过实时监测游客行为、流量、服务满意度等大数据分析，能够预测未来趋势,提前制定合适的应对策略,优化资源配置和提高效益从而为管理者提供全面的数据支持,帮助其做出更明智的经营决策。

在人员组织管理方面,智慧景区系统利用物联网技术,能够实时监测景区各个区域的人流、设备状态等信息,通过智能调度系统实现对人员和设施的智能调配,提高资源利用效率;同时,智慧景区系统建立协同工作平台,实现不同部门之间的信息共享和协同工作,增强组织内部的沟通和合作效率。

在风险控制方面,智慧景区系统利用智能监控系统实时监测景区各项指标,包括人流、安全状况等,及时发现潜在问题并采取措施;同时,智能安防系统通过监控摄像头、人脸识别等技术,实现对景区安全状况的智能控制,确保游客和资产的安全。

（二）服务个性化

智慧景区系统的服务个性化旨在根据游客的需求和兴趣提供定制化的体验。首先,智慧景区系统能够提供个性化推荐服务,利用大数据分析,根据游客的历史行为和兴趣,推送个性化的景点、活动、餐饮等服务;其次,智慧景区系统可以提供基于移动应用的个性化功能,如虚拟导游、定制化地图、个人行程记录等,提高互动性和个性化体验;最后,智慧景区系统还可以通过搭建的网上社交平台与游客进行个性化的互动,包括定制化的内容推送、活动邀请等,提高景区在游客社交网络中的曝光度。

（三）消费网络化

智慧景区系统的消费网络化特征主要体现在通过网络科技手段促进游客消费、信息传递和互动体验等方面。在行程开始前,游客可以通过智慧景区系统在线购买电子门票,预订酒店、餐饮,方便提前规划行程;在行程中,智慧景区系统引入了移动支付和电子交易平台,允许游客使用智能手机或其他电子设备进行购票、购物等,提高了交易的便捷性;在行程结束后,智慧景区系统还能提供在线评论和评价系统,游客可以通过网络分享对景区服务和体验的评价,形成反馈网络,影响其他潜在游客的决策。

（四）体验数字化

智慧景区系统的体验数字化特征主要体现在通过数字技术提升游客体验。游客的数字化体验除了移动支付与电子交易平台、智能导览服务等常见的数字化服务,还包括虚拟现实(VR)与增强现实(AR)体验。虚拟现实(VR)是一种通过模拟数字环境来创造沉浸式体验的技术。在景区应用中,VR技术常常通过头戴式显示器(VR头盔)来实现。增强现实(AR)是一种将数字信息叠加在现实世界中的技术,在景区应用中通常通过智能手机或AR眼镜来实现。

三、智慧景区系统的构成要素

（一）三个平台

三个平台是指信息感知与传输平台、数据管理与服务平台、信息共享与服务平台。其中,信息感知与传输平台包括信息自动获取与高效传输两个方面;数据管理与服务平台包括数据集成管理与计算服务;信息共享与服务平台则借助信息基础设施和数据基础设施,面向五大应用系统提供信息服务与流程服务。

1. 信息感知与传输平台

信息自动获取设施主要是指位于智慧景区信息化体系前端的信息采集设施与技术,如遥感技术(RS)等;信息高效传输设施是指有线及无线网络传输设施,主要包括通信光纤网络、3G无线通信网络、重点区域的WLAN网络,以及相关的服务器、网络终端设备等。

2. 数据管理与服务平台

数据集成管理主要是借助数据仓库技术进行分类管理,组成"智慧景区"的数据库系统,涉及空间数据与属性数据库、栅格数据与矢量数据库、资源数据与业务数据库以及面向应用的主题数据库。在数据集成管理的基础上,借助云计算技术,共享服务平台可以为五大应用系统提供数据信息与计算服务。

3. 信息共享与服务平台

信息共享与服务平台是面向"智慧景区"的五大应用系统提供技术及信息服务的平台,可以实现整个智慧景区的信息管理、应用请求响应、应用服务提供等需求,保障整个景区信息的共享与服务。

(二)五大系统

1. 资源保护系统

资源保护系统主要实现对景区资源全面保护与监测的信息化,所涉及的主要应用系统可以进一步划分为自然资源保护与监测系统、人文资源保护与监测系统、自然环境保护与监测系统、人文环境保护与监测系统。

2. 业务管理系统

业务管理系统主要实现景区业务管理工作的信息化,所涉及的应用系统按照业务类型可以划分为电子政务系统、规划管理系统、园林绿化管理系统、人力资源管理系统、资产管理系统、财务管理系统、视频会议系统等。

3. 旅游经营系统

旅游经营系统主要实现景区旅游管理与游客服务的信息化,根据景区旅游经营体系,其所涉及的应用系统主要包括三种类别,即侧重于内部应用的旅游管理系统、侧重于外部服务的网络营销系统以及游客安全与应急调度系统。

4. 公众服务系统

公众服务系统主要实现景区面向广大民众服务职能的信息化,所涉及的应用系统类型主要包括两个方面:一是面向景区以外广大民众的外部服务类系统;二是面向景区游客的内部服务类系统。两者相辅相成,共同完成景区的社会服务。

5. 决策支持系统

决策支持系统主要是在上述四大应用系统的基础上，结合专家知识系统、综合数据分析、数据挖掘与知识发现，通过虚拟现实、情景模拟等手段对景区的重大事件决策、应急预案演练等多系统综合应用提供技术支撑和信息支持。

第三节　智慧景区管理

一、智慧景区管理的定义

（一）智慧景区管理的概念

从系统思想对景区智慧化概念所做的界定，是学者们基于智能技术广泛的外延进而对"管理信息系统"这一概念所做的延伸。

赖建乐（2014）认为，智慧景区管理是运用电子计算机进行信息处理，运用现代通信设备进行信息传输，并在此基础上为景区管理者提供决策信息服务，且能进行各种旅游管理系统的收集、传输、存储、加工、维护和使用的人机系统。

王艳峰（2017）认为，智慧景区管理是以物联网、云计算、安全防范技术等为依托，将现代信息技术与景区管理、保护、发展等工作紧密融合所搭建的自动办公系统、资源管理系统、安全监控系统、电子门票系统等多种系统。

（二）智慧景区管理的特点

1. 智能水平升级

智慧景区在数字景区3S技术应用基础之上，通过采用物联网、射频技术、传感技术等最新信息技术，对附近居民、园内游客、服务人员、地理环境、灾害隐患、基建设备和服务设施等对象进行更全面、更及时地感知和监测，实现可视化管理。

2. 软硬实力兼顾

智慧景区更加重视基于信息化建设，通过构建学习型组织，优化工作流程，寻求战略合作伙伴和设立危机预警与管理机制，以实现软硬实力的最佳结合和全方面提升。加强信息化建设和工作流程优化有利于提高景区管理效率，实现游客优异体验；构建学习型组织和寻求战略合作伙伴有利于提高景区管理人员的自主学习和创新能力，挖掘景区的核心竞争能力；建立危机预警与管理机制有助于降低危机发生的可能性和损失，提高景区的应变能力与危机处理能力。

3. 人文关怀突出

智慧景区具有鲜明的时代气息，其建设更加注重科技产物的人文关怀，实现了景区环境保护、业务管理、旅游经营、公共服务、决策支持系统的智能化以及游客体验的深层次感知。

其建设的最终目的是通过智能化的技术系统实现景区资源保护和游客最佳体验的共赢,使游客利益与景区发展目标相契合,进而促进景区管理的可持续和高质量发展。

二、智慧景区管理的意义

"智慧旅游"是在信息化时代和互联网时代的大背景下,深入贯彻落实科学发展观的重要实践。"智慧景区"作为"智慧旅游"的重要的核心部分,对整个旅游产业的长远发展起到了至关重要的作用。结合景区管理的实质,智慧景区管理的意义主要体现在以下四个方面。

1. 提升游客体验

智慧景区管理通过利用技术,例如无人机、智能导览系统、虚拟现实等,可以提供更丰富、便捷、个性化的游客体验,包括提供实时信息、导览服务、互动体验等,使游客能够更好地了解景区。

2. 提高运营效率

智慧景区管理利用物联网、大数据分析等技术,可以优化景区的运营管理。例如,通过智能监控系统可以实时监测游客流量、管理人员和设备的运行状态,更有效地调配资源、降低成本,从而提高景区整体运营效率。

3. 创新业务模式

智慧管理为景区提供了创新的体验和业务模式。例如,利用虚拟现实技术进行互动体验,或者通过数据分析为游客提供个性化推荐服务,为景区营销带来新的可能性。

4. 促进环境保护

智慧景区管理有助于节约能源、减少资源浪费,通过智能能源管理和环境监测,使景区运营更为环保,符合可持续发展的理念。

三、智慧景区管理的作用

(一)丰富服务模式,拓宽发展空间

通过引入新科技丰富游览体验、运用智慧化管理提升景区服务,云旅游、云演艺、云娱乐、云展览等新业态正蓬勃发展。当前,以互联网为代表的现代信息技术正带来旅游业的"蝶变",助力旅游市场加速复苏。

智慧景区建设推动了生产方式、服务方式、管理模式的创新,也丰富了产品业态,进一步拓展了旅游消费空间。从早期线上找旅行社、查出游攻略,再到如今线上预约景区门票,中国旅游研究院院长戴斌认为,以互联网为代表的现代信息技术带动了一轮又一轮的旅行服务创新。而大数据、云计算、移动通信和智能终端在旅游业的加速应用,既带来消费方式的变化,也改变了旅游服务的供给方式。

一些景区通过数字化改造,完善分时段预约游览、流量监测监控、智能停车场等服务,让景区参观更有秩序,改善了游览体验;还有一些景区通过开发数字化体验产品、普及电子地

图等智慧化服务,丰富了参观体验。

2021年,文化和旅游部、国家发展改革委等10部门联合印发的《关于深化"互联网+旅游"推动旅游业高质量发展的意见》(文旅资源发〔2020〕81号)(以下简称《意见》)提出,到2022年,"互联网+旅游"发展机制更加健全,旅游景区互联网应用水平大幅提高。到2025年,"互联网+旅游"融合更加深化,以互联网为代表的信息技术成为旅游业发展的重要动力。国家4A级及以上旅游景区、省级及以上旅游度假区基本实现智慧化转型升级。

(二)加快技术落地,深化跨界融合

数字文旅产品不足、数据安全管理不够完善、智慧化改造成本较高、企业升级改造意愿不强等问题还存在于智慧景区建设当中。面对发展瓶颈,《意见》提出加快建设智慧旅游景区、完善旅游信息基础设施、创新旅游公共服务模式等重点任务。

根据《意见》,各类景区、度假区要加快提升5G网络覆盖水平,推动停车场、游客服务中心、景区引导标识系统的数字化与智能化改造升级。中国社科院旅游研究中心特约研究员吴若山认为,这些举措将拓展现代旅游业产业链条,赋予信息技术在旅游业发展中更大的价值。

《意见》还鼓励旅游景区、饭店、博物馆等与互联网服务平台合作,在线上实现门票预订、旅游信息展示、文旅创意产品销售等功能;支持总结和推广全域旅游发展经验模式,推动建设一批世界级旅游城市,打造一批世界级旅游线路。这些都将有力加快互联网技术在旅游领域的落地应用。

(三)提升管理水平,提高工作效率

智慧景区通过建设智慧停车系统、实时监控系统、智慧入园系统等,可以统一数据接口,让景区全面、透彻、及时地感知了解,实现及时调度和现场管理,从而提高游客接待量,提升景区工作效率,同时降低成本,形成景区竞争力。景区通过对旅游大数据进行收集、筛选、整理、分析,以数据驱动景区的经营决策,把数据用于旅游服务、营销、管理工作的创新与改进之中,从而促进智慧景区的高质量可持续发展。

四、智慧景区管理的内容

(一)智慧基础设施

完善的"智慧基础设施"是推进"智慧景区"顺利建设的前提和基础。"智慧景区"的基础设施是在资源保护、游客体验、景区发展的需要上进行拓展的,目的是根据需要实现旅游景区与游客之间、游客与旅游景区事物之间以及旅游景区事物与事物之间,信息的获取、传递和存储。通过将各种传感器嵌入到景区基础设施来感知和自动控制,实现景区附近居民、游客、工作人员、基础设施、自然灾害等信息的实时感知,推动景区管理运营能力和公共服务水平的大幅度提升。

在实际应用中,智慧景区的基础设施主要包括机房设施、网络设施、监控设施、调度中

心、广播设施、闸机设施、智能化设施等设施。

（二）智慧服务

"智慧服务"旨在满足游客日益广泛多样的旅游需求，通过利用云计算、物联网、移动通信技术，为游客提供高品质定制化的旅游服务体验，使游客在整个游览过程中都能充分体验"智慧景区"带来的美妙感受。

1. 在线信息服务

开通多种以游客为中心的在线服务，为游客提供行程规划、网上预约、电子讲解、导游导览，咨询、投诉、建议和信息分享等服务。同时运用新媒体、短视频、电商等互联网平台实时发布气候舒适度、景区周边交通、最大承载量、在园人数、节庆、演出、活动、票务、车位、推荐线路、导流提示、疏散方式等信息。

2. 现场信息服务

在景区入口处、游客集散地和主要活动区域等景区显著位置设置触摸屏、智能机器人、电子发布栏或多媒体服务终端等信息服务设备，实时发布景区承载量、在园人数、车辆车位、演出和活动信息、排队等候时间、天气、交通、重要公告、诚信名录、服务人员等信息，引导游客游览行为。

3. 预订服务

为游客提供小程序、公众号、OTA（在线旅行社）或电商平台等多渠道线上预约服务；开通网站、App、公众号、网络商店和小程序等自有平台，为游客提供门票、服务及二次消费项目的在线预订；线下可通过多媒体服务终端设备等实现门票、服务及二次消费项目的预约预订。

4. 检票服务

提供分时段预约服务；利用身份证、二维码、人脸识别等电子门票，实现无接触快速入园。

5. 导游导览服务

开通景区导览、线路规划、语音讲解、卫生间等服务设施导航等多种游客在线服务功能；通过景区App、二维码、小程序或无线团队讲解器等载体，在景区点随时随地获取导游、导览服务。

6. 咨询投诉服务

建立电话、网络、终端设备等咨询投诉联动机制，做好咨询投诉和及时反馈；开通AI客服。

（三）智慧管理

"智慧管理"的本质是指将物联网、大数据、云计算、移动通信等最新信息技术手段应用于旅游景区管理，推动旅游管理从过去被动接受、事后管理向主动管理、事前感知转变，实现对旅游景区实时、动态、精准管理。

1. 客流管理

客流管理需符合下列要求。

(1) 建立景区门票和服务预约制度,开通门禁系统与客流管理系统,为游客提供分时预约服务。

(2) 通过预约预订、电子门禁、红外成像、手机信令等技术实现自动精准识别、游客总量实时统计,制定流量管控机制或方案,客流量超限自动报警,实现入口流量有效管控。

(3) 利用景区票务、门禁和视频采集等系统,实现入口、出口及热点地区客流计数管理,实现客流数据的追溯查询、分析预测和客流疏导。

(4) 客流数据与旅游行政主管部门的信息系统实时对接。

2. 车辆管理

车辆管理需符合下列要求。

(1) 实现对游客车牌的自动识别、统计分析,以及对车流状况、停车场空位等信息进行实时发布。

(2) 景区快速引导车辆出入,实现反向寻车,不停车收费,制订车辆管控机制或方案,有效控制车辆流量。

(3) 实现车辆、车位等数据与旅游行政主管部门的信息系统实时对接。

3. 安全管理

景区建立非法闯入、火险、异常天气、地质灾害等自动探测报警系统,或与相关部门进行合作,收集相应预警信息,及时播报并提醒游客与工作人员。

4. 厕所管理

通过厕位状态感应器、超声波传感器、空气质量探测器、显示屏等设备,实现对气温、湿度、环境质量、入厕人数、剩余厕位量等数据信息的实时发布,以及对厕所、环境卫生、保洁人员等的全面管理。

5. 运行监测

建立GIS管理平台,进行景区游客、车辆、缆车、游船、旅游资源、商户、讲解员和工作人员活动的"一张图"在线监测。在线监测主要包括以下内容。

(1) 综合监测。游客总量、当日入园人数、在园人数、分区域客流量、预约人数等;当日停车总量、实时车流量、车辆信息与类别统计等;商户数量、运行车船轨迹及状况、在岗人员、园区天气、温湿度、空气质量等;信息系统运行状况、各种设施统计、设施完好率分析等。

(2) 游客服务。游客流量趋势、分区域客流趋势、历史数据比较、客流预警状况、游客分类统计、预约分类统计、导览使用统计、语音讲解数量、讲解员及时长统计;游客意见处理统计、投诉响应时间等。

(3) 营销宣传。网站访问量;微信、微博、头条、抖音等自媒体关注量、阅读量、访问量、点赞量、转发量等；网络宣传活动数据、网络评价统计等；VR、AR等线上体验平台访问量；OTA平台流量、商品销售统计、产品分类统计等。

6. 应急调度

应急调度主要包括以下内容。

(1) 在线监测实现移动端应用。

(2) 日常运行可通过平台实现景区视频监控融合、一键点调、统一上墙。

(3) 有完善的应急事件处置方案；实现游客一键报警、应急点定位、预案调取、区域通知、广播分流、大屏提示、救援队伍安排、线上调度、现场视频会议、接警上报等业务协同。

(4) 与旅游管理部门实现数据对接和应急通信对接。

7. 数据资源管理

数据资源管理主要包括以下内容。

(1) 建立数据资源主题库，包括但不限于文化主题库、资源主题库、游客主题库、车辆主题库、空间主题库、设备主题库、人员主题库、视频监控主题库等。

(2) 建立数据资源主题库中各类数据的元数据库和数据字典数据库。支持对汇聚到大数据中心的数据进行集中治理和管控，包括元数据管理、数据质量稽查与处理、数据标准管理以及数据安全管理等。

(3) 提供数据质量分析和预警功能，通过技术手段甄别数据优劣程度，对质量较差的数据进行清理，对长期不用的数据进行清理或归档。支持数据质量稽核，通过预定的规则对数据做稽核，并生成稽核报告。对于稽核出来的问题，可以按照预定规则自动治理，或者生成任务工单进行处理。

(4) 支持数据血缘关系管理，自动生成和维护数据血缘关系地图。支持对不完整数据、错误数据、重复数据进行统一标识、清洗对比、整合转换等。制定数据资源共享机制，明确管理人员及员工使用系统和数据的情况，使管理人员与员工能够方便地应用数据。

（四）智慧营销

智慧营销是以现代信息技术手段为依托，主动获取目标游客旅游信息，建立对游客来源、个人偏好、消费观念等数据的研究分析体系。在全面充分掌握游客旅游需求的同时，智慧营销能够不断拓展旅游热点，挖掘游客兴奋点，实现旅游产品和服务的精准投放。

1. 网络宣传

在主流网络平台开通账号并经常性开展宣传推广活动，实现平台间信息联动、共享分发；建设景区营销管控平台，综合运用新媒体、短视频、电商平台等开展互动营销活动，实现景区核心产品和服务的在线营销，不断提高景区在线交易营收比；重大活动实现与上级主管部门的线上同步报送和对接。

2. 精准分析

对游客的年龄、性别、学历、职业、来源地、出游动机、消费方式、交通工具等进行在线分析,并可对客源市场进行趋势预测;利用舆情大数据开展景区口碑、舆情、曝光度、关注度、搜索热度等在线监测、分析与诊断;建立舆情管控机制,并为景区品牌营销、活动策划、舆情应对或新品研发等提供支持;依托大数据采集和分析游客行为,对各商户和热点场所进行游客匹配、精准导流。

(五)智慧体验

游客可利用VR、AR或MR等在线查看景区重要景观、名胜古迹、历史文物的全景图像、三维场景,实现云游览和云体验。建设沉浸式游客体验中心,设置多维度场景再现、沉浸式体验等虚拟现实、增强现实、场景再现等活动项目。

实践案例

智慧景区建设案例

本章小结

智慧景区建设是推动我国旅游高质量发展的重要环节,同时也是我国未来景区发展和建设的方向。为了理清智慧景区建设的逻辑体系,本章首先对智慧景区的概念进行了界定分析;接着介绍了智慧景区系统的构成要素以及基本特征;在了解智慧景区系统的基础上,本书详细介绍了智慧景区管理的意义以及智慧景区管理的内容,并介绍了国内智慧景区的典型案例。

【核心关键词】

智慧景区;智慧景区系统;智慧景区管理。

思考与练习

1. 如何界定智慧景区?
2. 智慧景区有何特征?
3. 智慧景区系统有哪些主要特征?
4. 智慧景区系统的构成要素有哪些?
5. 智慧景区管理的主要内容有哪些?

【拓展阅读】

阅读本章第四节中的案例,进一步理解景区智慧管理的应用实践。

【PBL讨论】

话题:智慧景区建设如何赋能景区高质量发展?

要求:以小组为单位,对所追踪景区的智慧管理经验和做法进行归纳总结。

第三篇 专题模块

第十三章

乡村景区管理

引言

乡村景区作为我国景区的新兴形态,已成为乡村旅游产业的重要组成部分。随着我国乡村旅游和乡村转型发展的不断深入,乡村景区化和乡村景区建设正成为推进乡村振兴的重要手段。景区管理者要立足于实践,加速构建乡村景区的知识体系和方法路径,更好地探索和挖掘乡村景区管理模式,助力我国乡村旅游高质量发展和全面推进乡村振兴。

重点和难点

重点:乡村景区概念;乡村景区类型与特征;乡村景区产品类型和开发原则。
难点:乡村景区化的问题与对策;乡村景区发展的创新路径。

知识导图

```
                              ┌─ 乡村景区的概念
              ┌─ 乡村景区的概念界定 ─┤
              │                  └─ 乡村景区相关概念
              │
              │                  ┌─ 乡村景区的类型
乡村景区管理 ─┼─ 乡村景区的类型与特征 ─┤
              │                  └─ 乡村景区的特征
              │
              │                          ┌─ 乡村景区产品概念与特征
              └─ 乡村景区产品概念与类型 ─┼─ 乡村景区产品主要类型
                                        └─ 乡村景区产品开发原则
```

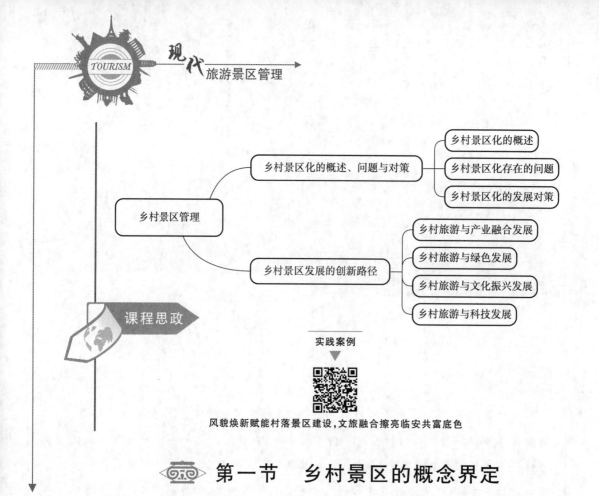

风貌焕新赋能村落景区建设,文旅融合擦亮临安共富底色

第一节 乡村景区的概念界定

一、乡村景区的概念

随着近些年乡村旅游需求不断高涨,乡村景区不断建立,但国内学者对于"乡村景区"还没有形成一个权威的统一概念界定。现有研究中,直接使用了"乡村景区"或"乡村旅游景区"的定义表述如下。

定义一:乡村景区是乡村的景区,区别于城市景区,是在乡村地区为游客提供旅游等相关活动的场所,是满足游客的参观游览、康体养生、寻求乡土等需求,并且具备一定的旅游服务设施的区域(徐阳,2017)。

定义二:乡村旅游景区是指在乡村地区较为集中,并且规模和数量满足一定要求的乡村房屋、建筑设施和农民(渔民)家庭等接收单位,以田园景观、自然生态、农村文化及农业生产、生活和乡村聚落景观等乡村旅游资源为主要旅游吸引物,具有观光、游览、餐饮、体验、娱乐、学习、购物和休闲度假等功能的乡村旅游活动的地区(孙盼,2018)。

定义三:乡村旅游景区是以乡村旅游及其相关活动为主要功能或主要功能之一的区域场所,能够满足游客参观游览、休闲度假、康乐健身等旅游需求,具备相应的旅游设施并提供相应的旅游服务的独立管理区(冯玮璇,2020)。

定义四:乡村旅游景区是指拥有乡村独特自然、人文旅游资源和旅游基础设施,具备旅游接待能力,能够满足旅游需求的乡村独立管理区(陈恋,2020)。

综上,本书将乡村景区界定为以乡村为旅游目的地,以乡村独特的自然景观、人文景观和民俗文化为旅游吸引物,能够满足游客观光、休闲、娱乐、体验等需求,具备较为完善的旅游接待和服务设施以及统一经营管理机构的旅游区域。在空间范围上,其可以是以一个行政村为空间范围,也可以是由多个行政村空间共同构成。

二、乡村景区相关概念

1. 乡村旅游区(点)

根据湖南省《乡村旅游区(点)经营基本条件》(DB43/T483-2017),乡村旅游区(点)是指以乡村自然生态环境、乡村历史文化遗产及农业生产、农家生活等为主要旅游吸引物,并具备相应的旅游服务设施和旅游经营管理机构的区域和经营实体,该概念界定虽然没有用景区的表述,但内涵上基本涵盖了乡村旅游景区的核心要点。

2. 乡村旅游目的地

乡村旅游目的地是指以乡村性的自然资源和人文资源为主要旅游吸引物,吸引一定规模的旅游者停留并开展旅游活动,并能提供相应旅游设施与服务以满足其旅游需求,具有统一管理机构的特定空间(揭筱纹等,2018)。该概念界定虽然没有用景区的表述,但内涵上基本涵盖了乡村景区的核心要点,某种意义上,乡村景区即乡村旅游目的地。

3. 农家乐

根据广西壮族自治区《农家乐质量等级的划分与评定》(DB45T1163—2015),农家乐是指经营者利用庭院、果园、花园、田园、堰塘、农场、牧场、苗圃、花卉基地、渔村等乡土景观以及自然生态、乡村人文、海洋渔业等资源吸引旅游者,为旅游者提供具有乡村情趣和农家生活为特色的餐饮、住宿以及劳动体验、休闲娱乐、观光度假等服务的小规模经营实体。本概念涵盖了乡村景区的核心要点,仅从个体经营的视角来界定,没有突出空间区域的内涵,相对于乡村景区范围较小。

以上三种概念界定,与乡村景区定义联系紧密,某种程度上具有相同的内涵,为深入展开乡村景区概念研究奠定了基础。

第二节 乡村景区的类型与特征

一、乡村景区的类型

根据乡村旅游吸引物的不同,可以将乡村景区划分为以下几种类型。

(1)自然风光型乡村景区:以乡村的自然景观为主要吸引物,如山水风光、田园风光、森林公园等。这类景区通常以自然环境保护和生态旅游为主题,提供徒步、登山、骑行、野营等户外活动和休闲娱乐项目。

(2)文化遗产型乡村景区:以乡村的历史文化遗产为主要吸引物,如古村落、古建筑、传统手工艺等。这类景区通常以文化遗产保护和文化旅游为主题,提供文化体验、文化展示、文化交流等项目。

(3)农业体验型乡村景区:以农业生产和农业生活为主要吸引物,如农业观光园、农业科技示范园、农业采摘园等。这类景区通常以农业科技和农业体验为主题,提供农业观光、农业科普、农业体验等项目。

(4)民俗风情型乡村景区:以乡村的民俗风情为主要吸引物,如民俗村、民俗博物馆、民俗节庆等。这类景区通常以民俗文化和民俗旅游为主题,提供民俗体验、民俗展示、民俗交流等项目。

(5)休闲娱乐型乡村景区:以乡村的休闲娱乐活动为主要吸引物,如乡村度假村、乡村游乐园、乡村温泉等。这类景区通常以休闲娱乐和度假旅游为主题,提供休闲娱乐、度假养生等项目。

以上是以旅游吸引物(旅游资源)为依据对乡村旅游景区的分类,不同的景区可能会有不同的类型和特色。

二、乡村景区的特征

乡村景区具有乡土性、生态性、多样性和文化性四大主要特征。

1. 乡土性

乡村景区的乡土性是其与城市旅游景区的重要区别之一。乡土性体现在景区内的自然风光、建筑风格、民俗风情等方面。乡村旅游景区通常具有独特的地理位置和气候条件,呈现出与城市截然不同的自然景观。此外,景区内的建筑风格也往往具有浓郁的乡土特色,如传统的农村民居、古建筑等。这些独特的自然风光和建筑风格构成了乡村旅游景区的乡土性,使游客能够感受到浓厚的乡村氛围和地方文化特色。

2. 生态性

乡村旅游景区的生态性是其吸引游客的另一个重要因素。乡村旅游景区通常位于自然环境优美的地区,如山区、水乡、田园等。这些地区具有丰富的自然资源和独特的生态系统,如森林、湿地、农田等。游客可以在这里亲近大自然,感受生态环境的美好。此外,乡村旅游景区也注重生态保护和可持续发展,通过合理的规划和管理,保护当地的生态环境和自然资源,实现旅游发展与生态保护的平衡。

3. 多样性

乡村旅游景区的多样性体现在景区内的旅游资源和旅游产品的丰富性上。乡村旅游景区不仅具有独特的自然风光和建筑风格,还具有丰富的民俗文化、传统手工艺等旅游资源。此外,景区还可以开发多种旅游产品,如农业观光、民俗体验、生态旅游等,满足不同游客的需求。这种多样性使得乡村旅游景区具有较强的吸引力和竞争力。

4. 文化性

乡村旅游景区的文化性是其吸引游客的重要因素之一。乡村旅游景区通常具有悠久的历史和丰富的文化遗产,如古建筑、传统手工艺、民俗文化等。这些文化遗产构成了乡村旅游景区的文化底蕴,使游客能够感受到当地的历史文化魅力。此外,乡村旅游景区也注重文化传承和创新,通过举办文化活动、开发文化产品等方式,促进当地文化的传承和发展。

第三节 乡村景区产品概念与类型

一、乡村景区产品概念与特征

(一)乡村景区产品概念界定

乡村景区产品,即乡村旅游产品,其概念在学术界还没有确切定论,因为旅游产品本身既是一个核心概念,也是一个复合概念。

从供给的角度,乡村景区产品是指乡村景区为满足游客体验乡村环境、乡村文化等方面的需要而提供的有形产品和无形服务的总和。

(二)乡村景区产品特征

1. 乡村特色

乡村特色是相对于城市特色而言的,指人们在乡村地域内,能够感知和体验到的,与城市有明显区别的所有自然和人文元素。乡村景区产品的这一特点决定了并非所有的乡村都适合发展乡村旅游。

2. 高性价比(投入少、消费低)

乡村景区产品要能客观、真实地反映自然乡村的本来面目,强调返璞归真,回归大自然。从旅游投资的角度看,乡村景区产品不需要也不能够大兴土木、投入巨资去培植人造景观,比如在乡村地域内建造的主题公园不属于乡村旅游产品。因此,乡村景区产品开发投入成本少,受资金限制程度低。从旅游消费的角度看,国内外的乡村旅游,均以国内游客尤其是近距离城市居民为主要客源。原则上,乡村旅游市场为近程性市场,旅途短,车马费少,不收门票或门票价格低,食宿费用相比城市低,旅游购物商品以当地自产自销的为主,因中间环节少,也较城市便宜。当然,也有少数高档乡村景区产品可满足高收入消费者的需要,但不是主流。城市人游乡村,其消费价格预期原本就不高,同时,现有的中、低档价位产品的大量存在,客观上保护了这种低消费的持续性和经常性。

3. 类型丰富

乡村景区产品类型丰富,集观光旅游、度假旅游、文化体验旅游、消遣休闲旅游、康体保健旅游于一体,产品之间有较大的差异性,内涵和外延宽泛,可较全面地满足不同消费需求游客的需要。

二、乡村景区产品主要类型

根据旅游内容要素,可以将乡村景区产品分为以下类型。

(一)乡村景区观光产品

1. 田园风景观光

田园风景观光属于初级产品,一般是针对初到此地或者初次进行乡村旅游的一日游游客。游客通过感知捕捉美好景物的声、色、形等获得愉悦,继而通过理性思维和丰富想象体会乡村景物的美好,从而享受愉快的旅行。绿地、溪水、瀑布、林木、鸟鸣、蓝天、稻田、麦地、油菜花、茶园等,以及纯朴真诚、友好和善的居民,这些乡村旅游的元素从视觉、听觉、嗅觉等方面刺激着游客的感知。在与当地居民的互动交流过程中,游客最终将形成难忘的旅游体验。

2. 农业收获物观光

农业收获物种类繁多,不同地域和季节会有不同的丰收景象。农业收获物不仅为人们提供食物,也为乡村增添了各种景观。但农业收获物的季节性较强,在收获的季节过后,乡村的景观就显得"凋零",而且收获的时节也比较短暂。因此,通过农业收获物开发的景区产品及组织的旅游活动必须考虑这一因素。

3. 大型综合生态农园观光

大型综合生态农园包含的内容极为丰富,能适应和满足不同消费客群的需要。生态农园利用高科技手段进行组培、育种等任务,因此成为各类无公害蔬菜、绿色蔬菜、有机蔬菜、果品、观赏花卉以及农艺景观的实验地和展示地。其不仅是蔬菜、瓜果、花卉、苗木的种植基地,各类畜禽的养殖基地,更是农旅融合的示范基地。在大型综合生态农园,游客不仅可以参观了解各种农业新品种,了解农作物的生长过程,聆听农业专家讲解现代高科技农业发展情况,还可以观赏各种由农作物组成的特色景观。同时,游客还可以到种植、养殖基地亲身体验具有高科技含量的农业生产活动,品尝和购买特色农副产品等。

4. 高科技农业示范园观光

高科技农业示范园是指利用现代高新农业技术,培育动、植物新品种和示范精细农业的一项旅游产品,它利用游客对新型农产品的好奇心形成核心吸引力,科技含量高,投入和产出均较高,可以为当地农业培育新品种,研制农业新技术和推广农业新模式。从业态属性角度,高科技农业示范园属于农业新业态形式,但从旅游观光角度,高科技农业示范园观光是一种结合农业科技及科技成果,并通过提供旅游服务来满足市场需求的特色乡村旅游观光产品。

5. 牧场观光

牧场既有生产的功能又有观光的功能,因此牧场应采用先进的饲养技术、管理方法和设施设备,建立畜禽良种繁殖体系和畜产品加工、检验、贮运体系,形成融观光、参与、娱乐、品尝、培训、咨询、购物、科研等功能的一条龙旅游服务。牧场观光开发可有两个方向:一是普通品种观光,即饲养一些常见的畜禽,如牛、马、羊、鸡、鸭等,开发旅游项目,让游客全方位、多层次地体验牧场。例如,可以让游客参与放牧、喂养、剪毛、挤奶、品尝羊肉和羊制品、观赏和拍摄牛群等活动。二是奇异品种观光,即饲养品种优良而独特的动物,这些动物必须易于饲养且有较高的观赏价值,如鹿、狐、鸵鸟等。

6. 林场或森林公园观光

森林在自然界中有着调节气候、增加湿度、降低噪声、吸碳制氧、消除烟尘、吸收毒气、杀灭细菌、美化环境、增加空气中负氧离子的作用。到林区旅游,游客可以消除疲劳、放松身心、改善神经功能、促进新陈代谢、降低血压、振奋精神。森林旅游可开发的项目很多,能满足游客多方面的需求,参与性、娱乐性、自由组合性较强的森林旅游产品较受欢迎。例如,森林摄影、野营、野餐、徒步登山、游泳、划船、漂流、钓鱼等都是城市人喜爱的休闲方式。更为重要的是,森林旅游具有资源保护和开发同向发展、良性互动的独特优势,具有生态旅游与生俱来的引导和教育功能,能潜移默化、循序渐进地唤醒人们的道德、环保意识,有利于游客养成热爱自然、保护自然的行为习惯。结合旅游活动要素,可以叠加主题活动,丰富森林旅游产品的内涵及吸引力。

7. 传统村落观光

利用村落宅屋、园林、牌坊、祠堂、书院、古桥、古井、古树、古道、古庙等,开展观光旅游和文化研学教育等活动。

(二)乡村景区娱乐产品

乡村景区娱乐产品主要包括划船捕鱼、溪边垂钓、骑马、散步、远足、租赁农业等,使游客通过乡村旅游达到锻炼身体、宁气安神、消除疲劳的目的,并让游客身体素质和精神状态得到不同程度改善。

1. 固定时间、固定场所的乡村娱乐产品:乡村游戏

为丰富旅游活动内容,可选择乡村中心的一块空地,定期安排跳绳、爬杆、打陀螺等传统娱乐活动。对积极参与并获胜的游客给予印有本村景观及宣传口号的挂包、折扇等纪念品作为奖励。对于儿童游客,根据年龄层次进行分组,开展扔沙包、斗鸡、跳房子、老鹰捉小鸡等活动,并为获胜者颁发小纪念品作为奖励。

2. 非固定时间、场所的乡村娱乐产品:节庆旅游产品

在传统节日如春节、端午节、中秋节或民族节庆时,可以让游客参加更加丰富的娱乐活动,比如品尝农家风味餐,体验自己动手做农家饭,感受乡村生活的勤俭与朴素;乘敞篷马车观赏田园风光,观看婚俗表演,参加农家篝火晚会,参观农耕博物馆,了解农耕文化。

(三)乡村景区休闲度假产品

乡村景区休闲度假产品适合城市居民亲子出游或亲朋相邀的家庭度假和集体度假,以及开展大中学生夏令营,因此包括周末节日度假游、家庭度假游、集体度假游、疗养度假游和学生夏令营等形式。依托特色乡村旅游住宿业(特色民宿、露营、精品酒店等),并结合观光娱乐业,可设计多种类型的乡村景区休闲度假产品。

(四)乡村景区文化体验产品

乡村景区文化体验产品开发的原动力是变化和改造,是在原有的乡村旅游中强化体验感,将体验渗透到游客在乡村进行的旅游活动的全过程,通过参与活动、观看演出等达到愉悦身心、放松自我的目的。以下是常见的乡村旅游文化体验产品类型。

1. 农耕文化体验类

农耕文化体验类如让游客做一天"村民"或"农夫",体验农村生活。游客可以充分参与和体验劳动过程,深入乡村生活,感受劳动乐趣,丰富旅游经历。用实物的形式动态地展示各地域各个历史时期的农业文化,如农具展示,所展示的农具能操作,有代表性,并设置专人教授使用方法,游客可以操作使用,以体验劳作的趣味。同时,也可以举办有奖励的游戏和竞赛,如犁田比赛、插秧比赛、舂米比赛等,可将一些独特的水稻生产工具如犁耙、镰刀、锄头等按比例缩小为精致的微型旅游纪念品,作为农耕文化的现实载体,对城市居民尤其是儿童来说,具有极大的吸引力。

2. 生态农业示范区体验类

生态农业是用生态学原理和系统科学方法,把现代科学成果与传统农业技术精华相结合而建立起来的具有生态合理性、功能良性循环的一种农业体系。它有利于农业自然资源的开发利用和保护,有利于提高农业生产综合效益,促进农业可持续发展,同时它对大多数游客而言是陌生而神秘的,极具吸引力,因而是乡村旅游发展的理想模式。如桑基鱼塘、果基鱼塘等基塘结合大循环模式等。

3. 非遗文化体验类

可让游客学习动手制作乡村特色非遗工艺品,例如,可以设置专门的手工艺坊,原料取材、设计、操作都由游客自己完成,手工艺坊还可举办爱好者设计、制作大赛等。可开办小规模的手工作坊,如酿酒作坊、制陶作坊、刺绣作坊、编织作坊等。可在每个自然村选择1至2家作为纺织示范点,供游客参观或参与,生产各类服装及饰品,在传统服饰的基础上增加一些现代性,就地销售给游客。这样既丰富了旅游活动内容,又宣传了民族工艺文化,同时还可提升游客体验。

4. 乡土食品品尝体验类

如烤地瓜、烧烤、品茶、鲜乳试饮、地方特色食品制作品尝等。

5.水域休闲体验类

为了提高游客的兴趣,可以开展钓鱼、捕鱼比赛。餐饮部门可提供烧烤、特种鱼餐、全鱼宴,设置水上集市、水边集市等,促进水产品销售。也可以将一些独特的渔猎工具微缩精制为旅游纪念品出售。

(五)乡村景区专项产品

1.乡村研学、修学游系列产品

"读万卷书,行万里路",旅游也是学习的一种方式。乡村研学、修学游系列产品抓住目标市场追求的价值,集中于学知识、受教育的方面创造出独特的旅游体验。乡村拥有丰富的乡土旅游资源和科普教育的素材,可以让城市的青年学生拓宽视野、增长知识、陶冶情操,这是城市教育观念的转变,也是城市教育重视素质培养的表现。通过乡村考察学习,青年学生可以学会热爱自然和生态环境、热爱家园;认识劳动、勤劳节约;体会艰辛、懂得做人等。各类科技农业园区的建立,更是为青年学生提供了了解现代农业的机会,是理论与实践结合的一种有效途径,学生在活动中可以学习到很多农学、生物学、气象学方面的知识,有助于综合素质的提高和积极人生观的形成。这类产品的主要形式有:乡村家庭修学度假、教育农园等。

2.乡村康体养生游系列产品

这类旅游产品是一种人们在工作、学习之余以旅游地度假、疗养等形式来消除疲劳、增进健康的一类旅游活动,旅游地应具备较好的配套设施和服务,以提高疗养效果和质量。现代社会人们常因繁重的工作学习任务和社会竞争压力而处于亚健康状态,有着强烈的康体养生需求。乡村优越的环境气候为开展康体养生游提供了良好的条件。根据不同的环境和资源优势,可考虑开展的康体养生游有:温泉疗养游、森林浴疗养游、日光浴疗养游、运动健身疗养游、绿色饮食疗养游等。

3.乡村体育冒险游系列产品

城市游客工作学习的压力日益增大,强化运动和冒险性运动是释放这种压力的较有效方式之一。乡村广阔的天地和相对自然的环境为强化运动创造了足够的空间,乡村旅游应充分利用这一优势,针对强化运动和冒险性运动爱好者开发系列体育冒险产品,如乡村定向越野、乡村野外生存游戏、乡村漂流、空中滑翔、野外障碍赛、龙舟赛、乡村攀岩、团队激励拓展训练等。这类活动技术性强,经验要求高,因此操作中必须与专业机构和组织者合作,对参与者进行必要的培训教育,提供足够的安全保障。

4.乡村商务会议、婚庆系列产品

将商务会议活动引向乡村是商务会议活动的一种崭新的尝试,也是商务会议发展的一种趋势,而且有助于降低商务会议的成本。在一些处于大城市郊区、自然条件优越、有一定基础设施的乡村地区,可开发商务会议游,吸引中小型商务活动、中小型会议,特别是行业内部协作会议、企业内部年会和城乡商贸会议。随着农业产业化的推进和农村经济的不断发展,乡村商务会议游必将迎来越来越广阔的市场。此外,随着乡村旅游地交通、住宿、餐饮等方面的服务不断提升,在乡村依托美丽田园、果园、花园等举办特色乡村婚庆活动,在未来也将成为一种趋势。

5. 其他乡村专题游产品

专题旅游是乡村旅游向更深层次发展的必然要求和表现形式,也是乡村旅游市场越来越细分的结果。结合市场需求,目前阶段可开发的乡村旅游专题有:乡村传统节庆旅游;农产品博览会游;乡村购物游;乡村音乐之旅(如乡村音乐会、乡村音乐培训班、乡村音乐历史文化展览、乡村乐器展览、乡村音乐交流会、乡村音乐创作会、乡村音乐比赛);民间美食之旅(如民间传统特色美食集市、民间美食烹饪培训班、美食烹调大赛、民间美食节、美食食材鉴别与采购知识讲座、民间美食知识讲座);乡村工艺品鉴赏、制作之旅;乡村摄影和写生;乡村文学创作之旅;乡村老年休养农庄;乡村影视基地等。乡村"无景点休闲旅游"也是近年休闲旅游发展中的一种新趋势。所谓"无景点休闲旅游"是指旅游中并无特定的景点,游览线路十分随意,具有边旅游边休闲的特征。大部分乡村并无明确的旅游景点,但乡村整体的环境吸引力很强,游客可以在乡村大空间里随意游走,一边欣赏沿途乡村美景,一边和朋友交流或者做自己感兴趣的不破坏环境的活动,轻松随意,类似一种"移动的度假"。

三、乡村景区产品开发原则

(一)生态原则

生态是乡村旅游发展的基础,也是游客选择乡村旅游的重要前提,因此乡村旅游产品开发首先要遵循的原则就是生态,这里的生态包括自然生态、文化生态和生活生态。

(二)文化原则

乡土文化是开发乡村旅游产品的根基。开发乡村旅游产品以迎合城市游客文化追求时,必须自觉地体现城市人对"乡土特色"的理解和珍视。坚决杜绝舍弃地方特色,模仿、杜撰一些品位不高、格调不雅、牵强附会的内容。乡村旅游开发不应盲目地追逐一时的潮流和趋势,而应保持自己的本土文化特色,否则短期效果可能好,但产品将没有长久生命力。

(三)参与原则

乡村旅游消费的本质是购买一种"经历""回忆""印象"或"体验",参与型旅游产品是让游客实现这一购买目的的最佳载体。开发乡村旅游产品时应注重多种类型和风格的游客参与活动,增加活动的趣味性、层次性、丰富性和多样性。如产品制作、品尝、习艺、购物、民俗娱乐等活动都大有文章可做。

(四)清洁卫生原则

研究指出,游客在购买旅游产品时,既希望获得新奇感受,又不愿过分背离他们认为的良好的生活方式和卫生习惯。因此,开发乡村旅游产品,在核心内容上需要保持乡村内在的

"乡土味",同时要重视产品组合要素的形式与内容,产品中提供的各类服务要素(无论是硬件还是软件)都必须做到卫生达标,如乡村旅游厕所、住宿空间的客房、餐饮场所的加工区及用餐区等区域的卫生必须达到相关国家标准,服务人员及服务行为也要有相应的清洁卫生标准,要达到游客可以接受的水平。

第四节 乡村景区化的概述、问题与对策

乡村景区化是我国景区发展的新现象,是我国乡村景区建设和经营管理的重要动力,梳理和把握乡村景区化的基础概念、内涵,分析其问题与对策是乡村景区管理的重要内容。

一、乡村景区化的概述

(一)乡村景区化的内涵

李涛等指出,乡村旅游景区化具有以下内涵。

第一,乡村景区化是一个动态过程,而不是静止状态。景区化是乡村功能转换的过程,而不是含有贬义的商业化形态,是可以长远发展的可持续正向过程,有益于乡村建设与文化传承,促使乡村形成具有旅游价值的开放式目的地。

第二,乡村景区化是充分发挥和挖掘乡村资源禀赋的过程,不应破坏或者放弃乡村原有资源。乡村景区化可以最大限度地发挥乡村的优势,保持乡村景象与乡村文化的本底,寻求现代化景区管理与乡村特色的契合。

第三,乡村景区化是关注社区居民利益与诉求的过程,而不是将农民隔离忽视,损害农民经济与生存利益。社区居民的支持与参与是乡村景区化的内在动力,也是实现基础。应建立合理的利益分配机制,促进民主管理,实现乡村景区化的全员参与、全域覆盖。

李涛等提出乡村旅游景区化是指当地旅游开发重点集中于特定资源或景区(点),乡村旅游产业和活动也集中在相应的特定空间,形成乡村旅游与村落社区空间相分离、经济联系有限的飞地式舞台化特征。

徐高福等(2012)将景区化定义为在某个地域或空间,挖掘资源的经济潜能和文化内涵,产业发展与景观、游憩"三位一体",规划建设具有区域特色旅游的优化过程及业态。

刘嘉纬(2010)认为,景乡一体化的核心内容是用旅游景区的环境标准来提升乡村社区环境,用旅游景区的设施标准来建设社区基础设施,用城市居民的福利标准来推进社区福利事业。

陈嫩华等(2018)提出,村落景区化是村落变景区、产品变商品、劳动变商品、打工变创业的动态过程。

本教材认为,乡村景区化是乡村旅游的独特模式,是指以景区运营模式来推动乡村旅游发展的动态过程,主要包括乡村按照景区模式进行运营、管理的过程以及旅游发展的结果。

（二）乡村景区化的表现特点

1. 乡村事象景观化

乡村是村民生活居住的场所，也是村民从事农业生产劳作的空间。旅游活动介入之后，独特的乡村建筑、文化民俗、自然环境等成为旅游资源，乡村的各类事物就具有了旅游休闲与审美鉴赏价值。应参照景区理念，将乡村作为整体旅游区来规划，系统整合乡村资源，进一步促进乡村事象景观化，打造"随处是景"的景观之美。

2. 主导经济旅游化

在景区化的过程中，乡村经济主导由单纯的农业生产转变为以旅游为核心的综合产业。旅游业带动乡村经济发展，成为乡村新的经济支柱。乡村居民多以旅游从业者身份实现就业或创业，旅游相关收入成为家庭的主要经济来源。农业产业链以旅游为核心实现延伸，形成独具旅游特色的农业结构。

3. 社区参与融合化

乡村居民在乡村景区化的过程中扮演的角色是利益分享者、参与者。政府与开发商利用资金与管理技术，对乡村资源进行开发和提升，吸引旅游者前来休闲和消费，也为原住社区带来就业与收益。居民利益与开发主体利益经过实践磨合形成一种平衡的双赢稳态。

二、乡村景区化存在的问题

近年来，在政策引领与社会需求双重作用下，各地乡村景区化建设发展迅速，涌现出一批"样板乡村""标杆乡村"，在推进乡村振兴、带动区域经济发展方面起到了重要作用，但在发展进程中也存在诸多亟待解决的问题。

1. 需求分析欠缺，服务供给单一

目前，我国许多乡村的景区化发展未建立在深入客观的市场调查与评估分析的基础上，对旅游者需求与偏好分析不到位，从而导致旅游服务供给单一，缺少满足旅游者需求的各类文化、娱乐项目。此外，乡村标准化服务的欠缺也制约了旅游服务质量的优化提升。

2. 文化记忆削弱，品牌意识薄弱

许多乡村承载着深厚的历史文化与淳朴的民风民俗，但随着与现代化元素的融合，许多本土特色文化与习俗逐渐淡化甚至消失，未得到有效的传承与利用。同时，在乡村景区化过程中缺乏品牌建设的理念与意识。

3. 科技融入不足，营销渠道不畅

随着科学技术的飞速发展，虚拟现实、人工智能、多媒体等技术逐渐融入各类旅游项目中，有助于旅游体验与品质提升。然而，目前乡村景区化建设中缺乏高新技术的融合与应用，且大多乡村营销意识欠缺、营销手段单一，在宣传推广中存在短板。

三、乡村景区化的发展对策

1. 理顺利益关系,提升标准化服务

乡村景区化发展应理顺利益相关者诉求,提升发展动力。乡村景区化过程中主要的利益相关者有投资方、旅游者、乡村居民以及当地政府。目前,乡村旅游投资方主要包括企业、政府和个人。2017年,中央一号文件鼓励资本下乡,武汉市率先引导市民"下乡"投资,政策引导行为,行为引发关注。乡村景区化发展中应注重赢得大众普遍认可,鼓励企业以及有投资实力的个人参与到相关项目投资中,有利于加速乡村景区化发展,实现乡村振兴。投资方的关注重点为经济收益,旅游者更多关注需求满足。乡村居民的主要诉求为生产生活条件的改善以及收入的增加。因此,乡村居民亦可做投资者,政府应注重加大支持力度,提高其参与程度。当地政府的关注焦点为经济、社会与环境的综合效益,理顺各方利益诉求,合理分配,实现共赢。同时,加强从业人员的教育与培训,提升旅游服务标准化水平,为推进乡村振兴、实现高质量发展提供有力支撑。

2. 创新文化传承,坚持绿色发展服务项目

乡村景区化建设易陷入"千村一面"的困境,从而失去吸引力。因此,在产品设计环节,应注意避免因旅游内容同质化而导致的恶性竞争。应利用本土农耕传统、传统习俗、民族风情、手工技艺等特有乡土文化,结合当地资源优势、产业特色进行创新利用开发;在旅游项目方面充分考虑旅游者需求,增加游览、娱乐、休闲、体验、互动等内容。乡村旅游的主要目标对象是想要休闲放松、呼吸新鲜空气的城市居民,然而目前一些乡村服务设施的卫生条件较差,过于粗放的住宿设施也难以满足城市居民的需求,不利于口碑传播。因此,在硬件方面应根据旅游者需求完善乡村基本设施以及旅游服务设施,在软件方面彰显文化内涵、提供高质量服务。同时,坚持"绿水青山就是金山银山"理念,在乡村景区化开发设计阶段应真正展现其"绿色"的特点,避免造成对环境的污染破坏以及对资源的浪费。在开发乡村旅游资源、利用乡村土地的同时,要坚持绿色理念,以保护为前提,走节约型、环保型、生态型、可持续型的乡村景区的创新发展路径。乡村振兴应立足于环保的基础之上,不能让工业发展过程中的污染问题在乡村重现。

3. 借力网络渠道,增强品牌引领

近年来,展示乡村古朴生活及美食文化的各类视频博主迅速走红,传播着中国乡村古朴的传统文化与生活方式。视频中展示的乡村气息、田园生活、传统生活技艺等为处于快节奏生活中的城市居民所向往,其传递出的浓浓中国风味也受到大量国外"粉丝"追捧,吸引国内外旅游者走进乡村、感受乡村。在信息飞速发展的时代,应充分利用好网络平台,努力讲好乡村故事。旅游快速发展促进了乡村经济发展,然而仍存在营销渠道单一、内部竞争激烈等问题。大多参与经营的农户家中年轻人较少,老年人缺乏网上操作能力,因此在乡村景区化销售环节可考虑由当地政府牵头,注重打造特色品牌,利用多元化营销渠道,借助新媒体、社群和有影响力者等进行联合宣传推广。此外,针对目前乡村旅游经营散乱、各自为政、内耗

严重等问题,应注重加强对乡村从业者的引导,立足资源、优势互补、合力联动,改变各自为营、单打独斗的局面,形成网络化发展格局,由点及面形成网络联动发展,以提升乡村整体竞争力与知名度。

4. 创新技术融合,实现智慧发展

在乡村景区化服务与管理环节中,应注重在不改变乡村景观的前提下融入高新技术,在保护乡村环境的同时,提升乡村旅游的档次以及旅游者的体验。乡村景区化的建设融入科技元素,通过科技与创意交融的沉浸式体验,使旅游者了解乡村历史变迁、乡村传统文化以及动植物种类与种植养殖等知识,使城市居民在体验淳朴乡土民风的同时,感受新时代乡村的智慧生活。个性化乡村旅游项目的设计与产品开发满足了旅游者多元化的需求,而大数据的使用有助于了解乡村旅游者的行为习惯,便于提供个性化服务。此外,保存乡村原貌并非全盘固守,要在保留精华的基础上以更开阔的心态迎接新时代科技的发展与变化,完善旅游服务设施设备,提升生活舒适性与便捷性,以适应城市居民的生活习惯,建设新时代美丽乡村。

第五节 乡村景区发展的创新路径

乡村景区发展应立足于我国乡村旅游发展的宏观背景,从中汲取创新思路,探寻相应的发展路径,通过贯彻落实乡村旅游创新发展理念,以经营实践为驱动力,推动乡村旅游高质量发展。

一、乡村旅游与产业融合发展

乡村旅游产业融合是从属于旅游产业融合的一个分支,乡村旅游产业在具有旅游产业的共性的同时,因其特点又承担了除发展经济作用以外的社会效用、文化效用以及环境效用等。

从旅游产业融合所涉及的内容与方向来看,融合有宏观、中观、微观之分,也可直接称为大、中、小三种不同层面的融合。小融合是指在市场需求的引导下,旅游业在其产业链内部不同环节进行融合;中融合是指在效益提升的引导下,旅游业与其他某一个具体行业的相互吸收与相互影响,使两个行业都得到益处;大融合是指以产业一体化为指导,以旅游产业为引线,将主导产业联系起来,带动次要产业的发展,进而促进本地区经济发展。这种融合利用旅游产业边界的模糊性,强调不同产业间的融合。这恰恰对应了我国当前大力推行的全域旅游和"旅游+"的概念。只有大融合,才可以站在战略发展的高度,对一个区域范围进行整体布局、规划,以长远的目光对待产业布局,发挥旅游产业的积极带动性,实现乡村产业集聚发展,形成产业一体化、多功能的布局。

（一）我国乡村旅游产业融合中存在的问题

乡村旅游产业融合是一项复杂的系统工程，涉及理念上的突破、部门间的合作、操作上的技术、效果上的检验和利益上的让渡等诸多方面，存在的问题和障碍也是不少的。从新产品开发的角度来看，主要反映在以下四个方面。

1. 缺乏对市场多元性的理解，乡村旅游产业融合的精度不强

乡村旅游市场规模是巨大的，每年全国出游人数中有将近一半的游客是到乡村去休闲度假的，这是工业化和城市化进程中必然出现的一种市场表现。伴随着人们出游频次的增多，自驾游已成为越来越多出游者的首选，尤其是近程出游市场大幅增加，如2021年1—5月自驾出行量为2.7亿人次，同比增长105.8%；而体育旅游也表现出近距离、多频次特征，如2021年3天以内的体育游占比约70%，参与型体育旅游中爬山、马拉松、骑行、冰雪运动、徒步等较受欢迎；亲子游市场也逐渐成为乡村旅游市场的重要组成部分。然而，乡村旅游市场需求日益个性化、健康化和体验化的状况尚未完全在乡村旅游产业融合中得到满足，乡村旅游供给者对市场多元化需求的理解不足，满足多元化需求的能力不够，因而产业融合的精准度不够，造成市场供需之间吻合度差，既无法很好地满足游客需求，也不利于供给者提升服务质量。

2. 缺乏对资源全面性的认识，乡村旅游产业融合的广度不够

乡村旅游资源的类型早已不局限于传统的人文古迹和名山大川，也不局限于独特的风景和各异的风俗习惯，而是散布于日常生产和生活的方方面面。旅游本身就是一种异地生活方式，目前旅游业也日益呈现出"本地化"的新发展特征，异地游客在旅游消费偏好和行为方式上更贴近本地居民。对何种旅游资源可开发为旅游产品的判断，应立足于市场需求角度来认知和取舍。在开发者眼中，一些司空见惯的景物、器物或人物的价值或许不大，但从游客的角度来看则可能具有很大吸引力，是值得开发的资源。从资源分类来看，除了自然资源和人文资源，产业资源和社会资源等都值得融合开发。在休闲度假更为盛行的时代，清新的空气、落日的余晖等都对追求慢生活体验的游客有极大的吸引力，能吸引游客前来消费。由于对资源全面性的认识不足，在某种程度上局限了乡村旅游产业融合发展的广度，导致乡村旅游产品过于单一，丰富性欠缺，降低了乡村旅游资源价值的最大化发挥。

3. 缺乏对产品系列性的洞察，乡村旅游产业融合的深度不够

由于乡村旅游资源分布广泛且差异较大，开发出的旅游产品本应丰富多彩，但受限于开发者对于跨界融合发展的思路与手段欠缺创新，尚未形成多样化产品线。目前，各地推出的产品同质化严重，限制了产品线的扩展和价值链的增强。融合发展为盈利点的多元化提供了机会，除了吃、住、行、游、购、娱产品外，乡村旅游还可以在康乐休闲产品、艺术产品、教育研学产品、康养地产产品等方面满足人们的消费需要。只有通过创意开发，才能在丰收、亲子、婚庆、研学、养生、户外拓展等主题的基础上，通过推出树上木屋体验、林下绿色种养、稻田混养鱼蟹、滩涂景观欣赏、水下迷宫娱乐、民宅墙画等项目，拓展开发系列化产品。融合

的深度越高,产品线才可能越丰富。

4. 缺乏对体验丰富性的感悟,乡村旅游产业融合的力度不足

体验是一种综合的心理感受,体验质量是顾客对于体验的整体卓越性和优越性的主观判断。一般来说,体验质量包括五个方面,即体验价值正向性、体验项目有趣性、体验场景宜人性、服务流程流畅性和游客满意度。目前的乡村旅游在以上五个方面的表现都不尽如人意:对正向性把握不准,缺乏正确的价值指导;缺乏充分的创意开发手段,有趣性体现不足;宜人性表现不强,缺乏高水平的审美设计;缺乏有效管理,服务流畅性不足;游客满意度不高。实践证明,只有从多个角度深入理解和把握体验的多维性,并捕捉游客体验反馈中的问题,我们才有动力去强化乡村旅游产业融合的力度,下更大功夫去改进体验产品的不足和补救游客的不满。在此基础上,我们还需要提高对产业融合资源的组织和配置的精准性和有效性,从而提升乡村旅游产业融合的效能。

(二)乡村旅游景区与产业融合路径

1. 促进乡村旅游融入城市休闲体系

长期以来,城市旅游与乡村旅游在概念界定、市场开发、产品挖掘等方面,被视为不相关的两个概念。当前,如何把城市旅游资源和乡村旅游资源整合起来,形成区域旅游市场的连接,是促进旅游业区域联动的一个重要问题,具有很强的现实意义。我国城乡经济二元结构的突破也需要一个带动性强的切入点,而旅游产业的边界模糊性、旅游市场的一体性对统筹城乡经济发展具有不可替代的重要作用。要消除这种城乡旅游开发的阻隔,必须努力构建连接城市与乡村的旅游产业链。

2. 利用融合,推动乡村全域旅游创意产品开发

要树立乡村全域旅游的开发理念,将整个乡村作为旅游吸引物,促进城市和乡村旅游发展的一体化,对资源和要素进行整合,努力挖掘资源的传播点。突出旅游产业主导性,不是简单地做加法,而是需要融合发展,使社会资源和生产要素的优化配置紧密围绕旅游业来展开,最终打造出一个布局合理、形象突出、要素完备、魅力十足的旅游目的地。

3. 推进乡村旅游产品开发的集群化

在乡村,单个景区往往因资源单一而缺乏持续吸引游客的能力,我们需要用产品组合的思路来打造旅游产品的集群概念,突破依赖单一景区的发展模式,通过合理设计,将一定区域内的景区由点状分布整合成网状结构。如成都市三圣花乡的五朵金花,就是一个典型的乡村旅游集群化发展的经典案例。这种设计既可以加强旅游区域的产品开发、品牌传播,又可以提升游客的满意度。

首先,政府应充分发挥其作用,加强基础设施建设,特别是景区间的交通设施建设,提高交通便利性,降低游客的时间成本和交通成本。其次,在各景区间,应建立共同的管理平台,加强联系,同时不断创新各自特色,实现"一村一品",降低旅游产品的同质化倾向。再次,通过联合营销的方式推广统一主题,形成乡村旅游的广义概念内涵。最后,针对不同需求的群

体,合理设计旅游路线,展现当地乡村旅游的特色,延长游客的停留时间,进一步开发提升游客体验的空间。此外,依据乡村旅游所涉及的不同环节,还可以从田园风光、民俗文化展示、乡村旅游服务企业以及乡村旅游支持机构等方面来界定乡村旅游产业集群。

4. 路径通融,创新乡村旅游产业融合方式

乡村旅游具有旅游行业的一般特征,包括可以提供比较灵活的就业方式,对劳动力素质要求相对不高,以及与其他产业关联性强。旅游者需求的不断变化给乡村旅游的发展带来了新的挑战,即如何在把握乡村旅游本质属性的基础上进行提质升级。就如何依托本土优势资源,进行产业链的延伸以及农业与旅游业结合、工业与旅游业结合、文化创意产业发展等,我们提出以下几种思路:依托农副产品,实现产品整体概念的挖掘;依托特色农产品基地,实现"农业+旅游"的融合;依托独特的民俗文化,实现"创意+旅游"的融合;依托当地现代农业,开发健康有机餐饮,以此延伸产业链;依托现有土地民居,实现"养老+地产+旅游"的融合。

二、乡村旅游与绿色发展

实施乡村振兴战略,是中共"十九大"作出的重大决策部署。"推进乡村绿色发展,打造人与自然和谐共生发展新格局"是乡村振兴的内在要求。2021年6月实施的《中华人民共和国乡村振兴促进法》指出要统筹山水林田湖草沙系统治理,推动绿色发展,推进生态文明建设。同年10月,国家先后出台的《关于推动城乡建设绿色发展的意见》和《2030年前碳达峰行动方案》都对我国城乡建设绿色发展提出了更高的要求,绿色已成为我国高质量发展的鲜明底色。

(一) 绿色发展现状问题剖析

新时代,随着习近平生态文明思想和绿色发展逐渐深入人心,乡村旅游绿色发展越来越受到重视,但在其发展过程中暴露出的问题也异常严峻与突出。主要体现在以下几个方面:一是绿色观念不强,缺乏规划指导,前期由于人们绿色观念淡薄,许多景区缺少合理的规划或者规划执行不到位,盲目发展较为普遍;二是旅游产品单一,产业联动不强,多数乡村或景区就某种优势资源疯狂开发利用,方式较为粗犷,缺乏全生命周期、全产业链条的整体统筹考虑;三是文化挖掘不够,内涵品质不高,独特的乡风民俗、民间绝活、祖传工艺等是乡村旅游的软实力,但往往被忽视,乡土性体现不够,缺少核心竞争力;四是城乡互动较弱,旅游发展受限,城市的客流和资金流对乡村旅游绿色发展有着至关重要的作用,但大多数乡村旅游同质化严重,特色不明,缺少在区域格局中差异化定位,对城市客流和资金流吸引力较弱。

(二) 乡村旅游绿色发展路径

1. 绿色理念为先,科学制定规划

乡村旅游绿色发展要把保护资源环境放在首位,提升当地村民和旅游者环保意识,倡导绿色旅游。目前国内对于乡村旅游绿色发展的研究较少,个别乡村旅游项目仍建在自然保

护区或重点景区内,破坏了乡村生态环境。为避免此现象的再次出现,应从规划本身入手,制定更加科学有效的规划。由于乡村旅游绿色发展与一般乡村旅游发展策略不同,其更注重对生态环境的保护以及对现有资源的合理利用,也更注重当地村民发展意愿与发展要求。因此,在乡村旅游绿色发展的过程中,需要整合乡村现有资源,明确绿色发展方向与经济发展目标,构建乡村旅游绿色发展清晰脉络,使乡村旅游绿色发展有计划、有步骤、有节奏地向前推进。

2.推动三次产业联动,实现循环共融

乡村振兴的基础在于乡村产业兴旺,产业兴旺的出路是实现产业融合。如陕西袁家村在乡村旅游的发展过程中,逐渐探索出了一条"由三产带二产促一产,实现产业共融"的产业融合之路。在乡村旅游绿色发展的过程中,产业发展能够带动乡村经济活力,产业融合能够实现高效生产,从而能够为乡村旅游绿色发展提供资金支持,实现可持续发展格局,有效推进乡村振兴。因此,对产业资源禀赋优质的农村地区来说,产业融合发展势必成为乡村旅游绿色发展的核心引擎。

3.诗意乡村栖居,文化塑造品牌

文化不仅能为旅游发展提供最具特色的资源支撑,更为旅游赋予了有诗意的内涵。历史和文化资源能维持乡村旅游的可持续发展。推进乡村文化和乡村旅游融合发展是推进乡村振兴的有效路径之一。因此,在乡村旅游绿色发展的过程中,文化要素必不可少,必须深挖乡村当地文化,根据其特色来塑造文化品牌,为乡村旅游的绿色发展注入文化内核,将当地文化内化于旅游之中,形成乡村旅游的灵魂。同时,利用云端、大数据建设智慧乡村,促进乡村振兴。

4.多元融合发展,城乡一体格局

无论是城市还是乡村,都不是孤立的个体。在新时代,我们应以城乡等值的视角,辩证看待新型城乡关系,实现以城带乡、以乡促城、城乡互补、协调发展,建立城乡等值融合发展网。"让乡村的美融入城市、让城市的好融入乡村,城中有乡、乡中有城,城乡交错、城乡融合"才是新时代城乡应有的关系。乡村旅游绿色发展必须将乡村旅游放到城市和乡村构建的城乡生态系统里面,通盘考虑,坚持绿色发展观。同区域乡村要错位发展、主题鲜明,避免同质化恶性竞争,形成各具特色的乡村旅游"绿珠",串成一条城乡靓丽的风景线。城市向乡村输入资本和人才,乡村给城市带去绿色和新鲜的空气,城乡融为一体,共同助推乡村振兴。

三、乡村旅游与文化振兴发展

乡村文化振兴是乡村振兴的重要一环。2021年,国务院印发《"十四五"旅游业发展规划》,提到:"贯彻落实新发展理念,坚持文化和旅游融合发展,加快推进旅游业供给侧结构性改革,繁荣发展大众旅游,创新推动全域旅游"。随后,文化和旅游部等六部门联合印发《关于推动文化产业赋能乡村振兴的意见》,明确了创意设计、文旅融合等8个文化产业赋能乡村振兴的重点领域。党的二十大报告进一步强调:"坚持以文塑旅、以旅彰文,推进文化和旅游深度融合发展。"文化产业与旅游产业的进一步融合,不仅彰显着人们对于美好生活与精神文明的更高层次追求,也体现出乡村文化振兴与文旅交融的必要性和必然性。基于乡村振兴的现状,可将文旅融合作为乡村文化振兴的一大落脚点,助推乡村文化场域进一步扩大:一方面,激活乡村当地文化与经济动能,增加创收点;另一方面,带动优秀传统文化传承与延伸,增强文化软实力,促使乡村文化振兴成果转化为推进乡村振兴战略的新引擎。

1. 根植乡土文化,夯实文旅融合内容基础

一方面,整合乡村文化资源,提升文旅融合核心竞争力。首先应关注乡村文化资源富矿的"采"和"用"。一是对乡村文化资源各个方面按照内在的逻辑主线加以系统梳理归类,从不同维度理解"乡土味"和"乡土情",提炼标识性概念。例如,收集整理与乡村地域有关的文献、视频、音频和实物素材,梳理乡村中经济贸易、社会交往、生活艺术和乡风民俗等方面的重要事件,以事件中的人物、关系、叙事、场景等为线索,实现与当下重大现实问题的文化和情感联系。挖掘和梳理工作与数字化建设同谋划、同推进,建设具有一体化功能的乡村文化资源数字化开发、展示和应用平台,支撑乡村文化IP开发和推广。同时,开发过程中要始终贯彻保护性开发理念,把乡村文化的传承保护与开发统筹协调起来。二是不断拓宽乡村文化传承创新的视野和思路。文旅融合资源的挖掘整合,不仅应关注乡村的"昨天",还要把关注点投向乡村的"今天",关注现实中不断生成和涌现的社会主义乡村文明和精神文化建设成果,丰富乡土地域文化内核中的时代因素内涵,使乡村民众成为"种文化"的生力军。三是以提升乡村发展品质为主线,运用"生活美学"理念改造乡村人文环境和空间。在加强对自然生态与文化遗产的整体性保护过程中,注意从生活审美的角度思考老街巷里与农村新居的关系,把体现新时代乡村生活审美品位作为重要方面加以谋划,使乡村呈现出的整体历史文化风貌既具有历史厚重感,又能反映新时代积极适应和主动创新的灵动性。

另一方面,讲好乡村文旅故事,推进乡村文旅品牌塑造。推动乡村文旅品牌的形成,善于用体系化的叙事方式串联乡村文化资源。一是以乡村文化IP为中心,形成地方性文旅产品和项目体系,多角度多层次展示乡村地域的风土人情,形成体现地域特色的丰富场景。在完善品牌产业链上下游和配套设施的基础上,充分发挥农村电子商务平台的市场宣传和推广功能,为体系化叙事营造氛围。例如,河北省承德打造以"草莓采摘、温泉沐浴、民宿体验"为主题的全新农旅融合品牌——草莓公社。对农户住房进行外立面改造庭院营造、室内装修设计,提供草莓主题住宿体验,在建筑及景观小品营造时突出草莓文化主题元素,打造独特的吃、住、行、游、购、娱全体验草莓之旅,为助推乡村文化振兴创造了条件。二是以彰显乡村地域的共同文化记忆和当代精神标识为主线。深入推动乡村文化记忆工程建设,增强村史馆、纪念馆、故事馆等乡村公共文化服务设施的传承功能,夯实体系化叙事的客观基础。三是重视数字化新媒体传播体系建设。在培育专业化传播团队的基础上,进一步探索运用广大群众,特别是青年群体所喜闻乐见的形式和常用渠道平台传播乡村文化的线上线下一体化机制,在数字乡村建设过程中不断丰富讲好乡村文旅故事的现实路。

2. 多元主体共治，构建乡村文化振兴体系

乡村文化振兴必须坚持大系统观点，在厘清多元化主体、多样化文化诉求所牵涉的诸多关系的前提下，进一步把各方力量凝聚到乡村文化资源的开发运用过程中。同时，这项工程不能只停留在文旅产业各要素之间的协作层面，还要站在国家发展和乡村振兴"一盘棋"角度，构建乡村文化振兴体系，充分发挥政府、社会组织和相关市场主体的作用，通过产业政策和配套措施助力打造一体化的文化产业集群。

首先，政府是主导者。在乡村文旅融合推进过程中，政府始终扮演着主导角色，特别是在有效指引、精准调控、完善服务和动态监管等方面发挥着不可替代的作用。其主要体现为，通过贯彻国家战略制定地方配套政策，调控和优化文化资源配置，做好文旅产业的顶层设计和布局，更好发挥市场的决定性作用；提供全时空、全领域的文化旅游公共服务体系，依法开展监督检查和相关执法活动，维护良好的市场交易环境，保障文化旅游消费者合法权益；通过理念创新和制度创新，充分调动全社会力量参与到乡村文化产业发展中，创新产品新业态新模式。

其次，社会组织是积极的协作支持者。按照文化共建理念，除了政府和市场，乡村文旅产业还要依靠发展成熟的多元化社会组织作为支撑。社会组织是实现乡村文化振兴的必然参与主体，更是积极的协作支持者。当前，随着乡村文化建设任务的深入推进，在"点多、面广、量大且要求高"的情形下，社会组织参与公共文化服务的广度和深度也在不断拓展，并深刻影响着政府的政策制定和执行。例如，旅游行业组织、媒体、院校、志愿服务团体等组织充分结合自身业务特点和资源优势，通过政府购买服务为乡村文化资源开发、文化保护、文化公共服务保障提供支持，优化了全社会的文化产品供给结构，提升了服务效率，进一步促成政府完善专业化社会组织的服务保障制度。

最后，企业是主要参与者。在文旅产业发展方面，企业通过投入资源建设乡村特色品牌，开发出受市场和消费者欢迎的文旅项目，以适应不同层次消费需求，逐渐形成乡村文化与旅游资源高度融合的新型休闲娱乐模式和消费场景。为持续激发企业投入和运营的积极性，政府要灵活运用土地、财政、金融和税收政策，促进和规范社会资本与文旅资源的有效衔接，带动更多资源投入到乡村文化振兴的基础设施建设和基本服务领域。

3. 加强机制建设，健全乡村文化产业体系

习近平总书记多次强调了制度体系对党和国家发展以及企业组织稳定经营运转的重要意义。乡村文化振兴的根本目的是要实现我国乡村社会中文化产业的可持续发展，必须结合乡村文化事业发展现状，构建更为完善的制度体系，形成覆盖范围更广、层次更多的乡村文化产业体系，推行更具市场化发展特点的文化产业运行机制，制定相应的辅助保障制度。所以，实现乡村文化振兴就必须切实改善文化产业发展不均衡的问题，充分发挥文化的引领带动作用。

首先，加速乡村地区文化产业的升级转型。一方面，要加速文化产业发展，结合区域具体情况制定空间规划、产业升级、品牌建设等各项发展任务，促使乡村文化建设向着文化保

护、生态环境治理和生活质量提升等方向发展。另一方面,应深度挖掘本地区的历史文化资源和旅游资源,推动文化和旅游的有效结合。运用先进的互联网技术丰富发展模式,打造健康养生、数字创意、网络直播等新兴文旅业态,开发特色旅游线路。充分发挥乡村地区在风土民俗和自然景观等方面的独特优势,为广大游客带来舒心、愉悦的乡村生活体验,实现文旅产业的高质量发展。

其次,推行健全的市场运行机制。为实现乡村社会文化产业和旅游产业的深度融合,既要构建和谐的制度环境,更要推行能够有序竞争、统一健全的市场运行机制。应做好对乡村文化市场的监督与管理工作,委托专业人士制定相应的管理制度措施,以地方党政部门为核心构建多部门积极参与的联合执法和管控体系,推动文化市场的健康发展。深入把握目标市场的现实需求,在供给端将文化市场与文化生产紧密联系起来,确保区域内的文化供给能够满足乡村居民的实际生活需要,提升旅游产业的经济效益,并更好地传承优秀文化。另外,为实现文化与旅游的深度融合,还应搭建可实现信息互联互通和资源共享的市场环境,政策上给予一定倾斜并投入建设资金,实现市场中多元主体的共同发展,打造更多区域特色显著的文旅产品,提升乡村地区的文化创造力。

最后,制定乡村文化建设的支持与保障制度。现阶段我国乡村地区文化建设过程中面临的显著问题为制度不健全,解决这一问题的关键是制定相应的支持与保障制度,为乡村文化振兴以及文旅融合发展提供制度保障。一是应以保护乡村特色文化为前提构建完善的经营制度。针对乡村文旅产业发展需求,政府主管部门在制定政策方针方面可给予更多倾斜,大胆进行文化创新以提升文旅资源的应用效率,从政策、营销、技术和消费者等各个方面丰富经营制度的具体内容。二是组建高素质的文化建设队伍。作为乡村文化振兴的重要主体,要对新型农民进行有针对性的专业培训,以企业化的运作模式鼓励他们参与到乡村文化振兴中来,培养更多高素质人才;三是推进乡村文化的法治建设进程。以社会主义核心价值观为统领,树立法治和德治相结合的思维,积极应对乡村社会出现的各类道德失范问题,以相关法律和规范制度为准绳,明确公民群众的责任、权利和义务,使之自觉强化法治意识,成为乡村文化振兴的推动者。

4. 依托数字技术,推动文化振兴智慧转型

在物联网、大数据、云计算、人工智能等新兴技术快速发展的背景下,数字化转型是提升竞争力的一种战略选择。数字化手段拓展了乡村文化建设的领域,为文旅融合营造了广阔的发展空间,开启了乡村文旅"智慧化"发展的新阶段。因此,在文旅融合赋能乡村文化振兴战过程中,应注重数字技术融入,将新兴数字技术与文旅充分结合起来,构建"数字化+文化旅游"的互联网平台,满足多元市场的差异化消费需求,实现数字技术在乡村文化建设中的广泛运用。

第一,运用数字技术展示乡村文化。以先进的数字化技术为载体创新乡村社会中自然场景、生产生活和传统文化的展现形式,运用微信公众号、抖音短视频、直播等数字媒体形式进行跨界传播,从而将乡村社会中保留的原汁原味的淳朴文化展现出来。深度聚焦乡村文

化社会热点和文化故事,将文化产业与区域内的特色产业有效结合,向广大游客群体展示富有本地文化特色的价值理念,提升乡村文化的数字化传播效果。例如,安徽南瓜电商村定位为电商村、农特产品大村、互联网示范村,目前已入驻天猫、京东等电商企业,开发出茶叶、温泉、特色农产品、乡土文创四大系列千余种特色商品和旅游纪念品,并通过线上线下融合的销售方式进行销售,为受众深层次了解地域乡村文化提供了机会。

第二,运用数字技术开发创意产品。将数字化元素植入乡村文旅产业发展中,运用传统媒介和新媒体提供专业的数字化服务,打造乡村特色美食旅游品牌,统筹制定互联网营销策略,提升乡村特色文化市场竞争力。一方面,可在旅游路线、导航标识、舞台表演等精品旅游产品和特色旅游项目中融入文化和民俗等特色元素,向游客展示本地的风土人情和地域特色,形成独特的文化符号,使之获得深刻的旅游体验。另一方面,建立彰显区域特色的数字化文旅品牌,打破传统文旅发展过程中空间和时间等因素的束缚,从而吸引各地消费者广泛关注。在综合考虑乡村文旅市场需求和文化要素的基础上开发文旅创意产品,延伸文旅产品企业的品牌价值,提高乡村地区公共文化的服务能力。随着AR、VR、人工智能、物联网、区块链、大数据等现代互联网技术的深度应用,文旅产业将实现更深层次的融合,打造更具创意且有代表性的文旅产品,为受众带来愉快的旅游体验,实现乡村文化振兴的目标。第三,运用数字技术实现乡村文化协同治理。文化资源数字化是生产力与社会形态发展的必然历史进程。数字文旅产业发展不仅需要先进数字技术的加持,更要从战略角度统筹规划数字文旅产业的发展路径,建立区域内的数字化发展供应链,打造资源共享和信息互通的乡村互联网旅游平台,以科学、高效的协同管理模式引领乡村文化产业的健康发展。可利用数字化技术整合区域内的各类文旅资源,建设文旅资源集群,利用数字媒体平台实现文旅企业与游客的有效互动,让受众享受到高质量、人性化的服务,同时还应对服务过程进行全程监管,构建多元主体共同参与的乡村文化协同治理模式,激发乡村文化建设的生机与活力。另外,乡村文旅项目运营过程中,还应充分运用智能机器人、环境监测等先进技术,精准管控乡村文旅产业的发展进程,推进乡村文旅的智能化、高效化发展。

四、乡村旅游与科技发展

大数据、云计算、人工智能等数字技术的快速发展大大推动了文旅产业在服务体验、产品形态及消费场景等多方面的改造升级。随着我国经济的飞速发展,人们的文化与审美水平提高,对乡村旅游的产品与服务也提出了更高的要求。但目前的乡村旅游发展还存在诸多问题,旅游产品与服务项目有待改造创新。数字技术则可以有效弥合供需之间的差距,为乡村旅游可持续发展提供新的生机与活力。

(一)数字技术走进乡村文旅产业

1. 增加乡村旅游活动项目

数字技术以虚拟开发的形式,搜寻乡村旅游项目新方向,帮助乡村开发创新型旅游项目,打造适合多个目标群体的娱乐项目,解决乡村旅游项目同质化现象,为旅游策划提供新的依托。乡村传统的节庆、歌舞等民俗文化活动在许多情况下无法满足当代旅游者的文化与审美需求，为发挥乡村文化对旅游发展的推动作用，要对传统乡村文化进行更新与改进。在数字技术的加持下，这一改进过程将呈现出更高的效率与更显著的效果。例如舞台剧《孟姜女》将其传统剧目内容进行数字化创新，借助灯光控制、投影技术与数字媒体虚拟技术等将舞台氛围烘托到极致，使游客获得绝佳的沉浸式体验。当前，数字文化产业领域在产业融合发展方面有很多成功实践，如青海茶卡盐湖、本安永兴坊摔酒碗与抖音视频的结合导致游客暴增。

2. 丰富乡村旅游资源的宣传形式

数字技术为乡村提供众多传播渠道，包括互联网、数字电视广播网等，并通过手机端、电脑端宣传页面的制作、短视频宣传的剪辑、影视特效制作等多种形式将乡村旅游资源广泛地宣传，从文字、图像、声音等多方面展现目的地的独特性与吸引力，带给旅游者直观的感受，刺激其旅游消费欲望。数字技术还可以实现针对不同目标群体对旅游做出不同形式的宣传规划，为旅游者提供更具针对性的信息服务。借助数字媒体技术的直观性和互动性，开发乡村文化网红传播途径，借助关注度、影响力较高的博主、主播等，推广乡村文化的风采，通过短视频、直播等形式扩大乡村旅游目的地的知名度，吸引更多人来乡村体验、了解传统农耕文化。此外，开展乡村文化宣传短视频征集大赛可实现影响范围更大的宣传效果，激励游客从不同的视角记录多样的乡村文化面貌，充分发挥参照群体对旅游者消费的正向影响作用。这方面的应用案例包括建立乡村网站，将村史故事用动画或视频的形式再现，对历史文化保护和传承，通过展现丰富的文化底蕴提升目的地的吸引力。例如"云上村楼"App 收录了贵州 546 个传统村落，内容包括文字、方言、服饰、历史、建筑、饮食等多个方面。"中国传统村落数字博物馆"通过 VR 全景图、口述历史馆、村落影像展等形式，展现乡村三维古建筑模型、民俗影像记录、名人事迹等。

（二）数字技术助力乡村旅游高质量发展

1. 政府将数字技术引入乡村旅游

政府利用现代数字技术对乡村旅游资源进行合理配置与科学规划，引入数字媒体渠道加大对目的地旅游的宣传与推广力度，力争从目的地供给水平和旅游者消费意愿两方面同步发力，打造自身有特色、游客愿意来的乡村旅游目的地。引入数字化管理手段，搭建乡村旅游数字化治理平台，实现乡村旅游产业的有序开发、有序管理、有序服务，在乡村全域打造有序、有吸引力、有游览价值的景点，多点激发乡村旅游创收能力。通过数字技术手段的应用，实现对乡村旅游资源禀赋情况的科学分析及对资源开发的规划，为乡村文旅管理提供信息服务与科学参考，协助旅游资源管理工作日益走向完善。

2. 企业推动发展数字旅游新业态

企业应发挥以点带面的示范带动作用，着重发挥互联网、人工智能、大数据、云计算等数字技术优势，在乡村旅游领域探索和推广"数字技术＋乡村民宿""数字技术＋乡村会展""数

字技术+家庭农场"的乡村旅游高质量发展新模式。与此同时,企业的可持续发展可为乡村从业者创造更多就业机会,助力乡村产业持续健康循环发展。在营销层面,可以选取网络直播等形式,丰富乡村旅游产品营销渠道;借助人工智能、VR等技术手段推出更丰富的互动体验,促进乡村旅游消费业态的高品质转型升级;通过数字化服务,以游客的搜索引擎检索记录、消费轨迹等大数据为基础,绘制旅游者画像,打造更加个性化、定制化、多样化的乡村旅游体验。数字技术将为乡村提供文化输出新载体。企业可借助微博、抖音、小红书等平台,推动乡村文化打破空间限制,以图文、动画、视频等形式,将乡村文化场景呈现在大众眼前。此外,以乡村地区特有的民俗文化遗产为中心,还可以打造独具特色的乡村旅游IP,提升乡村文化附加值,提升自身产品与服务吸引力。

3. 农民树立数字经济发展新观念

农民是乡村旅游高质量发展的重要贡献者和受益人,在乡村振兴、乡村旅游高质量发展的时代背景下,农民需积极转变观念、拓宽思路、增强意识、开阔眼界、丰富经验,增强自我造血功能,努力成为新时代爱产业、懂技术、善经营、会管理的新型职业农民。社会组织与相关企业应从理论学习与实地检验两方面入手,为农民提供更多培训教育机会,助力农民获取更多关于数字技术应用知识,拓展数字技术助力乡村发展技能,帮助其解决在乡村数字旅游建设过程中遇到的问题与困难。

4. 游客拉动数字旅游消费新需求

近年来,我国旅游消费者文化意识与审美水平普遍提升,旅游需求呈现出返璞归真、向往自然的特点,对此,相关企业与组织应抓住重要发展机遇,大力推广乡村旅游宣传,借助大数据技术,分析消费者画像,精准推送相关目的地信息,吸引旅游者前往消费与体验。旅游者也应发挥自身信息检索技能,广泛搜寻优质旅游资源信息,推动数字旅游消费发展,为拓展创新型旅游体验创造机会。旅游者可通过微博、小红书、抖音等新媒体平台观看乡村旅游宣传的短视频、直播,发掘多样化的乡村旅游供给信息,拉动数字旅游消费新需求。

(三)乡村旅游数字技术建设发展的困难与问题

1. 流失老年群体游客

数字技术平台的运用要求游客可以熟练运用智能移动设备并掌握一定相关技能,而大部分老年群体较少使用智能电子设备,且对互联网及数字技术平台了解较少。若推广智能化,景区可能无法及时响应老年群体的需求,这可能导致一部分老年游客的流失。因此,要在数字技术应用于乡村旅游智慧化进程的同时,将老年群体的特殊需求列入考虑范围,提出弥补措施或推出简易的平台使用操作教学流程图,帮助老年人跟上乡村旅游数字化发展的历史进程。

2. 数字技术平台存在安全隐患

互联网信息泄露等问题暴露了互联网数字平台的风险性与不安全性。政府与企业信息一旦被泄露,政府和企业可能面对严重的信息安全威胁。对消费者而言,智能平台记录了个人详细信息,并很可能涉及货币交易,保障个人信息安全与支付安全是平台的必要职责。这些潜在的问题要求平台注重信息保护工作,提供网络安全保障。

3. 基础设施跟进的需求与效率矛盾

智能化数字技术平台需要良好的通信环境,即普及的移动设备、高质量的网络通信水平以及长期跟进的维护服务。因此,在推进乡村旅游数字技术平台建设的同时,应充分考虑基础设施的建设与供给,但是乡村的分散性使乡村信息化基础设施的建设、维护与升级存在成本问题,成本与效率之间的问题需要与乡村振兴、城乡融合问题之间进行协调与平衡。

4. 数字农业专业人才问题

我国第三次农业普查数据显示,我国农业生产经营人员中仅有7.1%接受过高中或中专以上文化教育,1.2%的人员接受过大专及以上文化教育。一方面,由于承载高端乡村旅游人才、乡村规划人才的大型项目偏少,目前所提供的资源难以吸引懂技术、会运营的复合型数字乡村领域专业人才。另一方面,乡村数字技术的高技术性、难推广性与村民数字技能水平之间存在缺口,对其持续研发相关成果与乡村创新创业的积极性有消极影响。

(四)乡村旅游数字化技术应用的发展方向

1. 加强农民数字素养培训

提高乡村旅游从业者的科学文化知识水平与专业素养是拓展乡村旅游数字技术应用范围、降低应用拓展难度的重要途径。但目前部分乡村地区开展的村民教育与培训活动十分有限,科学技术方面的培训活动较少,可以强化远程与网络教育模式,为村民提供包括数字素养在内的村民急需的实用技术、法律知识、科学文化、创新创业等方面的培训项目,使之都能够顺利实现;整合政府、企业、学校、社会机构等各类资源共建数字乡村,培养数字型人才;实施面向新型农业经营主体的电子商务、网络直播等技能培训,以及面向中老年群体的电脑、智能手机使用技能培训,用"互联网+培训""互联网+扶贫"赋予乡村发展新的动能。

2. 完善数字基础设施和数字综合服务体系

提档升级乡村数字基础设施,在具备基础条件和现实需求的乡村加速布设大数据、人工智能、物联网等基础设施建设,实现数字技术与乡村相关产业的深度融合与创新。另外,健全以农技推广机构为供给主体,市场力量为重要补充,高等院校、科研机构等广泛参与的协同服务体系,个性化、智能化推介农业科技、信贷保险、病虫害、农机及产品销售等生产性服务信息给广大农户与新型经营主体。以工业化和信息服务化思维促进乡村产业数字化转型,以信息服务化重塑乡村产业价值。并发挥数字便捷化、敏捷性、互动性优势,以实现农业生产策略、农产品流通与零售、支付和融资等功能增值,切实推动农业现代化转型。为此,政府需要鼓励社会资本参与农业数字化改造。推动数字经济与乡村经济深度融合发展,要加快建设乡村新一代信息基础设施,确保数据安全;实现产业革命的创新发展,培育壮大乡村发展新动能;创新组织管理模式,运用总体设计思想提升乡村治理能力现代化水平,统筹推进数字乡村发展。为确保乡村旅游数字技术事业的健康发展,还应完善配套软件设施。充分发挥阿里巴巴、腾讯、京东、网易等各类数字经济企业的龙头作用,鼓励其在网络基础设施、农村电商发展、乡村商贸流通以及乡村教育医疗等方面进行广泛的"村企合作"。激活数字乡村发展要素资源。因地制宜发展数字农业、智慧旅游、智慧园区,促进人才、土地、资金、技术等要素在城乡之间的顺畅流动,加快农业农村信息社会化服务体系建设,以信息流带动资金流、技术流、人才流、物资流。

3. 推进数字文化与乡村经济深度融合

运用数字技术实现传统文化产业的转型升级,提升乡村传统文化产业网络化、数字化、智能化水平,实现当地文化资源的IP化开发;推进数字文化产业与乡村旅游、商贸流通业等现代服务业融合发展,与乡村实体经济深度融合;推动数字文化在电子商务的应用,与"粉丝"经济、虚拟现实购物、社交电商等营销新模式相结合;提升旅游产品开发和旅游服务设计的文化内涵和数字化水平,促进虚拟旅游展示等新模式创新发展;推动数字文化在农业、教育、健康等其他领域的集成应用和融合发展,通过"文化+"提高相关产业的文化内涵、创意水平和附加价值。

本章小结

乡村旅游是新时代我国乡村产业振兴的重要选择,乡村景区是乡村旅游高质量发展的重要组成要素和依托。本章主要对乡村景区基本概念及内涵,乡村景区产品概念及特征,乡村景区类型以及乡村景区发展的创新路径进行了说明。

【核心关键词】

乡村景区;乡村景区产品;乡村景区化;乡村景区创新路径。

思考与练习

1. 乡村旅游景区如何界定?
2. 乡村旅游景区产品类型?
3. 如何理解乡村景区化现象,其问题与对策有哪些?
4. 如何以创新推动乡村景区发展?

【拓展学习】

文献资料:

1. 阅读学术论文:查找并下载以下论文,思考乡村旅游景区化的意义和路径。

李涛、王磊、王钊等《乡村旅游:社区化与景区化发展的路径差异及机制——以浙江和山西的两个典型村落为例》,《旅游学刊》,2022年第3期。

2. 浏览新闻报道：阅读和观看乡村景区的相关报道和视频，理解乡村景区的内涵及主要特征。

《"万村景区化"工程》

https://zld.zjzwfw.gov.cn/art/2019/6/24/art_1657399_34862150.html

《古村乡韵焕发新活力 我国4个美丽乡村上榜"最佳旅游乡村"》

https://news.cctv.com/2023/10/20/ARTIxOxx4HuDs7QNYR67ARsL231020.shtml

视频资料

请搜索江西篁岭村、浙江下姜村、甘肃扎尕那村、陕西朱家湾村地景区视频进行观看。

【PBL讨论】

话题：浙江万村景区化给景区管理者有何启示？乡村景区创新路径有哪些？

要求：以小组为单位，结合跟踪景区调查，选择一个景区管理模块，总结归纳乡村旅游景区的经验和做法。

第十四章

红色景区管理

> **引言**
>
> 红色景区是党中央和国家政府近年重点引导红色文化资源开发的重要举措，也成为旅游市场时尚景区业态，打造红色景区具有重要的政治、经济和社会效益，红色景区建设和管理是景区管理者需要关注的重要领域，掌握红色景区发展的背景意义和红色资源概念及分类，明确红色景区概念特征和建设、管理知识和实践案例，有利于进一步推动红色旅游资源的保护、红色文化的传播传承以及景区的特色发展。

> **重点和难点**
>
> 重点：红色旅游发展的意义；红色旅游资源分类；红色景区概念与特征。
> 难点：红色景区建设路径；红色景区管理策略。

> **知识导图**
>
> 红色景区管理
> - 红色景区发展的背景和意义
>   - 红色旅游发展的意义
>   - 红色旅游资源的概念及分类
> - 红色景区的概念和特征
>   - 红色景区的概念
>   - 红色景区的特征
> - 红色景区的建设与管理
>   - 红色景区的建设路径
>   - 红色景区的管理策略

实践案例

红色景区:瑞金中央革命根据地纪念馆

第一节　红色景区发展的背景和意义

一、红色旅游发展的意义

旅游业是国民经济战略性支柱产业,近年来新业态不断涌现,对经济平稳健康发展具有综合带动作用。旅游已经成为人民美好生活需要的重要内容,人民群众希望通过旅游饱览祖国秀美山河、感受灿烂文化魅力。旅游已经成为传承弘扬中华文化的重要载体,文化和旅游深度融合、相互促进,红色旅游、乡村旅游、文化遗产旅游等蓬勃发展。在新时代,进一步推动旅游业高质量发展具有重要意义,特别是大力发展红色旅游尤为重要。

红色文化是中国共产党领导的革命、建设成功经验的历史积淀,蕴含着丰富的革命精神;红色文化也是中国先进文化的代表,是对中华优秀传统文化、革命文化的继承和发扬,是实现中华民族伟大复兴的重要精神资源,具有鲜明的历史烙印和不可替代的时代价值。应将红色文化与旅游结合起来,传承红色基因,将爱国主义教育、革命传统教育融入旅游文化中,使游客在饱览祖国大好河山中接受红色精神洗礼,既开阔视野又陶冶情操。

1. 有利于加强和改进新时期爱国主义教育

我国已全面建成了小康社会,进入加快推进社会主义现代化的新的发展阶段。面对新形势新任务,爱国主义教育方式迫切需要改进和创新。红色文化是红色旅游的灵魂,是优质的精神教育资源。

在旅游中融入对革命先烈的缅怀、敬仰之情,对游客进行爱国主义和优秀革命传统的教育,加深对中国历史、中国革命史和中国共产党历史的了解和感悟,理解和领悟中国人民实现民族独立、人民解放和艰苦创业的伟大历程,能够更好满足人民日益增长的精神文化需求,巩固全党全国各族人民团结奋斗的共同思想基础。同时,有利于传播先进文化、提高人们的思想道德素质,增强爱国主义教育效果,给人们以知识的汲取、心灵的震撼、精神的激励和思想的启迪,从而满怀信心地投入到建设中国特色社会主义事业之中,不断提升国家文化软实力和中华文化影响力。

2. 有利于保护和利用革命历史文化遗产

党的十六大报告提出,要大力扶持对重要文化遗产的保护工作,扶持老少边穷地区和中西部地区的文化发展,其重要目的就是要建设和巩固社会主义思想文化阵地。革命历史文化遗产是中华民族宝贵的精神财富。遍布全国各地特别是革命老区的纪念馆、革命遗址、烈

士陵园等爱国主义教育基地,是社会主义思想文化的重要阵地。通过发展红色旅游,把这些革命历史文化遗产保护好、管理好、利用好,对于建设和巩固社会主义思想文化阵地,大力发展先进文化,支持健康有益文化,努力改造落后文化,坚决抵制腐朽文化,具有重要而深远的意义。

3. 有利于带动革命老区经济社会协调发展

革命老区大多位于偏远地区,经济发展水平普遍不高。帮助老区人民尽快脱贫致富,是各级党委和政府的重要任务。发展红色旅游,是带动老区人民脱贫致富的有效举措,可以将历史、文化和资源优势转化为经济优势,推动经济结构调整,培育特色产业,促进生态建设和环境保护,带动商贸服务、交通电信、城乡建设等相关行业的发展,扩大就业,增加收入,为革命老区经济社会发展注入新的活力。

4. 有利于培育发展旅游业新的增长点

随着我国人均收入水平的不断提高,居民的旅游消费支出逐年增长,对旅游内容和产品提出了新的要求,迫切需要旅游业进一步调整和完善产品结构,更好地满足多样化、多层次、多形式的精神文化需求。红色旅游作为旅游业的重要组成部分,对于满足旅游需求,促进旅游发展,增强旅游业发展后劲,开拓更广阔的旅游消费市场,具有积极作用。

随着互联网、大数据科技创新时代的到来,科技对旅游有着强有力的支撑作用,国内许多红色旅游景区和景点,运用现代信息技术和互联网平台在全息技术、AI 等现代科技基础上,推出了一系列"云游""云展"等数字产品,满足了不同用户在不同场景的消费需求。例如,冰雪旅游就运用高科技手段融合红色文化元素,用现代科技提升红色旅游的品质和效益,用广大人民群众喜闻乐见的形式,讲好中国故事,传承红色历史,充分发挥红色文化的精神价值。

二、红色旅游资源的概念及分类

(一)红色旅游资源的概念

《2011—2015年全国红色旅游发展规划纲要》将1840年以来中国大地上发生的以爱国主义和革命传统精神为主题、有代表性的重大事件和重要人物的历史文化遗存纳入红色旅游的发展范围。从时间尺度上看,红色旅游资源的界定被延伸至"1840年以来",这强化了红色旅游资源作为爱国主义和革命传统教育载体的核心意义;而从内在属性和资源价值上看,红色旅游资源被界定为一种物质与精神相结合的主体性人文资源,即红色旅游资源是以红色文化为核心属性并集旅游资源基本属性的社会存在。

红色旅游资源作为旅游吸引物,是发展红色旅游的依托和载体,有广义和狭义两种概念。广义的红色旅游资源是指能够顺应时代发展趋势,直接或间接地弘扬爱国主义和民族团结精神,凝结在一切革命和建设活动过程中的人文景观和积极健康向上的精神。狭义的红色旅游资源是指形成于1921—1949年间,在一定地域空间客观存在的,能集中反映革命历史、革命事迹和革命精神,并因其所具有的多重价值而对旅游者产生吸引力的革命历史遗存及社会文化现象,是民主革命的产物,其保护和开发受到国家的特别重视。

基于以上讨论,本教材采用狭义的红色旅游资源的界定:

红色旅游资源指的是中国共产党成立以后、中华人民共和国成立以前,包括中国共产党创建初期、大革命时期、土地革命时期、红军长征时期、抗日战争时期、解放战争时期等历史时期重要的革命纪念地、纪念物及其所承载的革命精神。

从时间维度看,红色旅游资源是指中国共产党领导和影响的新民主主义革命的产物,主要包括建党、井冈山革命根据地、中央革命根据地、红军长征、抗日战争、解放战争等不同历史时期的重要革命遗址(遗迹)、纪念地、标志物及其所承载的革命历史、革命事迹和革命精神。

从内容维度看,红色旅游资源是精神文化和物质载体相结合的主题人文资源,包含精神和物质两个层面,包括战争年代形成的井冈山精神、长征精神、延安精神、西柏坡精神等中国革命精神,以及反映这些精神的遗址(遗迹)、文物、纪念馆、烈士陵园等物质载体。

从地域维度看,红色旅游资源主要包括广大的革命老区革命遗址和红军长征线路,以中国革命发展主线与红军长征沿线为重点,逐步形成了"上海、南昌、井冈山、瑞金、韶山、遵义、延安、重庆、大别山、西柏坡一条红色主线"。

(二)红色旅游资源的分类

根据国家标准《旅游资源分类、调查与评价》(GB/T 18972—2017),红色旅游资源可归入旅游资源8个主类23个亚类中的"建筑与设施""历史遗迹"主类和"实用建筑与核心设施""人文景观综合体""景观与小品建筑""物质类文化遗存"等亚类中。按其形态和内涵,红色旅游资源还可进一步细分为8个基本类型。

(1)中国共产党召开的重要会议会址。如中国共产党一大会址、遵义会议会址、瓦窑堡会议会址、西柏坡中共中央七届二中全会会址等。

(2)中国共产党各级重要机构曾经的所在地旧址。如八一南昌起义总指挥部旧址、八路军重庆办事处旧址等。

(3)中国共产党的领袖、杰出政治家、军事家、思想家、文学家、革命烈士等杰出人物的故居、纪念堂及先进模范集体的形成地。如毛泽东故居、毛主席纪念堂、朱德故居、周恩来故居、邓小平故居、新乡刘庄等。

(4)革命战争或重大事件的发生地。如井冈山革命遗址、延安革命纪念地和西安事变旧址等。

(5)革命烈士陵园。如南京雨花台烈士陵园、重庆歌乐山革命烈士陵园等。

(6)为共产党培养过人才的著名学校。如黄埔军校、北京大学的"红楼"等。

(7)为纪念与中国共产党有关的事件建立的各类综合性或专题性纪念馆、博物馆、展览馆。如中国人民抗日战争纪念馆等。

(8)中国共产党领导下建设的具有特定时代背景的标志性的建筑工程。如红旗渠、三门峡水利工程枢纽等。

当然,这样的分类只是相对而言的,现实中不同类型的红色旅游资源往往是结合在一起的。如中国共产党重要机构所在地通常也是名人旧居所在地。

第二节 红色景区的概念和特征

一、红色景区的概念

红色景区,是指以革命纪念地、纪念物及其所承载的革命精神为吸引物,能够组织接待旅游者进行参观游览,引导旅游者学习革命精神,接受革命传统教育和振奋精神、放松身心、增加阅历的独立管理区。红色景区具有主题性、分布的广泛性、分布的区域性的特点,红色景区的出现不但为我国革命精神的宣传和教育做出了贡献,还为老区带来了良好的经济效应,推进了老区的发展。

二、红色景区的特征

1. 主题性

从狭义上来说,红色景区是以中国共产党领导中国人民奋起、反抗侵略和争取民族独立的革命斗争为主线,并围绕中国革命斗争历史的主线而形成的。从广义上来说,红色景区还包括那些顺应时代发展趋势,直接或间接地弘扬爱国主义和民族团结精神,凝结在一切革命和建设活动过程中的人文景观和积极健康向上的精神的旅游目的地。

2. 教育性

红色景区是红色文化和革命精神的承载地。在这里,革命前辈和先烈可歌可泣、惊天动地的事迹得以记录和呈现,每一处革命遗迹、每一件珍贵文物都折射出革命先辈的崇高理想、坚定信念和高尚品质。革命先辈高尚的爱国主义情操和大无畏的革命英雄精神对我们来说是一笔宝贵的精神财富,不断感染着广大人民,使后辈能够更好地继承革命传统,激励和教育着一代又一代中华儿女。

红色教育缅怀的是革命先烈,汲取的是精神营养,传承的是红色精神,重在学有所思、学有所得、学以致用,让人们更深入地了解中国革命历史,感受革命先烈的英勇事迹,增强爱国主义情感,培养正确的价值观和人生观。

3. 广泛性

截至2022年12月,全国红色旅游经典景区从100家已经扩充至300家,红色旅游景点2000余处。"建党百年红色旅游百条精品线路"、65条全国抗战主题红色旅游精品线路、9条"重走长征路"红色旅游主题活动线路等相继推出。

从地域角度来看,经典景区在全国范围内有7个一级核心区,分布在京津冀、鄂东皖西、湘东赣西、赣南闽西、苏沪浙皖交界、川渝交界及陕北地区,形成湘东赣西、赣南闽西、粤中、鲁南、辽中、陕西大部、川黔渝交界7个二级核心区及京津冀晋豫、鄂赣皖苏沪两大连片二级核心区。

红色旅游景点数量分布主要集中在川、闽、陕、赣、鄂、皖、豫、晋、湘、苏10个省份,占全国总数的50％以上。红色旅游景点包括革命烈士纪念馆、革命历史纪念馆、革命旧址等。

4. 地域性

红色资源禀赋是根本性因素,一般性的旅游资源大多与地形、河流分布等自然因素有关,但是红色旅游资源与历史因素关系密切,多分布在战役地区及革命根据地,与革命老区县的分布密切相关,为此具有鲜明的地域性特点。

这是因为中国的红色革命历程很长一段时期内走的是"农村包围城市"的道路,红军长征时为了摆脱国民党军队及地主武装的围追堵截而选择走偏远山区及少数民族地区,这在很大程度上决定了我国红色旅游资源和红色景区的分布。红色景区主要集中在相对偏僻和欠发达的农村地区、偏远山区以及少数民族地区。

第三节 红色景区的建设与管理

一、红色景区的建设路径

1. 凝练红色主题,挖掘历史文化

红色景区要深入挖掘和阐释文化内涵,把历史文化与现代文明融入旅游业发展,让旅游成为人们感悟中华文化、增强文化自信的过程,推动旅游业实现社会效益和经济效益有机统一。其中一个重要途径,就是加强规划,依托全国各地的红色文化资源,打造以中国共产党人精神谱系为主题的红色旅游经典景区。比如,把党和人民在各个历史时期奋斗中形成的伟大精神融入线路设计、陈列展示、讲解体验中,讲好革命故事、根据地故事、英烈故事,让人民群众在旅游中接受精神洗礼、传承红色基因。依托全国红色旅游经典景区,弘扬伟大建党精神、井冈山精神、长征精神、延安精神、西柏坡精神等,打造一批红色旅游目的地。还要将发展红色景区与发展社会主义先进文化、弘扬中华优秀传统文化等联系起来,支持景区建造博物馆、文化馆、美术馆、非遗馆、书店等文化场所,增强景区休闲功能,增加相关旅游产品中的红色文化。

2. 擦亮红色品牌,树立品牌意识

红色景区要树立品牌意识,继续努力打造红色经典景区品牌。依托现有红色景区,创新展示形式、讲解引导和游览体验,提高观看的震撼力、故事的穿透力、体验的感触力;要深化红色景区项目开发,弘扬革命精神,建设和完善场景,打造新的景区项目,培育新的有影响力的红色旅游品牌,不断提升品牌知名度、影响力;对于现有的红色经典景区品牌来说,更重要的是要拓展红色旅游景区品牌宣传渠道,广泛开展红色景区宣传推广活动,提升景区影响力;既要用好电影、话剧、戏曲、实景演出等传统形式,又要积极创新,与现代科技相结合,构建先进智慧化红色景区。

3. 建设特色景观,丰富景区项目

红色景区需要打造特色景观,营造出独特的氛围和红色景区的吸引力。通过修缮保护历史遗迹或者建设红色文化主题公园还有打造特色街区等方式打造特色景观,让游客在游览过程中感受到独具特色的红色文化氛围。红色旅游景区需要不断创新旅游产品,充分满足不同游客的需求。

除了重要的红色旅游景点外,红色景区还可以推出红色场馆探访、红色行走路线等项目。以延安红街为例,近年来,延安不断创新演出方式,创排红色演艺剧目,多台优秀舞台剧目和沉浸式演艺项目大获好评,红色主题文化秀《延安·延安》创新性地选择"秀"这一现代表达方式来展现延安精神,让观众在恢宏的场景中领略革命青年的满腔热血。自2016年首演至今,逾100万海内外游客观看了演出,成为延安旅游市场的一张亮丽名片。情景剧《再回延安》更是不遗余力地打造极致观赏体验。此外,2021年,延安借建党百年契机,深入挖掘革命文物背后的故事,精心打造情景音画课程"张思德'为人民服务'""战士",情景教学"陕北说书",体验教学"纺线及打草鞋",为全国党员领导干部来延安开展党史学习教育提供了丰富内容。

二、红色景区的管理策略

1. 保护红色资源,强化红色体验

对红色资源的保护与利用是提升红色旅游景区核心价值的关键,规划和设计丰富完整的游览体验线路本身就是红色旅游的最好教育方式。通过故事性的节点设计,增加游览乐趣,最终达到突出红色、坚守红色的目的。

20世纪80年代,政府以拨发专项资金的形式对延安、井冈山等一大批革命老区的旧址、遗迹、场景等进行修缮和复原。革命先烈和伟人战斗过、工作过和生活过的地方,极大地激发了参观者的爱国热情和爱党情怀,成为红色景区的核心旅游资源。以宁夏六盘山红军长征旅游区为例,景区推出六个"一"沉浸式红色教育体验活动,即"走一次长征路、重温一次入党誓词、唱一首红军歌、吟诵一首长征诗词、聆听一堂党课、吃一顿红军餐",将观光游变为游客深度参与的体验游。景区里的"红军小道"全长2.5千米,象征着红军长征二万五千里,结合沿途建设的18个微缩景观,精心编排了原创六盘山红色沉浸式实景演出《不朽的长征》,将"遵义会议""飞夺泸定桥"等18个重大事件逐一呈现。游客从山脚沿小道千回百转,在绿水青山中用脚步丈量长征征程,用心灵感悟伟大的长征精神,接受一次心灵洗涤之旅。游客沉浸在旅游体验中,切身体会革命年代的艰苦,忆苦思甜,最终达到红色教育目的。

2. 维护生态环境,提升景区品质

与传统旅游景区相比,红色景区环境所反映的革命精神内涵是红色景区最大的特点。

景区生态环境资源同红色文化资源一样,是不可再生的宝贵财富。对景区自然生态资源的保护应采取分区保护的模式,核心区作为红色遗产部分,原真的生态环境能够最大限度地保留红色历史风貌。

对红色景区山水一体化的保护是塑造红色文化精神的关键。缓冲区作为红色文化的延续部分,适量的景观设计有助于改善景区整体生态环境。例如红旗渠文化遗产廊道与林州城市休闲绿道互为补充,使红色旅游结合地域特色,形成新的亮点。开放区借助原有红旗渠支渠网,最美林州休闲绿道丰富了游客的多元化需求,原有废弃水闸等水利设施通过景观化的处理介入到自然环境中,渲染出浓厚的红色时代主题氛围。优美生态环境是精神文明发展的需要,也是精神文化高度发展的必然表现。

3. 提高服务质量,加强游客管理

红色景区主管部门应该加强对游客的管理,杜绝游客游览消费过程中的不文明现象;推进红色旅游人才队伍建设,实施全国红色旅游五好讲解员培养项目,举办全国红色故事讲解员大赛,提升讲解员服务质量,鼓励专业研究人员、退休人员、在校学生等担任志愿讲解员;加强景区员工技能培训,提高素质,为游客提供高质量的服务,提高游客对景区服务的满意度,从而提高重游率。

同时,红色景区要拓展旅游项目,开发创新性旅游产品,以多样化的旅游产品来吸引游客,延长游客在景区的逗留时间,增加游客的消费。另外,还要采取相应的措施来分流游客,以减少由于游客过于集中对景区造成的损害,也可以使游客更好地欣赏景区,给游客留下好的印象。

以韶山景区为例,针对韶山景区景点损坏严重的现状,管理局应该采取相应的措施对游客进行引导。其一,通过导游对游客的行为进行监督和引导。有素质的导游必然会对自己所服务的景区负责。通过导游告知游客应该做到或者是禁止做的一些注意事项,可以提高游客的游览素质,减少游客的不文明行为。其二,可以对景区人数进行控制。针对个别游客过于集中的景点(如故居),应该采取分流限量措施,规定每天参观的人数上限,凭票参观,免费不免票,避免因游客过多而出现景区被损坏的现象。

4. 合作共赢,处理好各方利益

景区管理部门应该认识到,当地居民是红色景区开发管理中一个非常重要的环节,如果利用得当就可以促进旅游景区的可持续发展,如果与之产生矛盾就会为景区的发展造成重重阻碍。景区管理必须注意维护好当地居民的利益:重视对游客的行为进行引导、约束;在导游人员的培训中强调尊重居民的风俗习惯;要重视社区参与,为居民提供参与旅游决策、景区建设、旅游管理和旅游经济的平台,分享旅游产业发展的成果。

加强红色景区管理部门与周围不同景区的协调,建立利益共享机制要建立一套行之有效的管理体系,建立统一协调、分部门、分级管理的工作机制,制定相关法律、法规,实现统一管理和依法管理。要加强景区管理切实维护游客利益。要通过建立"利益共享、责任共担、共谋发展"的景区运行机制,促进红色旅游景区的健康发展。

5. 智慧化红色景区,优化游客体验

智慧景区建设不仅实现景区可视化管理和智能化运营,更能通过高品质的管理,满足不同年龄、不同消费层次的需求。特别是随着手机移动终端的普及,智能化的景区游览服务系统将使景区的各项服务更加人性化。如游客手机扫码自动验票,借助微信小程序同时收听红色景点故事语音解说;根据景区实时反馈的人流动向,自由选择景点游览路线,规避拥挤,景区管理方也能同时完成对景区流量的监控和预警等工作。

红色景区案例

本章小结

红色旅游是我国近些年出现的旅游新业态,红色景区是红色旅游的核心载体,也是景区发展的新型类型。本章首先介绍了红色景区发展的背景意义,其次介绍了红色旅游资源的概念与分类,接着介绍了红色景区的概念内涵与特征以及红色景区的建设与管理,最后介绍了红色景区建设和管理的韶山案例。

【核心关键词】

红色旅游;红色旅游资源;红色景区;红色景区的建设和管理。

思考与练习

1. 红色景区发展的时代背景有哪些?
2. 如何理解红色旅游、红色旅游资源?
3. 如何界定红色景区内涵?
4. 如何开展红色景区的建设?
5. 如何推进红色景区的管理?

【拓展学习】

1. 查找并下载学术论文,思考红色景区的智慧化发展对策。

许雨欣、董宇、张晨雪《韶山红色景区智慧化旅游发展的思考》,《市场周刊》,2022年第1期。

2. 搜索和查找政府文件(《全国红色旅游经典景区名录》),查阅我国红色旅游经典景区。

【PBL讨论】

话题:根据本章案例,讨论韶山景区如何推进红色景区建设与管理?

要求:以小组为单位,从《全国红色旅游经典景区名录》中选择一个红色景区进行跟踪,查阅相关景区建设资料,讨论、梳理总结红色景区建设和管理的主要经验。

参考文献

第一章　旅游景区概述

[1] 郭亚军.旅游景区运营管理[M].北京:清华大学出版社,2022.
[2] 邹统钎.旅游景区开发与管理[M].北京:清华大学出版社,2008.
[3] 刘英,宋立本.旅游景区服务与管理[M].北京:北京理工大学出版社,2020.
[4] 傅清媛.生态文化视角下景区运营与管理模式研究[M].北京:九州出版社,2020.

第二章　景区管理概述

[1] 杨桂华.旅游景区管理[M].北京:科学出版社,2006.
[2] 吴耀宇.我国旅游景区管理体制改革的方向与对策[D].南京:南京师范大学,2004.
[3] 郭亚军.旅游景区运营管理[M].北京:清华大学出版社,2022.

第三章　景区产品管理

[1] 张河清,方世敏,王蕾蕾,等.旅游景区管理[M].重庆:重庆大学出版社:2018.
[2] 郭亚军,曹卓.旅游景区运营管理[M].北京:清华大学出版社,2017.
[3] 曾荣,傅云新.试论旅游产品中音乐元素的开发应用[J].现代农业科学,2009(1).
[4] 陆林,宣国富,章锦河,等.海滨型与山岳型旅游地客流季节性比较——以三亚、北海、普陀山、黄山、九华山为例[J].地理学报,2002(6).

第四章　景区项目管理

[1] 唐小婷,张协奎.Y景区项目成本管理研究[J].中小企业管理与科技(中旬刊),2021(6).

第七章　景区营销管理

[1] 刘海星.旅游景区新媒体营销策略探究[J].全国流通经济,2023(15).

[2] 李佰宇.台儿庄古城旅游管理集团新媒体营销研究[D].青岛:青岛大学,2022.

[3] 张河清.旅游景区管理[M].重庆:重庆大学出版社,2018.

[4] 郑扬燕.景区新媒体营销的现状及策略探究——以云台山景区为例[J].现代营销(下旬刊),2023(7).

[5] 蔡雨晨,徐昀智."互联网+"背景下旅游目的地新媒体营销策略研究[J].旅游纵览,2022(19).

第八章 景区标准化管理

[1] 曲静.镜泊湖景区旅游服务标准化建设研究[D].牡丹江:牡丹江师范学院,2020.

[2] 周建明,宋增文,陈瑾妍,等.旅游景区标准化的思路与策略[EB/OL].(2023-01-06)[2024-04-01].https://mp.weixin.qq.com/s/cYRevoSAeiV3d347o32pmg.

[3] 孙凯锐,曲泽静.铜陵市西湖湿地公园标准化体系研究[J].中国标准化,2023(18).

第九章 旅游景区安全管理

[1] 傅云新,蒋婷,曾荣.旅游景区管理[M].广州:暨南大学出版社,2022.

[2] 王玮琳,张海龙.旅游景区安全事故灰色预测及关联度分析[J].安全与环境学报,2018(6).

第十章 景区体验管理

[1] B 约瑟夫·派恩,詹姆斯 H 吉尔摩.体验经济(更新版)[M].毕崇毅,译.北京:机械工业出版社,2012.

[2] 郭亚军.旅游景区管理[M].北京:高等教育出版社,2019.

[3] 谢彦君.旅游的本质及其认识方法——从学科自觉的角度看[J].旅游学刊,2010(1).

[4] 张凌云.国际上流行的旅游定义和概念综述——兼对旅游本质的再认识[J].旅游学刊,2008(1).

[5] 龙江智.从体验视角看旅游的本质及旅游学科体系的构建[J].旅游学刊,2005(1).

[6] Nathan Shedroff.Experience Design[M].California:New Riders Press,2001.

[7] 陈瑾妍.文化空间视角下的文化旅游景区规划[EB/OL].(2023-08-09)[2024-04-01].https://mp.weixin.qq.com/s/XzyqHBG1g7-_ZWPwgD6bWw.

第十一章 旅游景区游客管理

[1] 郭亚军,曹卓.旅游景区运营管理[M].北京:清华大学出版社,2017.

[2] 罗文斌,张小花,钟诚,等.城市自然景区游客环境责任行为影响因素研究[J].中国人口·资源与环境,2017(5).

[3] 品橙旅游.罚款、警示、屡禁不止,"没有执法权"不是景区的免死金牌[EB/OL].

(2022-04-02)[2024-04-01].https://new.qq.com/rain/a/20220402A0444200.

[4] 品橙旅游.文化和旅游部:《旅游景区文明引导工作指南》[EB/OL].(2022-10-19)[2024-04-01].https://mp.weixin.qq.com/s/Peoms8fxxKsy9TkshTNq1A.

[5] 央广网.游客不文明行为频现 我们该怎么办?[EB/OL].(2015-10-08)[2024-04-01].https://mp.weixin.qq.com/s/MV7CWq0Jhl8gZ2HrzSj8DA.

第十二章 智慧景区管理

[1] 牛毓琪,邓鹏飞.国际智慧旅游研究现状及启示:一个文献综述[J/OL].经营与管理.(2023-09-12)[2024-04-1].https://doi.org/10.16517/j.cnki.cn12-1034/f.20230912.002.

[2] 李势鑫,李洁.国内智慧旅游研究综述——基于CiteSpace软件分析[J].旅游纵览,2021(18).

[3] 刘恒荣.基于游客感知的龙虎山智慧景区发展研究[D].南昌:南昌大学,2023.

[4] 陈璐璐.野三坡智慧景区旅游安全风险识别与评估[D].保定:河北农业大学,2019.

[5] 李宏,吴东亮,吴乾隆,等.数字景区研究现状与问题探讨[J].首都师范大学学报(自然科学版),2011(5).

[6] 河南省文化和旅游厅.旅游行业标准《旅游景区智慧化建设指南》公开征求意见[EB/OL].(2022-08-06)[2024-04-01].https://hct.henan.gov.cn/2022/08/06/2556006.html.

[7] 吴卫东.我国智慧景区研究述评[J].武夷学院学报,2016(11).

[8] 党安荣,张丹明,陈杨.智慧景区的内涵与总体框架研究[J].中国园林,2011(9).

[9] 郭伟,贾云龙,邓丽芸.我国智慧景区发展研究[J].中国集体经济,2012(25).

[10] 田梦.智慧景区建设研究[D].郑州:郑州大学,2017.

[11] 唐雪凝,明庆忠,史鹏飞.中国景区智慧化管理研究进展及前瞻[J].黑龙江生态工程职业学院学报,2022(4).

[12] 季昱希,崔欣.连云港云台山景区:5G智慧+"打造大花果山景区"最强大脑"[EB/OL].(2022-09-11)[2024-04-01].https://jsnews.jschina.com.cn/lyg/a/202209/t20220911_3073918.shtml.

[13] 连云港发布.连云港大花果山景区构建"5G智慧"项目提升景区智能化水平[EB/OL].(2022-09-17)[2024-04-01].https://new.qq.com/rain/a/20220917A063UQ00.html.

[14] 张凌飞.连云港云台山景区:"直播+慢直播"带火"云游"大花果山[EB/OL].(2023-06-01)[2024-04-01].https://finance.sina.cn/2023-06-01/detail-imyvvcvx2381353.d.html.

[15] 于漪,李桥兴.智慧旅游发展的应用理论基础、现实困境与优化路径——以荔波"小七孔"智慧景区为个案[J].贵州社会科学,2023(7).

[16] 李卫.陕西一项目入选全国首批"5G+智慧旅游"应用试点项目[EB/OL].(2023-12-04)[2024-04-01].http://www.shaanxi.gov.cn/xw/sxyw/202312/t20231204_2309285.html.

[17] 搜狐新闻."智慧"天街！大唐不夜城入选2022年度陕西省数字经济典型示范案例！[EB/OL].(2023-05-30)[2024-04-01].https://www.sohu.com/a/680501332_121124400.

[18] 刘印,侯燕妮.活起来 火起来[N].陕西日报,2023-04-21(02).

[19] 李如嘉."盛唐密盒"出圈,大唐不夜城如何引领沉浸式旅游？[EB/OL].(2023-06-21)[2024-04-01].https://www.traveldaily.cn/article/174508.

[20] 三汇文创产业.重磅解读:文旅部首批24个国家级智慧旅游沉浸式体验新空间[EB/OL].(2023-08-04)[2024-04-01].https://new.qq.com/rain/a/20230804A075DH00.

[21] 中国旅游协会.只有河南·戏剧幻城:文化＋旅游"共鸣于心"的新一代文旅产品 | 2021"中国服务"·旅游产品创意案例(80)[EB/OL].(2021-11-26)[2024-04-01].https://www.163.com/dy/article/GPOQRDT20514BTAB.html.

第十三章　乡村景区管理

[1] 徐阳.体验视角下乡村景区旅游吸引力提升研究——以新乡市郭亮村为例[D].新乡:河南师范大学,2017.

[2] 孙盼.湖南省乡村旅游景区空间结构特征及影响因素研究[D].长沙:湖南师范大学,2018.

[3] 冯玮璇.黑龙江省乡村旅游景区管理问题研究[D].大庆:东北石油大学,2020.

[4] 陈恋.乡村旅游景区游客安全感知研究——以福建为例[D].福州:福建农林大学,2020.

[5] 揭筱纹,续嵩,陈洁,等.乡村旅游目的地形象设计与管理[M].北京:科学出版社,2018.

[6] 窦志萍.乡村旅游:从理论到实践[M].北京:中国旅游出版社,2022.

[7] 李涛,王磊,王钊,等.乡村旅游:社区化与景区化发展的路径差异及机制——以浙江和山西的两个典型村落为例[J].旅游学刊,2022(3).

[8] 丁敏.乡村景区化的理论与实践路径探究[J].山西农经,2021(2).

[9] 周菲菲.乡村振兴背景下乡村景区化发展路径研究[J].山西农经,2023(16).

[10] 张祝平.文旅融合赋能乡村文化振兴:目标定位、逻辑理路与路径选择[J].艺术百家,2023(2).

[11] 郭创乐.乡村振兴战略背景下乡村旅游高质量发展研究[M].北京:中国原子能出版社,2020.

[12] 徐虹.乡村旅游研究[M].北京:中国旅游出版社,2021.

[13] 石峰.乡村旅游规划理论与方法研究[M].北京:北京工业大学出版社,2021.

[14] 高小茹.全域旅游视角下的乡村旅游产业发展研究[M].北京:北京工业大学出版社,2021.

第十四章　红色景区管理

[1] 瑞金中央革命根据地纪念馆.瑞金市共和国摇篮旅游区简介[EB/OL].[2024-04-01].http://www.rjjng.com.cn/gaikuang.thtml?id=10928.

[2] 中办、国办印发《2004-2010全国红色旅游发展规划纲要》国家将大力发展红色旅游事业[J].小康生活,2005(4).

[3] 方世敏,邓丽娟.红色旅游资源分类及其评价[J].旅游研究,2013(1).

[4] 杜涛,白凯,黄清燕,等.红色旅游资源的社会建构与核心价值[J].旅游学刊,2022(7).

[5] 吴若山.红色旅游发展的"破"与"立"[J].旅游学刊,2021(6).

[6] 熊杰.中国红色旅游景区的时空分布特征研究[D].南京:南京大学,2018.

[7] 黄细嘉,宋丽娟.红色旅游资源构成要素与开发因素分析[J].南昌大学学报(人文社会科学版),2013(5).

[8] 马进甫,宋振美.简析红色旅游资源的特征及其开发策略[J].北京第二外国语学院学报,2006(1).

[9] 许雨欣,董宇,张晨雪.韶山红色景区智慧化旅游发展的思考[J].市场周刊,2022,35(1).

[10] 韶山市人民政府.韶山旅游-故居景区[EB/OL].[2024-04-01].http://www.shaoshan.gov.cn/11697/11700/11556/11571/index.htm.

[11] 湖南政协新闻网.汇智聚力擦亮韶山经典红色名片——韶山市政协助推韶山一体化打造红色文旅胜地纪实[EB/OL].(2023-12-15)[2024-04-01].https://www.xiangshengnet.com/info/38588.html.

教学支持说明

为了改善教学效果，提高教材的使用效率，满足高校授课教师的教学需求，本套教材备有与纸质教材配套的教学课件和拓展资源（案例库、习题库等）。

为保证本教学课件及相关教学资料仅为教材使用者所得，我们将向使用本套教材的高校授课教师赠送教学课件或者相关教学资料，烦请授课教师通过加入旅游专家俱乐部QQ群或公众号等方式与我们联系，获取"电子资源申请表"文档并认真准确填写后发给我们，我们的联系方式如下：

地址：湖北省武汉市东湖新技术开发区华工科技园华工园六路

邮编：430223

旅游专家俱乐部QQ群号：758712998

旅游专家俱乐部QQ群二维码：

群名称：旅游专家俱乐部5群
群　号：758712998

扫码关注
柚书公众号

电子资源申请表

填表时间：_____年___月___日

1. 以下内容请教师按实际情况写，★为必填项。
2. 根据个人情况如实填写，相关内容可以酌情调整提交。

★姓名		★性别	□男 □女	出生年月		★职务	
						★职称	□教授 □副教授 □讲师 □助教

★学校		★院/系	
★教研室		★专业	
★办公电话		家庭电话		★移动电话	
★E-mail（请填写清晰）				★QQ号/微信号	
★联系地址				★邮编	

★现在主授课程情况	学生人数	教材所属出版社	教材满意度
课程一			□满意 □一般 □不满意
课程二			□满意 □一般 □不满意
课程三			□满意 □一般 □不满意
其 他			□满意 □一般 □不满意

教 材 出 版 信 息					
方向一	□准备写	□写作中	□已成稿	□已出版待修订	□有讲义
方向二	□准备写	□写作中	□已成稿	□已出版待修订	□有讲义
方向三	□准备写	□写作中	□已成稿	□已出版待修订	□有讲义

请教师认真填写表格下列内容，提供索取课件配套教材的相关信息，我社根据每位教师填表信息的完整性、授课情况与索取课件的相关性，以及教材使用的情况赠送教材的配套课件及相关教学资源。

ISBN（书号）	书名	作者	索取课件简要说明	学生人数（如选作教材）
			□教学　□参考	
			□教学　□参考	

★您对与课件配套的纸质教材的意见和建议，希望提供哪些配套教学资源：